善生悦教系列

Healing Stories for
Challenging Behaviour

故事知道怎么办

如何让孩子有令人惊喜的改变

[澳] 苏珊·佩罗 著

重本 童乐 译
林小夕 审校

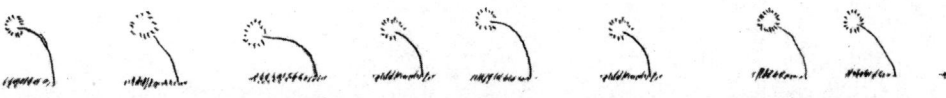
天津教育出版社
TIANJIN EDUCATION PRESS

Healing Stories for Challenging Behaviour
by Susan Perrow
copyright©2008 Hawthorn Press Ltd,
Hawthorn House, 1 Lansdown Lane, Stroud,Gloucestershire, GL51BJ,UK.
www.hawthornpress.com
Simplified Chinese translation copyright©2011
By Lipin Publishing Company
ALL RIGHTS RESERVED

献给所有的孩子

感 谢

感谢我的孩子基伦、西蒙和杰米，我的故事之旅与他们的童年如此紧密地交织在一起。

感谢我的丈夫约翰，他给了我无尽的支持和爱。

感谢我的孙子们，我希望能与你们分享我的故事。

感谢南希·梅隆，马丁·拉卓，麦克·墨仁和马修·巴顿，是他们发现了我的故事闪现出来的光，并鼓励和帮助我写出了这本书。

感谢我的老朋友、伙伴和指导老师苏珊·哈里斯，是她教会了我"面对挑战永不退却"。

感谢澳大利亚和非洲所有那些给了我灵感，在故事之路上与我一起载歌载舞的孩子、家长和老师们。

苏珊·佩罗

编者的话

天下没有不爱自己孩子的父母,可如何去爱,似乎成了当前年轻父母们很大的一个困惑。

这一代孩子的童年与我们当年已经大大不同了:在城市,有院落的平房纷纷拆迁,大家搬进被统一规划的小区,不知道左邻右舍的姓名,不敢让孩子给陌生人开门;大多数孩子都是独生子女,没有兄弟姐妹,在家里没有同龄的玩伴,一举一动都在成人无微不至的关注之下;在农村,年轻的父母纷纷进城务工,隔代抚养使得孩子们平日缺少父母的关爱;父母离异成了常事,单亲家庭越来越多,孩子们在年幼的时候就不得不去经验内心分裂的痛苦;电视机、电脑和手机成了我们育儿的好帮手,孩子可以几个小时一动不动地盯着屏幕里愈来愈"重口味"的动画片,乐此不疲地玩着变形金刚、"植物大战僵尸"的游戏,而早已不知道捉蜻蜓、抓石子的乐趣……

我们把孩子带到了这个世界,但如何对他(她)好?我们是否真的懂得孩子们的需求?为人父母,这是需要下点功夫去了解的。孔子讲,这个世界上,只有极少的人是生而知之的,对大多数人而言,还是要学而知之。要想做一个好父亲、做一个好母亲,应当去深入学习,尤其是在这个瞬息万变的时代。

当前有一股新教育的潮流，越来越多以华德福理念（Waldorf）为指导的幼儿园乃至学校正在中国各个城市出现。这些幼儿园和学校的创办者、教师和家长中，很多是反思自身教育历程之后，希望给孩子一个更健康成长环境的父母们。

什么是华德福教育？简单说来，它是起源于德国的一套已有近百年历史的完整而独立的教育体系。华德福教育针对人在 0~7 岁、7~14 岁以及 14~21 岁这三个阶段的不同需要来设计教学内容，注重孩子意志、情感和思维的全面发展，并关注每个儿童的个体差异，以一种极富艺术性的方式帮助孩子与这个世界建立深刻的联系。华德福教育虽然是西方现代文明发展过程中的一个产物，但有趣的是，它内在的精神与中国自古以来道法自然、因材施教、教学相长的优秀传统不谋而合。在东西方文化充分融合的当今时代，我们需要从以华德福教育为代表的西方优秀的教育理念中吸取经验，与中国的现实情况相结合，为我们的孩子开辟一条新路。鲁迅先生说得好，没有拿来的，就没有新文艺，同样的，没有拿来的，就没有新教育，就不能成就一代新人。

这套丛书名为"善生"，第一层意思就是希望大家好，爱惜生命，热爱生活；第二层意思就是在人生的旅程中，学无止境，止于至善。丛书分两大系列：一是"善生悦读"系列，将陆续推出许多内容上乘、制作精美的中外作品，作为不同年龄段孩子的课外读物，相信这批书将给孩子们留下终生难忘的印象。二是"善生悦教"系列，将选择一批适合父母、教师们阅读的优秀作品，目前已经面世的有吴蓓的《请让我慢慢长大：亲历华德福教育》和李泽武的《重新学习做老师》，可以让我们感受到教育者与孩子一起成长的感动；即将与读者见面的有美国人杰克·帕特拉什的《稻草人的头，铁皮人的心，狮子的勇气》，介绍了如何通过意志、情感和思维的全面发展，帮助孩子健康成长；德国人赫尔穆特·埃勒写的《与孩子共处的八年：一位华德福资深教师的探索》，介绍了华德福教学与众不同的方式：主课教师会陪伴孩子八年，将他们从一年级一直领入青春期的门槛；澳大利亚的"故事医生"苏珊·佩罗《故事知道怎么办：如何让孩子有令人惊喜的改变》，则以丰富的事例，讲述了如何在家庭和学校生活中，针对孩子的各种挑战性行为创作出具有疗愈作用的故事。

最后，引用这么一句话送给天下的父母亲："我们必须有勇气准备让他们（孩子）来欣赏这个世界，来理解这个世界，并且按照自身的特点积极地参与这个世界。"——这就是我们共同的责任。

编　者
2011 年 7 月

中文版序

在 2011 年 3 月的北京之行中,我有幸见到一位对中国道家思想很有见地的老师以及他的几位学生。他们对生命的看法和理解,与我所从事的充满想象力的故事工作,竟然有很多的相通之处。这些交谈使我对中国道家思想产生了浓厚的兴趣,开始对它做进一步的了解。西方人似乎总要刻意创造条件,促使事情发生,而道家思想却讲求顺应自然,崇尚无为之道。它深刻地阐释了一种谦卑、自然而质朴的存在方式。

道家思想尊重直觉,讲求自然,希望做到返璞归真。给孩子讲故事的人如果能够做到这一点,一定可以为自己的工作奠定一个良好的基础。因此我非常高兴我的书能被译成中文,在此我也感谢立品在此过程中所做的工作。我非常希望这本书能够起到一些桥梁的作用,深受道家思想影响,对生命富有深刻洞见的东方人或许可以通过这道桥梁,与西方作家、艺术家和哲学家展开深入的对话。

道家思想的深刻内涵似乎超出了语言所能描述的境界。人们告诉我,只有实践它的人才能真正体悟它的精髓。人们还说,在道家那里,情感和思想是融为一体的。我觉得这一点非常有意思,我自己的切身体会告诉我,在构想故事的时候,往往是"情感"和"感觉"——而不仅仅是缜密的思维——在带领人们找到一个好故事。然而这个过程往往难以言传，对于那些一心想要学会讲故事的人们，我只能说：亲自去实践吧，然后你就会有所领悟。

为了"感觉"到或"听"到一个新故事，我常常会到大自然中走一走，让自己沉浸在自然的怀抱里。自然母亲会带我悄然踏上故事创作的幽径。居住在南非的桑人——也称布希曼人——说："故事如风，来自远方，你心自知。"[1] 他们对故事的理解也像是一道桥梁，带我走入中国，走入非洲——那是我在澳大利亚之外的另一个家，行走在道家思想和布希曼文化中。

说到这里，人们也许会问："什么是故事？"

在字典里可以找到"故事"的定义，但是，你也许会和我一样，发现它相当枯燥：

任意长度的一段叙述或传闻，可以是口头讲述的，也可以付诸文字，可以有韵脚，也可以是白话，可以是真实的，也可以是虚构的……

利沃和雷兹认为，故事体现了"一种古老的——或许也是自然的——心灵秩序"[2]。这一说法直接呼应了道家"顺其自然"的思想，让我们看到故事对于人类的意义是多么深远，听故事对于孩子来说又是多么重要——过去如此，现在如此，将来也依然如此。

---

[1] 劳伦斯·冯·波斯特（Van der Post, L.）（1972），《故事如风》（*A Story Like The Wind*），第2页，企鹅出版社，纽约。
[2] 诺玛·利沃（Livo, N.）和桑德拉·雷兹（Rietz, S.）（1986），《讲故事的过程与实践》（*Storytelling - Process and Practice*），第5页，L. U.，科罗拉多。

非洲小说家本·奥克瑞认为，一个故事，或许要到被人读过或讲过之后，才算是成了形。他说，在人们阅读或讲述一个故事之前，它是没有"生命"的：

"故事……是有生命的。它真实的生命始于它开始活在你心中的那一刻。"[1]

你会怎样定义或描述一个故事呢？在读这本书之前，想一想这个问题或许会很有意义。

也许，"故事"就像一个人、一棵树或一道彩虹一样难以定义。是否因为——就像本·奥克瑞所说的那样——故事有自己的生命？是的，"故事"就如生命一样难以定义或归类。

不过，我们不妨像桑人那样，试着用故事的语言，以一种充满想象力的、暗喻的方式来描述"故事"。当我们的思绪沉浸在想象的氛围中，各种暗喻便会纷沓而至，帮助我们从更广阔也更丰富的层面去理解故事的本质。

好几年以前，我在开普敦工作时曾接触到一群接受幼儿教师培训的科萨族妇女。她们将"富含养分"的故事比作一个装满健康食物的锅。我发现这个比喻十分巧妙，尤其是，你可以接着列出一些必需的原料，放入这个"锅"中，为孩子们"烹饪"（写）出富含养分的故事（第六章描述了为各个年龄段的孩子讲故事所需的不同"原料"）。

---

[1] 本·奥克瑞（Okri, B.）（1997），《通向自由之路：讲故事的乐趣》（'The Joys of Storytelling' in A Way of Being Free），第44页，凤凰出版社，伦敦。

C·P·埃斯蒂斯在《和狼群一起奔跑的女人们》[1]一书中将故事比作"药"。你是否曾经感觉某个故事以某种方式治疗了自己？我一直在尝试用故事帮助那些有挑战性行为的孩子，在此过程中，我曾经见证——并且依然见证着——故事那良药一般的"疗愈"作用。这些经历非常振奋人心，它们促使我写出了这本有关"治疗性故事"的书。我非常高兴地得知，这本书现在有了中文名字，叫做《故事知道怎么办》。

故事知道怎么办，因为故事总有妙招。故事就像水，能够找到直抵灵魂深处的道路，能够透过裂缝渗入坚不可摧的墙壁，能使万物重新焕发青春的光彩；故事就像水，对儿童的健康成长至关重要。

许许多多的故事会聚成一股"甘泉"，走在生命途中的旅人可以汲水解渴，然后振作精神，继续上路。这些旅人有的来自中国，有的来自澳大利亚，有的来自非洲，还有的来自世界各地。

我希望，《故事知道怎么办》这股"甘泉"能让旅人们在汲水饮用后重新焕发出生机和活力。我还希望他们能受到启发，写出自己的故事——因为故事知道怎么办！

苏珊·佩罗

2011年4月

---

[1] 克拉丽莎·平科洛·埃斯蒂斯（C.P. Estes）（1992），《和狼群一起奔跑的女人们》（Women Who Run With the Wolves），骑士出版公司，伦敦。

目 录

	前言	1
	引言 故事的疗愈之光	1
第一部分	**我的故事之旅**	
第一章	从干瘪的梅干到水灵灵的鲜梅——故事的作用	2
	故事与想象力	2
	鲜活的思考从故事开始	7
	建立对故事及自己的信心	8
	天生的国王	11
	列出你的问题和担忧	12
第二章	将故事织入家庭的"布匹"	14
	爱帮人的小棕仙	16
	长途旅行和梳头时讲的故事	18
	穿过魔法衣橱	20
	充满想象力的玩耍和小精灵	21
	别出心裁的家庭习俗	23
	诗歌和创造力	24
	瓶子和泡泡	25
	"云朵男孩"的治疗作用	26

第三章	将故事织入教学的"布匹"	30
	从诗歌开始的故事创作	30
	从森林到海洋	33
	用火的故事疗伤	36
	小红马的故事	37
	一个关于靴子的小故事	39
	环保故事	40
	毛线针和折叠小刀	41
	故事医生讲故事	44
	故事的写作和筛选	45
第二部分	治疗故事的创作	
第四章	"故事"和"行为"	48
	什么是故事?	48
	关于"故事"的比喻	48
	什么是治疗性故事?	50
	什么是行为?	51
	生活背景和关系	52
	评估成人对孩子行为的影响	55
	识别"挑战性"行为	56
	描述"挑战性"行为	57
	标签和分类	59
	从不平衡到平衡	60
	秩序挂毯	61

第五章	故事创作的结构模式	63
	隐喻	64
	情节	69
	解决方案	71
	分析治疗性故事	73
	"助人"之心	75
	道具的作用	76
	关注具体表现	78
	根据不同情况改编故事	79
	重复、韵律和歌谣	81
	美好和充满希望的结尾	82
第六章	不同的年龄，不同的故事	84
	押韵的故事、童谣	85
	自然故事和"日常"故事	89
	民间传说和童话故事以及幻想力的发展	90
第七章	真实和道德	95
	这是真的吗	95
	自然故事的真实性	96
	虚构、说谎和吹牛	97
	说谎比赛和幽默的使用	99
	教育还是说教	100

第八章	故事创作练习	103
	袋鼠兄弟	103
	两只鸽子	104
	桌子太太和椅子宝宝	105

第三部分	针对挑战行为的故事	
第九章	无所事事或抱怨	108
	无所事事的狒狒	108
	抱怨的鲸鱼	111
	吱嘎吱嘎响的床	114
	星星苹果	115
	复活节的秘密	118

第十章	不诚实和小偷小摸	123
	鸽子和鬣狗	123
	不诚实的野狗	125
	阿兰西和雕像	128
	阿金巴与魔法牛	130
	樱桃红	132

第十一章	不尊重和不爱惜	134
	德贝的靴子	134
	折叠小刀和城堡	135
	毛线球的诗	139
	爱花的小女孩	140
	老奶奶和驴子	141
	老奶奶和蚂蚁	144

第十二章	**贪婪或不愿分享**	146
	光之花园——一个关于环境保护的童话故事	146
	贪心小负鼠	151
	魔法鱼	158
	贪心阿兰西的故事	162
	鸡蛋花女	165

第十三章	**急躁或缺乏耐心**	168
	胡闹小鹅鹕	168
	着急的斑马	172

第十四章	**懒惰**	176
	织布鸟三兄弟	176
	渔夫的故事	179

第十五章	**吵闹或打扰他人**	183
	吵闹小矮人的故事	183
	吃不饱	186
	小鸟的花园	187

第十六章	**掐人、伤害别人或喜欢打斗**	189
	张牙舞爪的小螃蟹	189
	很长很长的指甲	191
	杰米和魔法棒	193
	美丽的女王	197
	一袋钉子	201

第十七章	害羞或内向	202
	小男孩去航海	202
	害羞小草莓和野生小树莓	204
	南瓜小小	206
	最小的水泡	210
第十八章	嘲弄或欺负	212
	光之公主	212
	湖中的羽毛	215
	隐形的猎人	217
	杜鹃的故事	222
	甲壳虫的颜色从哪里来	225
	三只山羊	227
	红卡车的故事	230
第十九章	不合作	231
	毛巾的故事	231
	鸽子和猎人	235
	嘉嘉和大萝卜	237
第二十章	粗野或躁动	241
	乱跑乱跳没个停的小红马	241
	蜗牛和南瓜	244
	星星草人	246
	小佳和仙蛋	250

第四部分	针对挑战情境的故事	
第二十一章	环境变动或过渡期	254
	新的世界	254
	变色龙的故事	257
	正好大婶	258
	小贝壳	261
第二十二章	收拾时间	264
	收拾小熊	264
	小扫帚	267
第二十三章	害怕或噩梦	271
	上帝的花园	271
	羚羊、蝴蝶和变色龙	273
	精灵和鞋匠	276
	天空的蓝斗篷	279
	兔子妈妈和大火	281
	生而为王	282
第二十四章	疾病、悲痛或死亡	285
	蚕的故事	285
	翱翔吧,老鹰	287
	小溪,沙漠,风	288
	青蛙和一桶奶油	290
	泥娃娃	291
	给秀雅的娃娃	294
	闪翼	295

第二十五章	迎接新宝宝	300
	魔法棒	300
	水孩子	302

第二十六章	分离焦虑	304
	猴子树	304
	月亮妈妈	306
	树熊宝宝	308

第五部分　讲故事的艺术

第二十七章	讲故事和读故事	314
	讲故事	314
	读故事	316
	讲故事的技巧和仪式	317

第二十八章	关注多元文化	321
	对不同的文化保持敏感	321
	来自不同文化的故事所具有的治疗作用	321
	不同的文化，不同的讲故事方式	323

第二十九章	针对不同听众和场合讲故事	325
	不同"极"的故事	325
	听众和场所	326
	混龄听众	327
	即兴发挥讲故事	328

第三十章	道具及表演方法	329
	为什么要用道具	329
	道具的魔力	331
	道具要易于操作	331
	同一个故事，不同的演绎方式	332
第三十一章	讲故事的评估标准	334
第三十二章	总结——每天一个故事	336
	每天一个故事，医生远离我	336
	林德尔温之歌	343
附录一	推荐书目和网站	345
	推荐书目	345
	网站	347
附录二	故事表格参考答案	354
附录三	本书所收录故事的作者及出版情况	356

前 言

当这个世界逐渐充满日新月异的电子产品，人们却作出了直接的回应——讲故事的传统开始在世界各地悄然复兴，这实在令人惊叹。无处不在的机械产品一方面悄然蚕食了我们诉说和倾听的能力，另一方面却又唤醒了我们对更健康、更直接的交流方式的渴望。故事家们似乎预见到了手机、电脑和短信的出现，他们聚集在一起，呼吁大家去重新发掘这种被忽略的艺术形式。到 21 世纪初，成千上万人都听到了这样的呼唤："去讲故事吧！义无反顾地从此时此刻开始吧！温暖你的心灵和呼吸，锻炼你的想象力，唤醒这些激荡身心的语言吧。"

如今，电视屏幕上真人大小的图像占据了厨房、起居室、候诊室和候机厅，未经翻阅的书籍、杂志和报纸在房间的各个角落里落满灰尘，世界各地那些对故事情有独钟的人们却聚在一起，体验着一种不同的交流方式。越来越多的父母、祖父母、教师和社团领袖在苦苦追寻，要找回与生俱来的讲故事的能力。在家庭、学校和各种聚会场所，人们重新拾起一个个的句子和情节，赋予它们新的养分，细细琢磨，寻找着更为生动的表达，在这样的过程中，一种渴望已久的温暖的感觉又重新流淌在心与心之间。

故事家既是艺人又是艺术家，能够治愈人们的心灵。从远古时期开始，故事家和治疗者的角色就交织在一起。鼓舞人心的故事即便只有一分钟长，也能让讲述者和听众双方都朝更好的方向转变。想象力中蕴含着无尽的资源，可以让每一种问题都变得像画面一样清晰，让那些被忽略或压抑，却能带来改变的智慧从黑暗中显现。故事家们一旦发现这一点，萨满式的冲动就被唤醒了。

新世纪之初，一群有远见的社会工作者、教育者和治疗师决定作一个大范围的调查，看看还有哪些人在发挥故事的预防治疗作用，用它来促进健康。反响非常热烈，爱讲故事的人们纷纷浮出水面，他们人数众多，而且遍布各行各业。他们建立起各种联盟和研讨会，定期举行讨论。其中一个称作"疗愈性故事联盟"的国际性组织，总部位于美国，运作得非常好，到今天已经联合了英国、瑞典、澳大利亚以及其他许多国家的故事联盟，致力于弘扬口述传统，让口语重新焕发活力和生机。

这个运动如火如荼地展开着，2006年，我首次受邀来到澳大利亚授课，探讨故事对身体和心灵的影响。授课期间，本书作者苏珊·佩罗邀请我与她同住，于是我不期然地来到了拜伦湾。苏珊以一种极为谦虚的态度，与我分享了她在讲故事和当老师的过程中所取得的各种各样的收获。她在讲故事方面的丰富经验以及所有那些全新的探索，从她的抽屉和笔记本里，一点点呈现出来。这一切令我激动不已，我发现，多少年来，她一直在响应着某种呼唤，用故事来疗愈人们的心灵，并且展示出自己的才华。一个想法在我们心头浮现，并在交流中逐渐清晰，这就是你将要读到的这本书最初的缘起。

经过很多个月的持续努力，苏珊·佩罗将其鼓舞人心的探索历程，写成了这本富有启发性的书。我相信，她的智慧、想象力和慷慨，会让你体悟到讲故事所带来的欢乐和疗愈力量。希望你能从本书中受到鼓舞，讲述自己的疗愈性故事——这不仅能帮助儿童健康成长，成人本身也会从中获益。

南希·梅隆 [1]

---

[1] 南希·梅隆（Nancy Mellon），作家、教师和领床医学家，现居美国新罕布什尔州。著有《给孩子讲故事》（*Storytelling with Children*）。

引言 故事的疗愈之光

当我第一次从我自己和别人的孩子身上，体验到故事对"治愈"儿童挑战性行为具有奇效之时，我感到仿佛有一道光照进了黑暗。于是，我开始自己写故事，并将其他文化中那些充满智慧的故事糅合其中。久而久之，我在抚养和教育孩子时，越来越多地借助这种"故事之光"。

多年后，我在东非做教师培训工作时，发现斯瓦希里语中有个很美妙的单词，可以用来描述我当年的那种体验。这个词就是 ANGAZA，意思是"照亮（某物）"。"Hadithi kwa kuangaza usiku"就是"照亮暗夜的故事"。

我写作本书有两个目的——与你分享这些"故事之光"，并帮助你写出自己的疗愈性故事。在本书各章中，我收集了许多现代或传统的故事，也放入了我自己创作的一些故事。这些故事充满了想象力，可以帮助孩子改变不良行为或状态。教师、父母、幼儿工作者和儿童治疗师也能从中学到如何针对儿童的挑战性行为创造疗愈性故事。

书中包含了 80 个故事，为方便查阅，我将它们按照不同的行为类型进行了分类。你可以直接引用，或加以修改，或模仿它们来创造自己的故事。每个故事之前都有简单的说明，包括故事所适用的年龄以及使用建议。这些行为类型中，涵盖了人们通常所认为的各种挑战性行为，包括不诚实、懒惰、逗弄他人、恃强凌弱等，还包括"收拾整理"等日常情况，"搬家"等经历，以及"分离焦虑"、"恐惧和恶梦"、"疾病和亲人去世"等问题和困境。

这些故事适用于3~8岁的儿童。然而，故事常常会打破我们所施加的局限。有时，为儿童而写的故事，也能使青少年和成人发生巨大的转变。本书从头到尾都充满了这样的例子。

故事的神秘和强大力量常常被人们所忽视。它们以无形而潜移默化的方式，影响着你心灵和内在自我的方方面面，在改变你的同时成为你的一部分。

—— 本·奥克瑞[1]

"疗愈"（Healing）的词典释义是"使达到平衡，变得健全或完整"，因此，本书中所述的针对挑战性行为的疗愈性故事，指的是那些帮助失衡行为恢复平衡和完整的故事。如果你受到启发，希望写出自己的疗愈性故事，那么你可以参考书中的故事创作模式。这个模式包括三重架构——"隐喻"、"情节"和"解决方案"。

在这个模式中，隐喻以一种充满想象力的方式，帮助听者与故事建立联系，它既包含负面的失衡状态，也包含正面的再平衡状态。随着故事的发展，"情节"本身积聚起"张力"，导致情节进入"失衡"状态，最终又超越这种行为，进入健康而正面（而非引起负罪感的）的"解决方案"。

除此以外，本书还介绍了如何针对不同的年龄选择合适的故事，如何保持

---

[1] 本·奥克瑞（Ben Okri），《天上的飞鸟》（Birds of Heaven），凤凰出版公司（1996），伦敦。

对不同文化的敏感，如何利用道具和其他辅助物，以及讲故事时应遵循哪些原则。我希望，通过阅读这些部分，你能有所收获，并受到鼓舞，去创作自己的故事，从而将古老的讲故事传统延续下去并发扬光大。

在人类历史上的很多传统文化中，部落或社群中那些睿智的长者在教育和引导儿童的过程中，会自然而然地利用隐喻和故事。他们通过"蕴含着丰富智慧的故事"引导和启发孩子们的行为，开发孩子们的想象力，并以正面和肯定的方式触及儿童的世界。本书旨在鼓励人们重新将隐喻和故事运用到孩子的教育中。

如何使用本书

我建议读者从开篇着手，此时不要做过多分析或质疑——投入书中，跟随我踏上"故事之旅"就可以了。这部分讲述了我个人的很多轶事，希望能够激起你的兴趣。然后，请跳至本书第三、四部分，阅读针对各类行为的故事。如果你想要研究这些故事的创作过程，并探讨如何自己编故事，请回到第二部分，了解"如何创作疗愈性故事"。最后，当你准备好去讲述故事时，参看本书最后的章节"讲故事的艺术"，其中介绍了相关的小窍门。

我并没有将全书分成"父母篇"、"教师篇"和"治疗师篇"，因为我认为三者之间有大量重叠。父母可以从老师创造的应对孩子在小组整理时不愿合作的故事中，学到维持家庭清洁的方法。老师也能从家长创作的处理孩子在家里的不诚实行为的故事中受到启发。治疗师既能为家庭和学校教育提供新的想法和隐喻，也能从两者中获得灵感。

请记住，故事并非解决或消除所有困难和挑战的万灵丹。也不存在用来应对各种情形的故事清单。任何行为都是在特定背景下产生的，有其前因后果，极少能孤立地解决。每个孩子都身处由各种关系和环境组成的复杂网络中，并在其中成长。这些环境包括家庭、学校、社区以至全球环境。对你所抚养、辅导或教育的孩子，正是你，本书的读者，才是他们所身处的各种关系、环境及其自身个性特征的直接接触者。因此，你是为他们量身创作故事的最佳人选。

如果这本书达到了它的主要目的，能够激发你为孩子们创作疗愈性故事，那么，请千万不要执着于追求完美。你创作的故事可能有很多纰漏，但是，如莱昂纳德·科恩所说，"光就是这样进来的"。重要的是，你尝试了！穿过这些纰漏的光芒可能恰恰是你最好的老师。

敲响仍然能响的钟，忘记那完美的祭品。那上面有道裂缝，任何东西都有裂缝——光就是这样照进来的。[1]

《故事知道怎么办》是我多年练习和尝试的结果。在撰写这本书的过程中，既有挣扎，也有快乐。理论架构部分花费了我不少心力。相比之下，那些故事很轻易地就流淌到了笔端。它们涵盖了我三十多年的抚养、教育和辅导儿童的经历。

通过几十年创办故事工作坊和研讨会的经历，我的一般经验是，我们身体里的"故事家"都在寻找出路，以便展现自己，释放出光芒。本书是我为家庭、学校和社区生活中讲故事的全面复兴所尽的绵薄之力。我希望你们能从中发现宝藏，将故事的疗愈之光带给你所关爱的孩子。

苏珊·佩罗

2007 年 9 月

---

[1] 莱昂纳德·科恩（Leonard Cohen）的歌曲《圣歌》（*Anthem*）。

第一部分

我的故事之旅

这一部分记录了故事对我的家庭生活和职业生涯的影响。希望我的个人经历和经验可以鼓励你，让你可以看到故事的治疗力量。然后我把故事分为不同的两部分，一部分适用于父母，另一部分适用于教育和咨询人士。

第一章

从干瘪的梅干到水灵灵的鲜梅
—— 故事的作用

故事与想象力

一位母亲曾把自己似乎颇有几分神童禀赋的 9 岁儿子带到艾伯特·爱因斯坦面前，问怎样才能让孩子把数学学得更好。爱因斯坦回答说："试着给他讲些故事。"这位母亲坚持问关于数学的问题。爱因斯坦说："如果想让他聪明，就给他讲故事；如果想让他有智慧，就讲更多的故事。"

我第一次读到爱因斯坦对故事和想象力的看法，是在 20 世纪 70 年代，那时我还是个实习老师。我最喜欢的科目是数学，所以对他的著作很着迷，想读读看为什么像爱因斯坦这样一个数学天才，会把想象力思维置于比"知识"更重要的层面。他认为，知识仅仅局限于我们目前所知道和了解的一切，而想象力涵盖将要认识和理解的一切。在爱因斯坦看来，想象力是进步之源。他说，伟大的发明需要一颗富有想象力的心。

对我来说，这是一个全新的概念，使我第一次把故事、想象思维和教育联系起来。24 岁取得教育学位后，我便参加了工作。不到六个月，我就第一次体验到了"故事"对儿童想象力的影响。

我在澳大利亚悉尼的一所幼儿园当助教。离圣诞节还有几周时，老师决定使用《胡桃夹子组曲》中一个跟圣诞有关的故事。她计划请"糖梅仙子"到班上拜访，需要有人装扮成仙女。老师让我相信她的决定，去扮演这一角色。记得我先是认为这个想法很好笑，觉得孩子们一定能认出我，从而破坏神秘的气氛。

圣诞节那天，我在游戏时间从课堂上消失了，到储藏室换上了"仙女"穿的衣服。我穿的是母亲的白缎子婚礼衬裙，一只手拿着金星魔杖，另一只手提着一篮子的"糖梅"——红色玻璃纸包着的坚果和葡萄干。

同时，老师已经让二十五个孩子在她身边围成一圈，在指定的时刻，我紧张地跳着舞来到圆圈中间。孩子们充满敬畏地坐着！老师开始弹奏故事里的音乐，我给孩子每人分了一颗糖梅。我正分着的时候，一个刚满6岁的大一点儿的男孩，伸手摸了一下我的裙子，睁大眼睛说："我从没摸过真正的仙女呢！"

我换回平常穿的衣服后，出现在花园里，孩子们正在玩耍。他们中有些人依然小心地拿着他们的"糖梅"，要等父母来了才舍得打开。另外一些正慢慢地吃着，一副欢天喜地的样子。孩子们看到我，便大声喊着说："苏珊，你去哪儿了，你刚才错过糖梅仙子了！"

这件事引发了我很多的思考。随着时间的流逝，我自己也成了孩子的妈妈。我观察到了故事对孩子想象力的影响，使我去做更进一步的研究。

要理解一个孩子想象力的深度和广度，我首先着眼于儿童意识与成人意识的不同之处。在接受教师培训的过程中，我研究过儿童的发展，了解到儿童并不是成人的缩小版。通过对我自己的三个儿子和我班上孩子们的直接观察，我发现他们和我们大人截然不同。生理、情感、人际交往和认知的不同似乎可以用成熟和成长来合理解释。

但是想象力呢？它不同于人类其他大多数特质，想象力的力量一开始就巨大无比，令人惊诧，但是它会逐渐萎缩！记得小时候，我的想象力能够把我送上云端（那些云一会儿变成奔马，一会儿变成海豚或者巨龙），也能带我翻越高山到别的镇上去（我会想象自己随着门前的铁路去往充满奇遇的广阔世界）。这种力量甚至能使我融入花园里的植物，花儿和虫儿，与它们那颤动着、悸动着的生命合而为一。回到彼时，我记得那一切皆有可能、一切唾手可得的感受——我就是世界，世界就是我！然而所谓的"成长和发育"期结束后，我成了一个想象力匮乏的成年人，需要努力激活我的想象思维。我的很多成年朋友也有类似的经历。那么对此如何解释呢？

我花了多年的时间寻求这个问题的答案。但我并不是从教育心理学或研究儿童成长的书籍中，而是从富含想象力的诗歌中发现了答案。深深触动我心弦的最初领悟来自华兹华斯（Wordsworth）的《不朽颂》（Intimations of Immortality）。在诗中他完美地捕捉到了一个孩子的成长历程：从虚无缥缈的精神世界来到尘世中，然后经历童年、青少年，再步入成年。

以下是威廉·华兹华斯《不朽颂》的节选：
我们的诞生不过是入睡，是忘却：
同体同来的魂魄——我们生命的星辰，
原先在异域安歇，
此时从远方降临；
并未把前缘淡忘无余，
并非赤条条身无寸缕，

我们身披祥云，

来自上帝身边——那是我们的家园；

幼儿时，我们身披天国的明辉；

儿童渐长成，牢笼的阴影便渐渐向他逼近，

然而那明辉，那流动着的光源，

他还能欣然望见；

少年时，

他每日离东方渐行渐远，

也还能领悟造化的神奇，

幻异的光影依然是他旅途的同伴；

成人时，明辉便泯灭，

消退于平凡的白日之光。

得益于这首诗的帮助，我描绘出了一幅更完整的儿童意识画面，这个过程不仅仅是从儿童到成人的年岁增长，这个过程中也存在着失去。看着熟睡的婴儿，我时常觉得"幼儿时，我们身披天国的明辉"——仿佛天使降临，神圣感油然而生。但这些"祥云"渐渐消逝，然后，像华兹华斯悲叹的那样，"儿童渐长成，牢笼的阴影便渐渐向他逼近"，直到最后"幻异的光影……消退于平凡的白日之光"。

我在想，能否有方法使这种开放的、充满活力的连接不会消退和萎缩？

我疑惑了很久。就在最近，我有了一次令人愉快的发现，这给了我这个讲故事者极大的鼓舞。和华兹华斯一样，欧文·巴菲德（Owen Barfield）在《物质、想象与精神》（Matter, Imagination and Spirit）中，也描述了两种实体——精神的与物质的、"隐藏"的与"日常"的。但是他并不是让我们成人把这两者绝对对立,非此即彼,而是建议在这两者之间搭起一座桥,一条可以从此岸到彼岸的通路。这条连接着物质和精神之间的桥梁就是"想象力"——巴菲德把它描述成一座想象的彩虹桥。当然还有很多其他方式可以搭起这座桥梁——祷告、沉思、音乐——但对我来说,"想象之桥"的想法就如同美妙的铃声在我耳边回响。

这些诗意的启迪帮助我理解了为什么故事和童话对于孩子是那样的清晰明了,因为孩子还处在那样一个更梦幻的阶段,既对物质实体开放,也对更微妙的、精神的实体开放。还有什么比丰富的故事王国中蕴涵的真理能更加直接地接近孩子,更适合孩子那与生俱来的想象力吗?作为成人,除非我们接受的教育充满想象力,提供给我们丰富的故事,或者天生就有想象力和创造力,否则我们就得努力重建想象的才能。

有人曾经问我6岁的儿子为什么喜欢童话故事,他说:"因为他们想的就是我所想的。"这童真的智慧帮助我在理解的链条上建立了又一个链环——对于孩子来说,想象的世界与精神世界就如同物质世界、如同日常生活一样真实。孩子似乎有能力如蝴蝶般在想象之桥来回穿梭,而大多数成人则举步维艰地跋涉于两个王国之间,像多足毛毛虫一样笨重。

一位年长的导师曾经跟我说过,讲故事者的旅程是一种"精神寻求"。第一次听到这种说法,我不知道讲故事跟精神性有什么联系。现在我明白她为什么这样想了。故事可以滋养我们的想象力,帮助我们这些成人化蛹成蝶,在"隐密"的真实花园里翩然起舞。

鲜活的思考从故事开始

曾经有位年轻的医生参加了我的讲故事课程。在开场部分，轮到他讲为什么要报名参加这个课程，他告诉大家，他已经在大学读了六年医学。结果呢，他的思维——用他自己的话讲，像"干瘪的梅干"。他希望通过学习讲故事，他的思维能够重新变成"水灵灵的鲜梅"——像记忆中的童年时代那样。接下来的几个星期，从一个简单的故事——胡萝卜的一生（用胡萝卜种子和一根真胡萝卜作为故事的道具）——开始，他逐渐能讲丰富多彩的故事，还能编故事了。也就是这个医生，因为能和小朋友们相处融洽，现在已经小有名气。他的诊所里总是放着一个"故事袋"，为了帮助他的小病人放松接受治疗，他会拿出道具（纸青蛙、小娃娃，闪闪发光的鹅卵石等）讲一个跟它们有关的故事，慢慢让孩子们放松下来，接受检查和注射。

在成人的忙碌生活中，我们的想象力很容易"枯竭"。就像肌肉一样，不用就会萎缩，经过锻炼之后才能重新强健。初中时，我的注意力集中在科学和理性思维上，日渐萎缩的想象力很少得到老师的激发。现在作为成人，我通过阅读和创作诗歌和故事来滋养我的想象力。在澳大利亚南十字星大学，我会建议讲故事课程的报名者在一个学期里每天都读一篇儿童故事。如果你感觉自己的想象力也像"干瘪的梅干"，那么你可以从这本书中挑选十个故事，每天读一篇，把这作为开始。尽管这些故事主要为孩子而写，但是你会发现，故事中生动的比喻和充满想象的旅程会滋养你的成人之心。如果开始的尝试有效果的话，你可以继续读更多的故事，不管是儿童故事还是成人故事。《指环王》等魔幻小说，是另一种滋养想象力的丰富来源。这种滋养，对于我们参加讲故事或写故事的课程和参与"讲故事"的环节都很有帮助。

另外，大自然也是激发想象力的好来源。我发现当我构思故事时，一些最好的想法来源于自然的提示。穿越丛林，漫步沙滩，闲坐公园或花园，这些体验都在我的思维受到束缚时滋养了我的想象力。甚至足不出户，只要透过窗户看看树枝、有纹理的树皮、萌芽的叶子、晶莹剔透的雨滴，都会激发我创作故事的灵感。

大自然有一种潜力，可以放松我们的身心，洗涤我们的心灵，给我们力量，滋养我们。事实上，大自然重建了我们与内心世界的连接。尤其是在创作儿童故事的时候，我发现自己需要时不时置身于大自然的神奇与美好中，让自己对人生的神奇和美好保持开放之心。

建立对故事及自己的信心

使成人缺乏富有想象力的鲜活思考的常见壁垒是某种怀疑态度——怀疑故事对现实生活的重要性以及同现实生活的相关性。我就读于当地大学时，曾为了做一个讲故事的研究项目而向研究院主任申请奖学金，主任的第一反应是嘲笑。接着他提出质疑，要求我证明这个主题具有研究价值。多年之后，在我的硕士毕业典礼上，他与我握手的那一刻是多么令人开心啊！他的怀疑态度慢慢转化为真正的兴趣，而且不久"讲故事"就被列入学校开设的课程。

在我的课上不时会听到怀疑的声音。曾经有位心理学家妈妈，在与小组成员分享她的经历时告诉我们，她曾经认为这些"故事和想象的东西"是多么荒谬，但是作为一名科学研究者，她决定用实证来检验它。一个星期前，她和她的孩子们在公园玩，在秋千旁她无意中听到一位老奶奶在和小孙女的激烈争吵。

奶奶要求孙女系上秋千的安全带，但是孙女坚持不系，于是奶奶不肯推秋千，孙女只好坐在秋千上哭。奶奶说，如果不系安全带，就会摔下来，摔断胳膊，最后住进医院，妈妈会很生气。

这个怀疑的妈妈没有采取正面对抗的方法，而是在脑海中寻找一个不同寻常、充满创意的点子。她上前问奶奶是否可以帮忙。得到允许后，她看着小女孩说："你知道吗？这个秋千有一条魔法带哦。如果你系上魔法带，它会把你变成小公主，并且带你高高飞起！我可以帮你系上吗？"小女孩不哭了，眼睛睁得大大的，点头同意了！这个妈妈帮她系上安全带，奶奶开始推秋千，奶奶与孙女两人之间的冲突烟消云散了。心理学家妈妈很惊讶，不再怀疑"想象力"的作用了。

人们的怀疑态度通常伴随着对自己创造力的怀疑。有个4岁的男孩总是尿得到处都是，不能"准确"地尿到马桶里，爸爸为此煞费苦心，不管怎么教育，效果都不好。后来在上了"比喻的创造性作用"这部分课程之后，他只是简单地使用了"瀑布"这个具有视觉效应的词（而不是用"直接尿到马桶里"这种抽象的命令），孩子居然马上接受了挑战，让"瀑布"一直流入马桶——每次都这样！爸爸很惊讶一字之变带来的结果，也很满意自己的"首次创造性成就"。从这次简单的比喻游戏之后，这位父亲给儿子和女儿编了许多枕边故事。后来他说他和孩子们之间良好的亲子关系得益于此，而且他的想象力也变得愈加丰富。

我问那些参加故事创作课程的老师和治疗师，能否在一天之内编一个故事，他们中的大多数都会大声回答"不能"。但3～4小时之内，听过许多示范性故事后，他们的想象力变得"水灵灵"的，再加上故事框架的引导，通常他们会对自己有如此之好的故事创意感到惊讶。

即使是在讲故事的文化氛围中出生成长的非洲老师，也常常表露出自我怀疑。作为一名来自缺乏讲故事传统的文化背景下的故事讲述者，如何"唤醒"非洲文化浸润下的老师们的讲故事的技能——这成为我硕士期间重点研究的课题。一种方法是鼓励小组讨论，通过故事本身的力量刺激记忆。在开普敦的培训中，为了使小组讨论能够进行下去，我决定讲一个关于树的简单故事：那棵树曾经有强壮的根部，一度挺拔健壮，但由于缺乏呵护，变得矮小脆弱，叶子也落了。这些图景会帮助参加培训的人从自己的"故事树"中唤起对童年的回忆。在"故事树"的作用下，一名年长的妇女坐在地板上，回忆她奶奶如何边弹奏幽哈迪[1]边讲故事。由此开始，回忆与故事不断涌现，我们很容易就构建出当前"故事树"的图景及其未来的种种可能。故事中树这样一个简单的画面激发了那位女士讲故事的热情，而这节课也比上节课富有成效得多。在上节课中，当我询问大家的童年回忆时，小组中没有人愿意——或有勇气——与大家分享。这次的讨论如此热烈，用了整整两节课的时间才结束。它帮助小组成员重拾讲故事的传统，一些讲故事的技巧也再次焕发生机，尤其在老年妇女当中更是如此。这场讨论之后，人们焕发了讲故事的热情，所讲的故事非常丰富，既有来自本地文化的，也有融合多种文化的。

还有另一个例子。当我叫开普敦当地一个比较有经验的小组编一个故事并展示给大家时，她们十人中只有三人完成了作业。没有完成作业的小组成员垂头丧气地走进教室，向我抱怨说："这太难了，苏珊，我们做不来。"我把椅子放到教室前面，坐下来和她们分享我自己的故事作为热身。然后完成了作业的三名小组成员在我的热情鼓励下分享了她们的故事。讲完这些故事后，教室的氛围就完全变了。三位小组成员的自豪感油然而生。接着另外两名成员依次坐上那把椅子，讲她们现场编的故事。大家开始相信，那把椅子有特殊的

---

[1] 幽哈迪（uhardi），一种用葫芦做成的弦乐器。

能量。我们一起用彩色丝带把它装饰起来，并称之为"故事椅"。接下来的一周，其他五名成员也带来了她们的故事，所有成员继续坐在故事椅上，讲精彩的传统故事。

天生的国王

作为治疗故事的创作者，我曾有过一次非常挑战个人能力的经历，正是那次经历帮助我克服了自我怀疑。第一次去东非的时候，我在一家教师培训中心工作。在内罗毕开展讲故事课程时，一位年轻的肯尼亚妈妈请求我帮助她的儿子，她的儿子3岁时受到保姆的性虐待，并因此感染了性疾病。这个孩子经受了几个月的药物治疗，治疗期间每次排便都非常疼痛。我见到这位妈妈时，她的孩子已经6岁了。孩子的病在生理层面上是治愈了，但是在情感层面上，他对疼痛的畏惧依然存在。他仍然需要不断的鼓励才能去上厕所——上厕所的时候，他还是需要妈妈陪在身边给他唱歌、讲故事，直到他能够放松为止。

现在，她的儿子要准备接受全日制的学校教育了，妈妈非常希望通过什么方式让孩子克服恐惧。但是她怀疑：一个故事能奏效吗？

这个问题使我受到极大的冲击。虽然我一直在宣扬故事的"治愈"能力，却从未遇到过这种挑战性的情况。我愿意竭尽所能来帮助他，却怀疑自己是否具备了解决这个问题的技巧和理解力，毕竟我不是专业的心理学家。然而我还是决定一试。接下来的几个晚上，我没怎么睡觉——未来的故事家们得要有心理准备哦，故事往往是在午夜诞生的！

我的第一个要求是和孩子见个面。于是妈妈带来了一个颀长英俊、棕色皮肤、神情骄傲的孩子。一看到他，我就觉得他像个小王子。我跟从自己的直觉，告诉妈妈——没让孩子听见——我感觉故事应该是关于一个王子，一个"天生的国王"，但是我担心国王和王子的主题不太符合非洲的文化。但是妈妈回答说，孩子最喜欢的故事就是关于国王、王后和城堡的。

现在我有了着眼点。第二天晚上我在昏暗的烛光下起草故事的梗概，整夜未眠。根据隐喻、情节和解决方案的框架，我写出了《生而为王》（见282页），并在登机回澳大利亚之前抄了一份给那位妈妈。解决方案对我而言非常明确——孩子需要找到内在的力量和信心。简单地说，故事中王子的心理历程是从光明走向黑暗的城堡再重新回到光明。象征着困难和帮助的隐喻有很多（详见"治疗故事的创作"部分）。两个月后，那位妈妈发邮件给我，证实了故事疗法的成功。这对我而言是个极大的鼓励，鼓励我沿着治疗故事之路继续前行！

列出你的问题和担忧

在刚读完本书开篇之际，读者关于故事的价值以及讲故事对孩子的作用一定有自己的疑问，这是很正常的。以下五个问题是故事工作坊的学员经常提出的，在继续阅读之前了解一下这些问题可能会对你有所帮助。如果你有同样的问题，请在方框中打勾，如果有其他问题，请在后面列出。

☐ 我不是个有创造力的人
☐ 我想不出和孩子相关的隐喻和有想象力的创意
☐ 我不会编故事

☐ 我想不出富有想象力的方法来解决孩子们具有挑战性的行为
☐ 我不确信故事有"治疗"功效
☐ _____
☐ _____
☐ _____

建议你读完本书之后再回头来看这些问题。

在下面两章中,我将继续我的故事之旅,记录故事对我的家庭生活和职业生涯的影响。希望我的个人经历和经验可以鼓励你,让你看到故事的治疗力量。虽然我把故事分为不同的两部分,一部分适用于父母,另一部分适用于教育和咨询人士,但是我建议你两部分都要读——不论你的职业是什么,因为给孩子讲故事的各种经验都会为你提供有用的启发。

第二章

将故事织入家庭的"布匹"

在我的家里,故事之光已将许多闪闪的金线织进生活的布匹。在这一章,我将分享我们家的一些故事。从我的三个儿子小时候起,到他们读小学乃至之后的漫漫岁月,这些故事为我们的家庭生活增色不少,并且给我们带来力量。为了写下这些经历,我还"采访"了我的儿子基伦、西蒙和杰米。采访他们时,他们已经长大成人,分别是29、28和26岁了。征得他们同意后,我把他们的回忆和我自己的回忆交织在一起,写在本书中。我希望我的经历可以给你灵感,从而把故事融入自己的家庭生活中。

作为老师,我有很多讲故事的经历和体验(见下一章),这些经历和体验对我产生了很大的影响,所以当我为人母时,对于故事对孩子健康成长的重要性已经有了深刻的认识。我不断从二手书店、集市和图书馆为孩子收集各种故事书。随着孩子们的成长,我收集的故事不断增多,范围也不断拓宽,从幼儿童话、自然童话,到民间故事、源自各种文化的童话故事以及神话传说,到他们十几岁的时候,又加入了探险家和冒险家的传记故事(更多的故事题材见第六章)。

孩子们小的时候,每天我都会给他们讲睡前故事,这是我最大的乐趣之一。尽管大多数时候,到了晚上我都会感到相当疲惫(特别是单独抚养孩子的那段日子），但是给孩子们读故事或者讲故事却可以平复我一天的劳累，给我力量。即使在筋疲力尽的时候，给他们唱的那些幽默而富有节奏的民谣，也能使我重获生机……

猫头鹰和猫咪，出海去旅行，豌豆绿的小船，真呀真美丽……

或者

克里斯托弗·罗宾汉，他又打喷嚏又喘气……

这是米尔恩的《小熊维尼》系列[1]中的一首诗，如果哪个儿子感到身体不舒服，这首诗便是很好的慰藉。这时候，我会坐在他们的床边大声朗读——诗中的幽默可以使气氛轻松一些。在《小熊维尼》的这个系列中，还有一首我喜欢的诗歌，名叫《国王的早餐》，故事很长，富有节奏感，讲的是一个国王想给他的面包加"一点点黄油"的故事。当孩子们在早餐中争吵时，我就会背这首很棒的诗歌来转移话题。

渐渐地，睡前以及餐桌上读的这些故事和诗歌已经不能满足孩子们的需求了，他们开始自己如饥似渴地读故事。在我们家，读书比看电视更为频繁，这样的好处是他们不断获得老师的表扬。我的儿子西蒙还因此在一次作文比赛中获胜，作文比赛的主题是"为什么书比电视更好"。他在文章开头这样写道："我正在读的故事实在太扣人心弦了，我几乎没有时间来写这篇文章……"比赛的奖品理所当然是一张购书券。

---

[1] 这两首诗来自《我们很小的时候》（*When We Were Very Young*）以及《我们六岁了》（*Now We Are Six*），详见"附录一"中"推荐书目"部分。

爱帮人的小棕仙[1]

在我大儿子 7 岁时,故事的威力使我得到了一件不同寻常而又意想不到的礼物。

故事的名字很简单,叫《小棕仙》,是我当时要讲给基伦的下一个睡前故事。这个故事是从故事合辑《金色小路》(Golden Pathway)中挑选出来的,在弟弟们入睡后,多听一个故事对他来说是一大乐事。在我抚养三个年幼孩子的艰难日子里,《小棕仙》的故事为我们带来了活力和欢乐,并发挥了疗愈的作用。

有两个小男孩,他们的妈妈去世了,爸爸独自艰辛地抚养他们,白天工作,晚上和大清早还要煮饭和打扫卫生。

有一天奶奶来看他们,老大就问奶奶,为什么爸爸脾气总是那么大,总是那么不快乐。奶奶说,可能是因为小棕仙没有到他们家来帮爸爸做家务!

小男孩想知道哪里可以找到小棕仙,那样他就可以请它们到家里来帮忙干活,让爸爸快乐起来。奶奶说,只有森林里聪明的老猫头鹰才知道它们住在哪里。说完奶奶就回家了。

那天晚上小男孩翻来覆去睡不着,最后,他决定要在清晨太阳升起之前,去森林里找聪明的老猫头鹰。他悄悄地离开家,沿着森林的小路一直往前走,找到猫头鹰以后,他说出了自己的问题:小棕仙住在哪儿。

猫头鹰让他沿着小路走回湖边,面对着月光下的湖水说出下面的谜语。猫头鹰保证说,如果他这样做,而且能找到谜语的答案,那他就可以找到小棕仙。

拧拧腰,转转身,小小棕仙快现身

---

[1] 苏格兰传说中善良的小精灵,总是穿着一身棕色的破衣服,常常帮人做家务,但人们不能给它们报酬,一给报酬它们就会永远消失,只能通过其他方式回报它们,例如在它们可能经过的地方故意留一些食物。

扭扭头,湖里瞧,小小棕仙出现了……

小男孩就这样做了,当然了,他看到了他自己的倒影。他马上就明白了——自己就是小棕仙,帮爸爸做家务的小棕仙。他悄悄回到家里,天还没亮呢,他赶紧忙开了,打扫厨房,准备柴火和擦地。就在天刚刚亮的时候,他悄悄回到自己的房间,静静躺在床上听着。爸爸来到厨房,咦?所有的活儿都干完了!爸爸开心地大叫起来:"噢,真是快乐的一天啊,小棕仙到我们家来了!"

这个故事我只给基伦读过一次。第二天清晨天还没亮,从浴室传来一些声音,像是摩擦声,这声音把我吵醒了,我的第一个念头是我忘了关窗户,有负鼠从窗户爬进来,掉到浴缸里去了。我起身下床,走到客厅,正要拐进浴室,眼前的一幕让我惊呆了:我7岁的儿子,跪在浴缸里,一只手拿着一桶阿贾克斯清洁剂,另一只手拿着刷子,正来回不停地擦洗浴缸。

我悄悄回到床上,心里又惊又喜,当然也像故事中的那个爸爸一样,非常开心。我在床上足足躺了20分钟——基伦虽然才7岁,但已经表现出"完美主义"的倾向,显然,他渴望把浴缸擦洗得干干净净。最后我听到他悄悄回到自己的房间。

"我要演完这个故事。"我心里这么想,于是起床走到浴室,大声宣布说:"噢,真是快乐的一天啊,小棕仙到我们家来了!"看到晨光照耀下闪闪发光的浴缸,这句话是很容易脱口而出的。其实在我的家务清单上,清洁浴室总是排在最后一项。接着,我去厨房准备早餐。过了几分钟,基伦也走进来,他一声不吭,我也没说话,他脸上洋溢着喜悦,我也一样!

接下来的两个星期,每天天不亮,基伦就醒了,然后就上演小棕仙的故事。

每天早晨他都会尝试干一些新活儿,过了一段时间,显然他想不出什么新点子了,于是每天都去擦洗厨房的橱柜门。我担心有一天他会把橱柜门上的油漆都擦掉,于是开始试着给他留下一些新活儿的蛛丝马迹,例如晚上把鞋子放在柜子上,旁边放一个鞋刷和一支鞋油;早晨在水槽里留一些没有洗的碗碟……

我们一直没有捅破这个秘密,过了几个月,在忙了一天之后,我疲惫地坐在椅子上,用基伦能听见的声音说:"多希望小棕仙能再来我们家,帮我干活啊。"当然他们真的这样做了,但只维持了几天。之后我再也没有提过小棕仙。我必须非常小心谨慎,不要给这个小帮手太多的压力。

至今我都不知道,这个故事为什么对基伦产生了如此深刻的影响。难道我像故事中的爸爸一样,是个坏脾气的家长?又或是猜谜语的情节深深打动了他?但可以肯定的是,对听者而言,这个故事蕴涵了非同寻常的心灵之旅。奶奶和智慧猫头鹰并没有告诉小男孩,他应该帮助爸爸干活,小男孩必须自己去发现这一点。很多年过去了,基伦快 30 岁的时候,我再次提起这个故事,我们俩聊到了他对这些事情的记忆。有趣的是,故事的情节在他脑海中已经很模糊了,而扮演小棕仙的往事和保守秘密的快乐却无疑让他记忆犹新。

长途旅行和梳头时讲的故事

长途旅行时,孩子们常常坐在车的后座,紧紧系上安全带。他们必须静静地坐着,只要你在澳洲和非洲这样广阔的陆地生活过,你就会明白他们要坐多久。

除了在车上玩的游戏和手工,我的另一个"法宝"是利用连续数小时的驾驶时间讲故事。我从小时候就喜欢的故事开始练习，原因很实际，因为即使我记不住整个故事，也能记得大概内容。记得第一次尝试在车上讲故事的时候，我非常紧张，但紧握着方向盘，笔直盯着前方又给了我信心。后座很安静，孩子们全神贯注地聆听着，这无疑鼓励着我继续讲下去。

在这些漫长的旅途中，讲故事的治疗效果影响着我们所有的人。在讲故事的过程中，三个平时好动的男孩，此时正积极展开想象，顾不上动来动去、互相戏弄和打闹。到达目的地后，我感觉自己也不是那么疲惫和心烦了。当我和一位老朋友分享这个经验时，她说："我完全了解这种方法！我从奶奶那里学到了这个方法，我过去常常带孩子们爬山，那时我会用故事陪伴他们爬到山顶再走下山来。"

后来我在书中发现，非洲南部的布希曼人也有这种智慧。他们能在沙漠里走好多天，一路给孩子们讲故事，讲关于远方的山、溪谷中的岩石还有沙丘那边升起的星星的故事……

在另一些情况下，也需要孩子们安静地坐着，例如梳理缠在一起打了结的头发，或是捉虱子和找虱子卵——生活在澳大利亚亚热带和非洲海岸潮湿气候的居民常常要做这些事情。非洲地区的母亲给她们的孩子编辫子要花上几小时，观察这一过程，我从中学到了她们的招数——给孩子讲故事让他们保持安静！

在这些时候，幽默的力量常常也会有所帮助。我虚构了一个忙个不停的"打结小仙人"，需要"安静地坐着"时，他就可以大显身手了。他有各种各样的冒险经历，有时甚至可以让孩子们自己去编这些奇遇记，我写的一首诗也可以给编故事的人带来灵感：

开始他在这儿，后来他到那儿，你看他在哪儿？

风儿把他吹到这儿，风儿把他吹到那儿，

风儿吹着他——他飞进你的头发丝儿，

渔夫发现了他——他绕起了钓鱼线，

他总是钻进缝纫线！

开始他在这儿，后来他到那儿，你看他在哪儿？

穿过魔法衣橱[1]

回忆养育三个儿子过程中的酸甜苦辣，我惊讶地发现，大量的自然故事和民间传说大大影响了他们对玩耍和游戏的选择。他们的选择非常平衡，除了一般男孩子喜欢的弓、箭、枪、矛等武器，以及他们喜欢的滑板、板球、足球、冲浪等体育运动，他们总是有充裕的时间"穿过衣橱"，在富有想象力的玩耍中进入一个广阔的国度。

最近和孩子们的聊天也显示，那段时光构成了他们最快乐的回忆。他们经常去附近的小溪探险，在那里寻找魔法水晶；在沙滩前的石洞里建海盗的秘密基地；在我们家后花园角落里建造结构复杂、道路纵横交错的微型小房子给"小精灵"住。

二儿子西蒙对这些小精灵的房子记得最清楚。他8岁时，我们从租的房子搬到自己买的房子里。当我们和家具一起到达新家时，他所做的第一件事情就

---

[1] 在斯特普尔斯·刘易斯所著的剧本《狮子、女巫和魔法衣橱》中，四个孩子偶然穿过魔法衣橱，来到一个神奇的世界。

是带着哥哥和弟弟去后院，给小精灵们造新房子，好让它们搬进去。他们都相信，所有的小精灵都已经跟着搬家公司的卡车来到了我们的新家。

三兄弟都对我幼儿园附近的"敲门树"森林（见下一章）情有独钟，因为这个森林里的树有魔法门。很多年以后，小儿子和他的朋友们还花了一个晚上重游那个森林，以此来庆祝他的 21 岁生日。

充满想象力的玩耍和小精灵

孩子们小的时候，我经常给他们一些简单的材料，鼓励他们玩一些创造性的游戏。我收集了很多大大的硬纸盒和小木头，给他们建造秘室，把旧衣服保留下来，供他们乔装打扮。我从家庭旧货卖场给他们买来小锤子和挖掘工具，供他们找水晶时使用。我还经常在花园里留些没有开发的地方，让他们捉迷藏，给小矮人建树屋和魔法屋。

由于担心他们变得过于感性，我小心翼翼，从不主动挑起"仙子"和"自然精灵"的话题，但我不是一点都不鼓励。事实上，我发现自己带着强烈的兴趣听着孩子们的看法。西蒙还小的时候，常常用 3 岁孩子有限的语言描述一些仙子的细节，这些仙子和猴子一起住在我们南非家中的花园里。在那片倾斜着延伸到森林的草地上玩耍时，他常常走过来，坐在我身旁，给我讲他看见的事物。我听着他的讲述，惊叹极了！对于他的分享，我非常小心，从不作出任何评价或者贴上什么标签。这些美好的时光始终是我心中神圣的回忆，因为孩子极富想象力的理解丰富了我自己的精神世界。

当我还是小孩子的时候,我相信我能在花园里看见跳舞的精灵。我已经不记得他们是不是长得像儿童图画书里面的仙子,我觉得他们更像是翩翩起舞的光点,我看不清他们的脸和四肢。由于这些记忆,加上后来在书中读到的自然精灵和代表土火风水这些元素的生灵[1],我从来不怀疑神话、传说和儿童故事中永远存在的"小精灵",我也肯定我小时候曾经见到过一些这样的"生灵"。

我还能看到黑暗里的一些"东西",关于这个我的记忆非常清晰。我的哥哥和我过去常常躺在床上讨论我们能看到的东西,并且多半我们俩看到的都很相似。一天晚上我在走廊里看到了一个非常可怕的形状,我哭着跑到父母那里。可是他们的反应让人非常失望——我的父亲因为我胡说八道骂了我,并且让我去睡觉。之后我再也不向任何人提及我"看到的",但这些记忆仍然陪伴着我。[2]

孩子们想象的国度很难为大人所理解,一些出现在民间传说和童话故事中的事物当然也很难让大人理解,但是对于孩子而言它却是真实的世界。与其固执己见地让孩子们以大人的视角来看待这个世界,还不如从孩子身上学习一些我们已经淡忘的东西——大自然是充满灵性、生机勃勃的,那些律动的能量虽然现实存在着,我们却常常觉察不到。

---

[1] 见"附录一"中"推荐书目"部分鲁道夫·斯坦纳的著作。
[2] 我后来发现,如果这类童年经历发生在冰岛那样的国家,会更容易被大人接受。在那样一个到处是岩石和冰山的北方国度,这些"隐藏的人"(小精灵、地侏儒、守护神和其他生灵)很自然地受到人们的尊重。在当地报纸的报道中,常常可以发现精灵普遍存在的证据,例如有人想在精灵出没的石头和土地上盖房子或修路,却因为一些莫名其妙的原因而没有成功。在冰岛,一些通灵者还设计了"精灵地图",标出了精灵经常出没的地方,以便普通人了解精灵的生活和行踪。通灵者们把精灵描绘成大自然的另一面,就像树木和花朵上的阳光,其形状则取决于所处的环境。他们认为精灵们希望人们保护大自然,并且认为,大部分孩子都有一种自然的能力,可以看到这些"小人"。

别出心裁的家庭习俗

当孩子掉牙时，我们当地的习俗是用 1 元或 2 元的硬币换走这颗牙齿，当我的大儿子掉第一颗牙时，我想了一下，觉得这种做法太物质化，于是决定改用一些更具想象力而且更质朴的东西——牙仙子拿走牙齿后留下的将会是小贝壳而不再是硬币了。第二天一大早，我 6 岁的儿子兴奋地说："我知道真正的牙仙子是不会放钱的！"他的话至今仍在我的耳边回响。

得到纯真的孩子的认可之后，我们家质朴的习俗就形成了。每一次换牙，牙仙子拿走牙齿后，都会在原来的位置留下一些自然的宝物（贝壳、水晶和羽毛等）。当他掉第七颗牙的时候，一个特别的宝盒留了下来，旁边还有一张字条，建议他将积累的宝物放在盒子里，作为宝物的家。几十年以后，我们仍珍藏着这些小盒子和里面的宝物，这些宝物承载着我们宝贵的回忆。

我还采取了一个非常具有想象力的方法来解决小儿子的问题——"圣诞老人是真的吗"？在很多家庭里，哥哥姐姐已经长大，开始不相信圣诞老人，比他们小的孩子会听到哥哥姐姐发表的言论，所以对这些家庭而言，这个问题十分普遍。有一年圣诞节我感到这个问题开始在我们家发生。那时杰米只有 5 岁，十分敏感。为了解决这个问题，我给两个哥哥讲了个睡前故事。故事讲的是：当小朋友长大了，会自己做礼物了，圣诞老人就变成"给予精灵"进入小朋友的身体。孩子们受到故事的鼓舞，立刻开始着手列出一份名单，把所有能想起来的亲戚和朋友都列在名单上。最后他们做了大量的礼物，一盒盒手工制作的卡片、一瓶瓶的果酱、一些蜡烛，还有书签等，并把礼物包装好放在圣诞树下。不用说，之后杰米没有听到任何关于圣诞老人的负面消息！两年后，他也听到了"给予精灵"的故事。

我有个朋友,具有德国和塞尔维亚血统,家里有十个孩子,最近我从她那里听说,每个孩子出生时,她母亲都会带回家一个特别的蛋糕,这已经成了她们家的传统。那是一个很轻的海绵蛋糕,有些果酱和奶油,不同于孩子们平常吃的蛋糕。母亲会告诉翘首企盼的孩子们,那是"他们的弟弟或妹妹从天堂带来的蛋糕"。他们全都很期待这个蛋糕,也很珍惜吃蛋糕的过程(我的朋友说她会花上几天来享受她那份蛋糕)。通过这种方式,其他家庭成员都带着敬畏和惊叹迎接每个新生儿的降临。在我朋友的记忆中,新生儿来到他们家时,他们从来没有过嫉妒或埋怨,对每个新生儿都是如此。

研究和思考家庭传统中的智慧是很有趣的。通过跟自己的父辈和祖辈讨论,父母们可以获得一些充满想象力的好点子。我的奶奶具有明显的约克郡血统。她认为如果孩子跌倒,摔伤了膝盖,或者因为什么事心情低落,最好是一边做家务一边给孩子唱有韵律的歌。如果唱完以后孩子还是很低落的话,那就有必要去看看到底发生了什么事情。我奶奶认为这种方法很奏效,因为歌曲中的内容充满想象,能够吸引孩子的兴趣,帮助他忘掉那些让他情绪低落的事。

诗歌和创造力

大量的故事和诗歌不仅鼓励我的三个孩子以充满想象力的方式玩耍,帮助他们融入家庭传统,而且使得他们对语言非常敏感。从十几岁起,他们就很喜欢写诗了,尤其是在有特别事件发生的时候。这么多年以来,一个或更多孩子创作的诗已经是我生日主要的礼物。我把这些诗放在家中的小珠宝盒里,那里面充满了最可爱的回忆。

最近我的小儿子用他的旅行照片和一段段小诗装饰了他公寓的墙。他的生活方式总是充满丰富的创意。二儿子对写作和表达有着很敏锐的天赋。在最近的社区活动中，他讲了他的人生故事，这个故事讲到他对贝壳收藏的热爱，现场的观众几乎都感动落泪了。

大儿子是职业冲浪运动员，正在世界各国巡回比赛，他常常把一些诗情画意的比喻融入自己的文章中，给一些冲浪杂志投稿。这个职业冲浪运动员向妻子求婚时，用了一个别出心裁的方法。日出时分，他把女朋友带到海边，在沙滩上画了一个心形，让她站在里面等他，自己则潜入海里。再次出现在爱人面前时，他的手里拿着一枚闪闪发光的戒指……这场订婚是从一个童话故事中得到的灵感。

瓶子和泡泡

在养育孩子的过程中，我第一次给他们编故事是因为一个特殊的原因。在那之前，我总是给孩子们读或者讲别人写的故事。

杰米3岁的时候很讨厌洗头发，不是一般的讨厌，而是非常讨厌。每次洗头对于我们俩来说都是折磨。到了洗头发的日子，两个哥哥理所当然地接受，可杰米总是想尽办法拖延。最后家长的权威占了上风，我给他洗澡时把他的头发也一并洗了，但这是不可避免的紧张时刻，杰米的大喊大叫随之而来。

有一次杰米大喊大叫时，我想到了一个好主意，虽然这个主意应该归功于婴儿洗发水的生产商。这个生产商没有选用普通外形的瓶子，而是用了一个小熊形状的瓶子。

拿起那个瓶子的瞬间，一个疯狂的故事开始在我的脑海中浮现，最终这个故事以独特的方式从我口中讲出，进入杰米的耳朵。如果你认为当时的我是把故事喊出来的，那你就猜对了！虽然只是刚刚开始了几句，杰米就打开了他的耳朵，不再大喊大叫了。

一个很简单的洗发水小熊的故事就这样诞生了。洗发水小熊有了数不清的冒险经历，它四处旅行，穿越森林，沿着小河并且去了许多城镇。在路上，每个见到他的人都会友善地和他打招呼说"你好"，但每次小熊开口想和他们说"你好"的时候，出来的不是话语，而是泡泡。

洗发水小熊完全改变了杰米的洗发时光。事实上，杰米只是想听到更多关于这位非凡角色的故事罢了。在一段时间内，他几乎隔天就想洗一次头。当然故事只在他洗头发的那个时段讲——在讲故事之前我会先打开洗发水瓶——家长的智慧在这里得到了锻炼！在两次洗头发之间，我会把洗发水瓶放在很高的架子上。

"云朵男孩"的治疗作用

有段时间我的两个大儿子都上学了，而小儿子还需要等一年才能上学，那是我作为家长最难应付的日子之一。本来可以利用这段时间好好陪伴杰米，但他天生争强好胜，事事都要当第一，常常不能接受自己是家里年纪最小的，特别是这等待上学的最后一年。每天早晨，两个哥哥离开家去乘校车的时候，我要使出全身解数来转移他的注意力，不让他失落生气。我必须承认那时我的耐心和创造力都要耗尽了。

杰米即将到来的5岁生日更是增加了事情的难度。他极度想拥有一个"宇宙主宰者"的战士玩偶作为生日礼物。销售这种玩偶纯粹是商家为同名的电视节目做广告。那个公仔用灰色的橡胶制成，脸上有些伤疤，腰带上还挂着武器。杰米每次提出要求之前都会说："我所有的朋友都有这种玩具了！"然而我是一个相当注意保护孩子的母亲，希望孩子尽量少玩这种带有攻击性的玩具，也不希望他和这样的玩偶睡在一起。

在杰米生日前一个星期，我在一个手工艺店发现了一个软软的可爱娃娃，让我想到了杰米——一张可爱的小脸蛋，浅色的头发，穿着一身蓝色的小西装——那是杰米最喜欢的颜色。我想杰米会喜欢这个娃娃的，便立刻把它买了下来，将它包好，作为杰米的生日礼物。然而，就在生日的那天早上，他打开礼物，发现不是他想要的那个"宇宙主宰者"，于是十分生气地把娃娃扔在地上，然后气冲冲地从屋里跑了出去。

不用细说接下来的几个星期我有多难受，那是我为人母亲生涯中为数不多的经历。杰米非常生我的气，但是面对这种商业压力，我并不打算作出妥协，因为它正通过狡猾的手段一步一步侵入我们的家庭和我们的生活。这场冷战一旦形成，似乎就没办法化解了。所以我决定用故事来弥补我和杰米之间的裂缝，而故事的灵感就来自于放在我卧室柜子上的那个娃娃。

连续三天晚上，在杰米睡着前，我站在他的上铺旁边，用一种漫不经心的语气开始给他讲"云朵男孩"的故事。我必须用一种十分随意的方式做这件事，因为自从痛苦的生日之后，他就非常不愿意参加家里的活动，包括睡前故事环节。

云朵男孩住在云朵房子里，睡在软软的云朵床上，吃着云朵薄饼当晚饭。

云朵男孩有着一头跟白云一样雪白的头发，穿着像蓝天一样湛蓝的衣服。云朵男孩一直都一个人快乐地生活在天空，直到有一天，他的云朵房子飘啊飘，飘近大地，他看到了地上的小朋友，就跟他一样大呢，他们在云朵下面的世界里，在草地上和花园里游戏。云朵男孩决定，他要到下面的世界去，找个朋友跟他一起生活，一起玩。每天，他都跟云朵房子一起在辽阔的天空漫游，飘过森林的上空，沿着河流，越过高山……他走遍了世界的每一个地方。他要找一个可以跟他一起玩、可以照顾他的朋友……可是到哪儿可以找到这样的朋友呢？

到第三天晚上，杰米已经忘记了自己不愿加入睡前故事环节这回事，对这个简单的故事产生了浓厚的兴趣。那晚这个故事讲完了，结尾是一个开放性的问题："云朵男孩在哪儿能找到这样的朋友呢？"

杰米睡着以后，我悄悄走进他的房间，他睡上铺，我将一长段白色的布展开，挂在他的床下，然后小心地把那个娃娃放进"云朵"，并确保站在梯子的位置能看见这些"云朵"，第二天早上他会从这个梯子爬下来。之后我回到房间，上床睡觉，不知道我的故事是否能奏效或是改变状况，但至少我知道睡前故事已经引起了杰米的兴趣。

第二天留给我的记忆仍会让我感动落泪。小儿子用力拉着我的胳膊把我叫醒，激动地对我说："妈咪，云朵男孩选了我做他的朋友！"我看着床边的杰米，手里抱着那个娃娃，高兴地笑着。

那个娃娃之后成为我儿子最亲密的朋友，我们家的生活从此改变。杰米到哪儿都带着那个云朵男孩。我给杰米买了一双红色的橡胶靴，他就会给云朵男孩做一双红毡靴。等到杰米上学，我给他缝了一个背包，他把云朵男孩放进里面，还要放一个火柴盒，里面装满葡萄干，说是要给云朵男孩当午餐呢。当然，接下来的几年，杰米每天晚上还抱着它一起睡。大约9岁的时候，杰米才把它小心翼翼地放进一个篮子，在柜子里收好。

很多年以后，杰米上了大学，攻读设计专业学士学位。在我离开澳洲去东非工作之前，他回来看我。他看见我正给云朵男孩和其他玩具还有书打包。我把它们全都放在一个盒子里，未来三年不再打开。他很惊讶我这样对待他一生的好朋友，于是他把云朵男孩放进背包，带回了悉尼。现在云朵男孩住在杰米公寓的床上，和它做伴的也是个可爱的娃娃，是杰米的女朋友从小最喜欢的……两个娃娃一起等着杰米孩子的出生，和它们一起玩。

从云朵男孩进入杰米生命的那一刻起，他想得到"宇宙主宰者"玩偶的欲望就消失了。杰米的朋友们到我们家参加聚会时，看见云朵男孩之后，都很想像杰米一样拥有这么一个朋友。在很多方面，云朵男孩已经成为我们家庭生活的一部分——它的照片甚至占了我们家庭相册好几页呢。杰米最近这段时间说，云朵男孩以及与童年故事有关的所有手工作品和木偶，对他后来的设计工作都产生了重大的影响。他喜欢并寻找美丽的事物，特别是那些自然的物体和材料。

第三章

将故事织入教学的"布匹"

故事的治疗之光对我的家庭生活极其重要,与此同时,它也融入到我的职业生涯之中——从早期的儿童教育,到教师培训、咨询工作以及父母支持计划,无论是在澳洲还是在非洲。

作为教师和顾问,我创作了应对各种不同行为和情况的故事,这一章描述了我在这其中的心路历程和付出的努力、艰辛。在幼儿园教学、小学低年级教学以及针对成人的咨询工作中,这些故事经过不断打磨,越来越完美。我挑选出它们,是为了说明故事创作中的各种方法。故事的完整内容可以在后面的章节中找到。本章还包括"小窍门"部分,可以帮助那些愿意尝试故事创作的读者。在下一部分——"治疗故事的创作"中,将更为系统、更为详细地探讨故事创作的方法和故事的结构。

从诗歌开始的故事创作

在非洲和澳洲,做了几年全职妈妈以后,我重返工作,在澳洲东北海岸线一带建了一所幼儿园。在幼儿园里,故事时间是每天的中心,大多数情况下,我们通过"讲述"而不是"朗读"的方式,将故事引入生活(在本书的最后,会更深入地阐述"讲故事"这个主题）。在准备故事素材的过程中，我首先从世界各地搜集民间传说，然后慢慢地尝试着为我的小朋友们写一些简单的自然故事。因为幼儿园在一个临近森林的小镇上，所以最初我写的自然故事中有很多都是森林童话。

最初我的创作是从简单的诗歌开始的，当时我从未想过我真的能写一个完整的故事！十几岁时，我就很喜欢用诗歌来表达我的喜怒哀乐以及我遭受的挫折。所以自然而然的，诗歌再次在我心中点燃了想象的火花，成为我故事创作的跳板。

一次去大自然漫步，我需要管理好班上的孩子们，一首诗因此油然而生。当时我决定带幼儿园的小朋友到学校附近的森林作短途旅行，这是他们第一次远足。当我们走到通往森林的小路时，孩子们走散了，零零散散地走向各个方向，有的甚至走到了森林的另一头——就在大马路边。接下来，在助手的帮助下，我花了足足20分钟才让孩子们集合好，然后匆匆忙忙带着他们返回学校。我原本预期的是一次悠闲的丛林漫步，现在却由于我缺乏经验，变成了一次混乱的、担惊受怕的经历。

在带孩子们做新的丛林漫步之前，我独自探访了森林，渴望找到有创意的设想。走上小路时，我看到一棵大树，树的底部看起来像是有扇门。我一下子有了《敲门树》这首诗的灵感，而且接下来的数月乃至数年，这首诗衍生出了很多故事。其中有个"敲门树"森林童话——《小佳和仙蛋》就收编在这本书里。（见250页）

我知道一点儿"敲门树"的小秘密，

一棵敲门树,它等着你,它等着我。

在那闪闪发亮的绿色森林边,

一条小路领着我,

带我到小精灵的窝——

有人看见它出没。

敲三下,就三下,不要多,

在树旁我们一起等,

如果你们一起静静地等,

小精灵就会来打开魔法门!

在第一次的"混乱"经历之后,进入林中漫步之前,我会先让孩子在这棵树周围集合,朗诵这首诗。这让林中漫步的氛围产生了巨大的变化,不需要我作任何催促,孩子们都很开心地排着队敲树的门,而且那些大一点儿的孩子还要确保小一点儿的孩子敲门的次数不得超过三下!之后我把手拢在耳边说:"听,我听到大门打开了。跟上我,让我们看看会有什么发现。"这确保了我总是队伍的带头人,乱跑也变成了小心行走和仔细观察。我们会看到蜥蜴、鸟、蝴蝶和蜻蜓,而孩子们很确信他们经常看到小精灵们在阳光下翩翩起舞,阳光洒满林间,熠熠生辉。通过这种方法,我们能更长时间地享受森林,然后我可以把孩子们安全送回学校。我们经常在公园里逗留,公园里有防护栏围着的安全区域,在那里他们有时间攀爬、荡秋千和自由奔跑。

诗歌和简单童谣的使用,既是我进行故事创作的跳板,也通过多种方式融入到我的故事创作过程中。很快,我从给小孩子们讲故事的过程中学习到,情节的重复和故事中的童谣会使他们保持专注。然后孩子们会将童谣运用到他们的游戏中,这对孩子们极其有益并有治疗效果。这里有一个例子就是《嘉嘉和大萝卜》的故事（见 237 页）。故事中的简单童谣对他们产生了巨大的影响，有孩子偶尔想随意摘花拔菜时，就会很自然地受到这个故事的提醒，我会听到他们问："小矮人，小矮人，我的好根矮人，我可以把你的大萝卜（胡萝卜／花朵）带回家吗？"接着我就

> **故事创作小窍门**
>
> 将诗歌作为故事创作的跳板。自己写诗或是将古老的诗歌或育儿童谣改编成一个小故事。让韵律和重复成为故事不可缺少的一部分。

会看到他们弯下腰去聆听回答是"行"还是"不行"。有必要的话，我会代表植物在孩子们的身后轻轻低语："现在还不行，它还是我的，下次再试吧！"就这样，这个故事以一种令人愉悦和充满韵律感的方式教给了我们当地人高深的智慧，他们总是珍视自己与大地及其作物的紧密连接。这个智慧告诉我们，要先询问，之后要感谢大地母亲的慷慨赠与。在充满抢夺索取、物质至上的年代，这是多么生动的一课！

从森林到海洋

经过好几年的筹款和建设，我的幼儿园终于从出租屋搬进了固定的场所——远离森林，但临近海岸。虽然在远足的时候，我们还是会经常回去拜访"敲门树"，但随着幼儿园搬迁到海边，我讲述的自然故事的重点，逐渐变成海边的传说。

当我在海滩漫步，或是静静坐在海岬上眺望着海洋，或是在岩石间的小水湾中戏水时，灵感常常不期而至。非洲南部的布希曼人曾说"故事如风，来自远方，你心自知"，这句话真是让我折服。为了获得故事的灵感，我们常常要置于大自然之中——在那儿你可以感觉到故事之风迎面吹来。

> **故事创作小窍门**
>
> 从深受儿童喜爱的经典故事中发掘主题可以帮助你构建出自己的故事。

有一年,就在圣诞节前,当我在海边散步的时候,一棵风滚草从沙丘上滚下来,一个孩子在后面追着跑,想要抓住它。就在那一瞬间,我有了一个故事的灵感。这棵风滚草看起来像极了一颗草星星,并让我想到幼儿园里那些打滚翻腾的男孩子。而且不久前我还看到一个朋友做的草星星,作为澳大利亚夏日圣诞的装饰(在中间撒上金色的亮片,从阳台的椽上悬挂下来)。这些画面在我的脑中久久徘徊,同时我想起《姜饼人》故事中那经典的韵律和层层推进的情节。

最终,我的《星星草人》故事诞生了(见246页),当年就作为圣诞故事之一在幼儿园里讲述,此后很多年都是如此。简单说来,这个故事讲的是沙滩上有位个子矮小的老妇人,想要抓住一颗草星星。但这颗草星星不想被抓到,他正在返回天空的路上呢!

玩,玩——不,不,我才不!
太阳把我声声唤,
我急急忙忙正往天上赶!
你追呀,追呀,追着我使劲跑,
你跑了也是白跑——我是星星草!

然后他继续沿着沙滩向前滚——圆滚滚的,跌跌撞撞,摔了一次又一次,那个小小的老妇人跟在后面跑(不久,狗来了,螃蟹来了,一些渔夫也来了)。

这疯狂的跌撞，无止无休，最终归于寂静和满足，然后小小的老妇人带着星星草人回到了家，将这盏"圣诞夜之灯"挂在房间里。

很有趣的是，这个《星星草人》的故事在那些打滚翻腾的男孩子中真是大受欢迎。在那个学期，这是第一个能让孩子们全神贯注的故事，从头到尾，他们都安安静静。在这次故事时间中达到的专注状态继续延续到其他的日常活动中，这其中蕴涵了小小的治疗效果。

> **故事创作小窍门**
>
> 在大自然中寻找灵感——到海边或林间散步，静静地坐在花园，观察自然世界的繁忙生活，感受它的繁荣。

> **故事创作小窍门**
>
> 从自然中收集道具，既可以激发故事创作的灵感，又可以把它们应用在故事讲述当中——船形种壳、贝壳、坚果、橡子、羽毛、竹子和浮木——自然世界中多种多样的图案、形状和质地为我们提供了无穷无尽的灵感，帮助我们找到适用于不同故事主题的道具。

自然世界有许多图案、韵律和寓意，这些都为故事创作提供了无限的创意。有一次我在海滩收集小鹅卵石，当把它们塞进裙子口袋时，我想有一天可以用它们来表演偶戏。接下来的那个星期，当我开车回家时看见一棵倒在路边的树根，在雨中散发着清新的光芒，我把它扶正，树根的底部形成了一个空间，就像一座小房子。男孩们帮我把它抬进车的后备箱，运回了幼儿园。这些大自然的馈赠开动了我的想象力。在我们幼儿园，大点的孩子在打扫卫生的时候很调皮，很有必要给他们创作一个"认真打扫"的故事，于是针对这个需求，我的《小扫帚》（见267页）偶戏就这么出炉了，在这个偶戏中我们使用了平时从大自然中收集的物品作为道具。

这个扫帚的故事取得了极大的成功，获得了大人和各个年龄段孩子的一致赞赏。我给八九岁的孩子讲这个故事，后来班里的孩子又很开心地将这个故事做成了图画书。有一次在一个成人故事会中我还把它演绎成一出单人舞台剧。听完这个故事的常见反应是听众心痒痒地想去打扫卫生。曾经还有很多幼儿园学生的家长问我："为什么我的孩子一回到家就想知道扫帚放在哪儿？"还有一对父母不约而同地对我说，这个故事帮助他们回忆起在家务劳动上的相互配合以及共同付出的努力。

用火的故事疗伤

有时某种特殊的情况似乎决定了故事的主线。一天，4岁的小男孩马修像阵旋风一样到了教室。平时他在幼儿园里很安静，可那天却不断地打翻东西，把所有东西弄得东倒西歪，所以对所有人来说，游戏时间变得极具挑战性。

他的妈妈把儿子的书包放入物品柜之后，解释说前一天晚上，一场大火烧毁了他们半个家。马修和全家一起逃到了花园，亲眼目睹卧室全都夷为平地。妈妈试图向儿子解释这所房子是买过保险的，所以很快就能重建。但马修仍然受到这个事件的严重影响，那天早上，马修在学校的行为，就如同那熊熊燃烧的烈焰。

故事创作小窍门

不要害怕尝试一个构思——一个故事并不总是需要"经过润色"并且"正式成文"才会起作用。

午餐过后是休息时间。马修精疲力竭，很快睡着了。躺在孩子们身边时，故事的灵感突然涌现，我想这个故事也许可以帮到马修，故事将以一种更具想象力的方式来帮助他理解前一晚发生的那件伤心事。

兔子是马修最喜欢的动物,所以我选择了兔子一家作为故事的主角。故事情节很简单:一场丛林大火迅速烧毁了草原,只留下兔宝宝们安然无恙地睡在他们的洞穴里——他们的洞穴在很深的地底下。大火之后,绿油油的青草要几个星期之后才会再次长出来,但很快兔宝宝们就重返青青的草地,在它们的青草游乐场里到处嬉戏蹦跳了。通过隐喻,我想传递的信息有两点——兔宝宝们是安全的;慢慢地周围环境会恢复正常。对于小孩子来说,与其对他进行理性的解释,不如运用想象力,后一种方法更具影响力,这个故事就证明了这一点。

马修醒来后,我召集所有的孩子到走廊上来听故事,这时正好是父母接孩子之前。尽管我没有时间润色故事,但所有的孩子都很喜欢这个故事,在之后的两个星期里,他们一次又一次地要求我讲。这个故事对马修也起到了立竿见影、不同寻常的效果。几分钟后当他的妈妈到达时,他跑到门口去迎接,拍拍她的手臂对她说:"别着急,妈妈,一切都会好的。"他的妈妈望着我说:"苏珊,你是怎么做到的?"我让她等孩子睡着以后给我打电话,我会给她讲个故事。我这么做了。后来我把这个故事收入本书,故事的题目是《兔子妈妈和大火》(见281页)。

小红马的故事

《乱跑乱跳没个停的小红马》是写给一个4岁男孩子的,在幼儿园那样的氛围中,他总是显得很野蛮,跑来跑去,对其他孩子拳打脚踢,难以保持片刻的宁静,他也不喜欢被别人触摸,靠近他的人总会受到猛烈的攻击。考虑到大家的安全,老师觉得有必要对他进行一对一的监护,而且还没收了他的靴子——对于靠近他的人而言,光脚踢的伤害会小一点。

> **故事创作小窍门**
>
> 我们往往会从孩子身上得到最棒的灵感。聆听他们的兴趣、希望和愿望,并将其融入为某一个或某一群孩子创作故事和选择隐喻的过程中(阅读本书故事创作部分可以获得更多这方面的灵感)。

我受邀来这个幼儿园做督导,在走廊上我遇到了这个孩子,他正在强烈抗议老师脱掉了他的靴子。我坐下来赞赏这双闪亮的棕色靴子,然后他开始告诉我这是一双牛仔靴,还告诉我他多么希望有一天能拥有一匹自己的马。这让我灵光一现,故事的主要隐喻有了!在那个周末,这个故事写出来了。这个男孩热爱马,所以他完全沉浸在故事的场景中。(见 241 页)

老师一遍遍讲这个故事,并听从我的建议,用小马游戏来结束每一天的幼儿园生活。游戏鼓励孩子们一个接一个围着圆圈跑,然后轮流站在圆圈中间,让其他孩子轻轻抚摸他,帮他梳理毛发,就像对待好动的小红马一样。很多孩子都想第一个躺下,让其他孩子帮助梳理毛发,这个野蛮的男孩就是其中一个。这个接触游戏有助于打破他的攻击模式。

当幼儿园老师面对一大群爱打闹或躁动不安的孩子时,这个故事很有用。当然对待这样的行为还需要其他策略。就像前面提到的那个孩子,老师必须脱掉他的靴子,避免他用力踢别的孩子时可能造成的伤害。而且我们还进行了家访,试图理解问题的根源所在,并且促使家长和老师采取一致的方法。我们把这个故事抄了一份交给男孩的父母,让他们在家里读给孩子听。

一个关于靴子的小故事

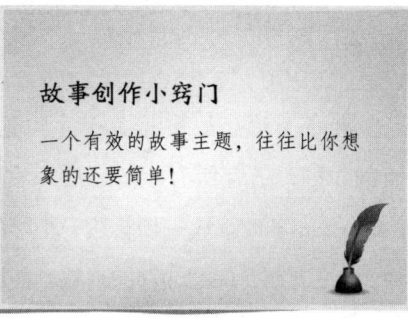

故事创作小窍门
一个有效的故事主题,往往比你想象的还要简单!

20世纪90年代末,我在开普敦的创新教育中心工作,负责实地考察。在开普敦以及附近的营地里有好几个学前教育中心,我的工作之一就是去参观这些中心的学前教育情况,并就学员的情况撰写报告,学员中有一些是经验比较丰富的老教师。有一所学校的校长是一位年纪比较大的女士,我隐隐感觉到,如果我作出负面的评价,将会影响我们的友谊,并引发复杂的种族问题。

但是,那所学校有个显而易见的问题需要关注——在休息时间,五十双鞋子和靴子被孩子们乱扔成一堆,放在幼儿园的门外,每天放学前都需要一位老师花上半小时以上的时间来整理。我没有对校长提出任何意见,而是给孩子们写了一个简单的故事——《德贝的靴子》(见134页)。当低头看到自己那双红靴子时,我从中得到了灵感,那双靴子看起来就像一对好朋友"相伴不分离"。校长很喜欢这个故事,反复讲给孩子们听。从那之后,不需要任何敦促,大的孩子们会主动把自己的鞋子整整齐齐、井然有序地放在走廊上。小一些的孩子也马上开始模仿大孩子们,而那个负责"整理鞋子"的老师也得到了盼望已久的休息。

当我再次拜访这所教育中心时,我首先看到的是,鞋子沿着走廊摆成一条长线,整整齐齐,孩子们已经形成了非常健康的新习惯。后来我也把这个故事运用到其他一些幼儿园和学校,帮助孩子们在开学第一周就建立起把鞋子放好的习惯。这个故事对于那些进门前把鞋脱在门廊的家庭也是很有帮助的。

环保故事

有一个治疗故事是关于宇宙这个主题的。它是 1992 年为世界环境日而创作的，适合所有年龄。后来它被拜伦湾的土生良品公司（Home grown productions）改编成一场长达一小时的音乐剧，在许多小学巡演。音乐剧取名为"光之花园"（见 146 页）。戏剧能增强讲故事的治疗效果，这就是一个例子。

这场音乐剧是与当地"拯救种子网"联合创作的。"拯救种子网"给观众席上的小朋友们准备了一包包的种子，让他们带回家种在花园里。故事的情节对观众有着巨大的影响。我看到一些大人擦去眼角的泪花。有一个 7 岁孩子的班级，原定在演出之后要去海边的，他们坚持让老师带他们坐公车回学校，因为他们已经迫不及待要开始筹备花园，种下他们的种子了。

这个故事的主要隐喻是一个巨大的金球，每天"自然织娘"拿一块用新鲜的花草树叶织成的布擦亮金球，金球便会为这个世界发出光芒。可是"满不在乎国王"出现了，他破坏了整个自然环境，织布的原材料一点也没剩，这下没法织出布去擦亮金球了，金球变得灰暗无光。于是国王命令在它周围砌上高高的石墙，这样就可以眼不见，心不烦。石墙完工后，这位国王也开始变得"灰暗"，一病不起了。

对我来说，金球象征着宇宙的生命之源。因此，当金球失去光芒，国王试图掩盖它的丑陋时，"灰暗"和不平衡就从国王身上浮现出来。这种丧失是不可能被真正藏匿的。只有在天真无邪、热情洋溢的孩子们的帮助下，加上"自然织娘"和大地母亲的智慧和耐心，世界才能重返平衡。

许多成人看了这出表演，对隐喻进行了各种不同的诠释。对于有些人来说，金球是上天的力量或"神";对另一些人来说,它是万事万物之间的联系;还有人认为是我们的"精神良知"。对自然织娘,有些人理解为"上帝"或"女神";有的认为是当代的环境运动。这些不同的解释让我们看到,一个故事有着自己鲜活的生命力。

> **故事创作小窍门**
>
> 把故事转变为演出或偶戏,可以加强信息的传递,增强治疗作用。

当然,最好不要对孩子们作这些诠释,也不要问他们如何理解——那只会扼杀想象力!但是,在小学高年级或中学阶段,老师可以在环境课或是一些关于环境的讨论中有效地使用这个故事作为跳板。

另一个关于环保的故事是《老奶奶和驴子》(见 141 页)。它的主题更为温和简洁,情节更简单,因此更适合于学前班和幼儿园的孩子。这个故事写于 1997 年,目的是为了增强开普敦的垃圾意识。这个故事当时以偶戏的形式在居民区的很多幼儿园里巡演,对孩子产生了立竿见影的治疗效果——每一场演出之后,我和另一位偶戏表演者玛利亚·美斯本兹收拾演出道具的时候,孩子们就会向我们跑来,两只手上都是他们从学校操场捡来的垃圾。我们发现每天都必须在车上放很多额外的袋子和盒子,这样才能运走所有的垃圾。

毛线针和折叠小刀

尽管我主要从事幼儿教育,但偶尔当地的一些小学也会邀请我去做代课老师或者教手工。不论什么课程,我总是通过讲故事的方法来切入教学内容。

某次我给 8 岁的孩子上编织的系列课程，这一次的教学是我最为成功的经历之一。开课之前，我只和他们相处了一小段时间，而我发现他们是我见过的 8 岁孩子中最不服管束的。班里有 23 个孩子，其中 17 个是男孩，我第一次走进教室时，他们正爬上桌子，想跨过窗户。

我的计划是，首先让这些孩子使用自然材料自己制作编织针——先把木棒的一头用削笔刀削尖，打磨光滑，另一头插上橡子。但是我担心他们可能会用这个编织针来打架，或者认为编织"不够酷"，没兴趣参与课程。

经过翻来覆去的思考——包括一个无眠的夜晚——我编写了一个故事，这个故事讲的是两支"魔法棒"，一个百无聊赖、四处干坏事的男孩发现了它们。故事的题目是《杰米和魔法棒》（见 193 页），我在故事里详细描述了杰米这个男孩做过的伤害他人的可怕事情，最初是这些引起了孩子们的注意，但经历了一系列小插曲之后，一副"魔法棒"帮助这个小男孩做了许多奇妙的事情，无论何时，他都把魔法棒带在身上，在毛线球的帮助下，他再也不觉得无聊了。

这个故事俘获了班上每个人的想象力，他们迫不急待地要做自己的"魔法棒"，然后像故事里的男孩一样，编织出很多奇妙的东西来。这学期每周的编织课时光成了他们的最爱。

> **故事创作小窍门**
>
> 用故事来介绍课程（无论是什么课）。故事可以帮助孩子们与课程主题建立富有想象力的连接，孩子们也因此而更有可能对这门课怀有持久的兴趣。

那么多堂课中，我印象最深刻的就是他们准备毛线针的情景。孩子们必须打磨他们的木棒，直到它们变得极为光滑。他们必须走到我的办公桌前，在我的脸颊上摩擦他们的毛线针，直到我确认它们像天鹅绒一样光滑。后来孩子们从来没有用他们宝贵的"魔法棒"去伤害过别人，故事"治疗"了这个麻烦的行为，并且安顿了整个课堂的气氛，让孩子们沉浸到工作中。

另一个故事《折叠小刀和城堡》（见135页）是为7～9岁的孩子写的。一个家长因为儿子总是不负责任地使用工具而请求我写了这样一个故事。这位家长在孩子过生日时送给他一件特殊的生日礼物——一把折叠小刀，同时给他讲了这个故事。从此以后，孩子开始用一种截然不同的态度对待自己的新"财产"。这个故事讲述的是一把渴望被人使用的刀，它唱着一首歌，表达着自己的愿望。小小的歌谣不断重复，创造出应有的氛围和张力，即使对于8岁的大孩子来说也是如此。

从前有一个小男孩，生日的时候得到了一把折叠小刀——一把闪闪发光、锋利无比的折叠小刀！一把渴望着一展身手的小刀！

小男孩把小刀放在口袋里。于是小刀就待在那儿，一心等着能被用上。

我是帅气的小刀哥哥，能切能割又爱刻，
打开我，用我呀！
用完把我轻轻折，派上用场真快乐！

在学校和假期夏令营中，我也成功地运用了这个故事来鼓励大孩子们用他们的双手去创作——用木头、黏土或皂石做东西。故事可以将野性的、

> **故事创作小窍门**
>
> 在故事中融入童谣、谜语和歌曲。不断重复的韵律可以营造出故事所需要的氛围和张力。一般来说，给孩子留下最深印象的往往是歌谣，甚至小学阶段的孩子也是如此。

不负责任的行为转化成宁静而有创造力的行为，这从毛线针和折叠小刀的故事中可以略见一斑。

故事医生讲故事

我在幼儿教育工作中的另一个职责是担当父母的咨询顾问。澳大利亚政府资助了一个名为"建设更好家庭"的项目，我曾有幸领导其中的一个"创意父母支持计划"。这份工作需要家访，并且也需要拜访当地学校，因此我有机会观察到家长和老师在一些棘手的情况下是如何艰难应对的。通常拜访之后，我要写一个故事，或鼓励家长和老师针对这些棘手行为写一个故事，以起到帮助或治疗作用。

担任父母支持这个角色以来，我经常觉得自己像个"故事医生"。两年多的时间里，无数次亲身经历告诉我，故事可以解决孩子们的各种行为带来的挑战。有的故事经老师使用，给学校氛围带来了积极的改变，如《乱跑乱跳没个停的小红马》和《小男孩去航海》。有些故事是家长自己创作或为家长而创作的，在他们的家庭环境中影响了孩子——如《毛线球的诗》《杰米和魔法棒》。有些故事对所有家庭成员都产生了影响——如《光之公主》《美丽的女王》。有时一个故事通过触动家长的想象力，有效地改变了他们——"现在我懂了，我需要给孩子更多的时间去成为一个孩子"。在读了棕色小斑马急着把条纹变成黑色的故事之后，两位家长异口同声地说。有了这样的反馈之后，我谈到"保护孩子的童年"时，常常以《着急的斑马》做开场白。

另一些故事对治疗师、家长和孩子都很有效，比如《正好大婶》，一位家庭心理治疗师就曾借助这个故事，以一种富有想象力的方法，去处理一个 5 岁孩子的案例，这个孩子总是爬进壁橱里面上厕所。后来这个心理学家还自己出版了一本小小的图画书，去帮助那些如厕有困难的年龄大一些的孩子。这个故事还帮助孩子的妈妈在家庭生活中建立起更多的规则和协调，之前的混乱局面不再出现，孩子们的行为也因此而受到正面的影响。孩子热爱这位大婶的吟唱——"每样东西都有自己的家，每样东西都在自己的家"，收拾玩具时常常轻轻哼着这首歌。这种战略上的联合，帮助治愈了这种"失衡"的行为，孩子也再次开始使用卫生间上厕所了。

这些经历使我更加兴致勃勃地探索各种办法，让"故事之光"更好地渗入现代家庭和学校生活。于是后来有了针对家长、老师和治疗师的"创造性规则"课程。我们帮助参加课程的学员运用富有想象力的诗歌、游戏和故事，应对各种不同的纪律挑战。这个工作坊卓有成效，有许多有意思的收获，使我和学员们都更加坚信隐喻和故事在育儿实践中是何等重要。本书的故事部分收编了从工作坊中挑选出来的一些故事，有我的作品，也有学员们的作品。

故事的写作和筛选

所有这些成功的经历给了我勇气，促使我开始创作和收集有治疗效果的故事，并且记录下它们的使用情况和效果。这些故事和笔记堆积在盒子和抽屉里，后来一点点转录到我那忠实的笔记本电脑中。最终的成果就是这本书。

也许有必要说明的是，并不是我所有的故事都有幸与大家见面。有些故事用手写或用打字机打出来之后，就直接扔进了垃圾箱。还有一些放在文件夹里，落满了灰尘。很多年后，我对其中一些故事作了改写。（这或许告诉我们，不论什么故事都不要扔掉！）

一个故事不"奏效"会有各种各样的原因，但不断的尝试绝对是宝贵的经历。我确信作废的故事是学习过程中非常重要的一部分。偶尔某个故事会很糟糕，我在幼儿园里讲过一次之后就撤换掉，而不是重复讲述好多天（重复可以滋养年幼的孩子，因此重复讲一个故事是一种很好的韵律）。这个星期余下的几天，我都给孩子们讲深受喜爱的民间传说。一个故事没有"奏效"是因为篇幅太长，还是因为情节空洞乏味，或者太复杂？或者是因为描述太多而事件太少？

本书第二部分提供了研究以上问题的框架，探讨了与故事结构有关的其他方面，此外还介绍了许多故事创作的小窍门。

第二部分

治疗故事的创作

这一部分旨在分享故事创作的结构模式,在我以及故事工作坊学员为孩子们写治疗故事的过程中,这个模式给了我们很大的帮助。但是在着手探索如何创作治疗故事之前,需要提及一些关于"故事"和"行为"的基本问题。

第四章

"故事"和"行为"

什么是故事?

我发现很难对"故事"下一个定义,就像很难定义一个人、一棵树或一道彩虹。是不是因为故事是活的?故事就像生活一样,很难界定或分类。

在字典里可以找到"故事"的定义,但是,你会和我一样,发现它相当枯燥:

任意长度的一段叙述或传闻,可以是口头讲述的,也可以付诸文字;可以有韵脚,也可以是白话;可以是真实的,也可以是虚构的……

用充满想象力或比喻的方式来描述"故事"会更加生动一些。下面的例子说明,关于故事的各种比喻可以丰富我们对"故事"的理解。读完这些例子之后,你会发现,想出自己独创的比喻是很有价值的。

关于"故事"的比喻

正如我在第三章中提到的,非洲南部的布希曼人——当地人称"桑人"——

把故事比作风，他们相信故事来自远方。

讲故事的时候，人们会产生心灵感受，桑人知道这一点并以一种言简意赅的方式表达出来。故事是这些丛林居民的生存工具之一，影响着他们日常生活中的方方面面，尤其是狩猎；故事还教给他们沙漠动物的知识，这些动物会引导他们在沙漠中找到食物和水。将故事比作"风"，这将人们的想象世界与日常的物质世界联系起来。

一些科萨妇女参加了我在开普敦举办的育儿培训，她们把滋养孩子心灵的故事比作一个装满健康食物的锅。她们发现这个比喻非常精彩，并由此出发，试图列出这个锅需要哪些原料才能写出（煮出）一个"有营养"的故事。她们建议可以再拿一个碗或盆来盛放所有那些可以放入故事中的调料——笑话、谜语、魔术、歌曲或童谣。

"水"的形象以及与水有关的许多比喻，也是描述故事本质的绝妙方式之一。故事对我们的精神生活至关重要，就如同水对我们的身体至关重要——它能使我们恢复活力，对我们的健康成长极为重要；故事以独有的方式直入我们的心灵、我们的生命，就像水可以渗入墙上的裂缝，而其他物质都做不到！众多的故事汇成一股"甘泉"，等待人生的旅行者去畅饮，之后他们重返生机和活力，继续他们的旅程。

还有人将故事比作"药"。埃斯蒂斯（C. P. Esters）在《和狼群一起奔跑的女人们》（*Women Who Run With the Wolves*）一书中，用故事这味药帮助女人们与本能的自我重建连接。而安尼塔·约翰斯顿（Anita Johnston）则在《在月光下用餐》（*Eating in the Light of the Moon*）一书中用故事治愈饮食紊乱者。

第四章 "故事"和"行为"一

这些书读起来引人入胜，它们吸收了神话故事及民间传说中的智慧，以此来治疗身体和心灵的疾病。

药的比喻自然更接近本书的主题。自古以来人们就知道，故事具有疗愈心灵的智慧，因此世世代代使用这种智慧。在人类奋斗的数千年历史中，流传下来的故事不计其数，涉及的领域可谓方方面面，故事中隐含的具有治疗作用的信息和意义，已经渗透到人们的日常生活乃至精神生活中。

什么是治疗性故事？

所有故事都可能具有治疗作用。如果一个故事让人发笑，笑的人就得到了治疗。如果一个故事让人流泪，泪水也同样具有治疗作用。民间传说和童话故事可以达到治疗的效果，因为这些故事中的主题和解决方案非常具有普遍性，可以给听故事的人带来希望和勇气，让他们去面对生活中的艰难困苦，并帮助他们找到继续前进的道路。

大卫·铃木（David Suzuki）是一位世界知名的环境保护主义者，他认为，故事可以帮助人们建立与"某个地方"的精神连接，帮助治疗我们的地球。如果一个简单的自然故事可以帮助孩子们建立与附近森林的连接，当他们长大以后，就会更有意识地保护它、爱护它。因此故事促进了人与环境的融合。

听故事的体验是具有"治疗"效果的，不论故事的内容是什么。在学校活动中安排一个固定的时间用来讲故事，这有助于培养孩子们的专注力，激发他们的想象力。在孩子们经常长时间被动看电视或 DVD 的今天，这些作用尤其具有治疗意义。

所有故事都具有治疗的潜力，然而针对某些特殊情况，特定的故事会起到改善或治疗的效果。本书中所谓的"治疗性故事"指的就是这类故事。前面我们提到了治疗的定义——"恢复健康、达成平衡、变得健全"，同样，"治疗性故事"指那些帮助人们恢复失去的平衡，或者重新获得健康感的故事。当老师、心理学家、父母、祖父母以及其他照顾孩子的成人给孩子讲治疗性故事时，故事能够让孩子的行为或状况重返平衡。

什么是行为？

简单说来，孩子的"行为"就是孩子做事的方式。行为可以是正面的，例如合作、助人、乐于分享、愉快、可靠、诚实等；行为也可以是负面的，例如攻击、不诚实、懒惰、无礼、贪婪、易怒等。

孩子的行为可能受到多种因素的影响：
/ 年龄和成长阶段，包括生理、认知、社交和情感发展阶段
/ 个性（脾气、性格等）
/ 文化背景
/ 基本需求的满足（孩子行为不当是否因为饿了、冷了、累了？）
/ 健康状况
/ 家庭环境
/ 托儿所、幼儿园或学校的环境
/ 学校或家中的生活是否有规律
/ 其他成人、大孩子、同龄人、兄弟姐妹
/ 孩子过去的行为养成方式——例如，如果孩子一尖叫或生气就能得到想要的东西，他就会"养成"这种行为

所有孩子都有行为不当或令人不快的时候。事实上，一些被认为是有问题的行为方式，只是某个年龄阶段的孩子对某种刺激或某种情形的正常反应。一个 2 岁的孩子在受到限制时会大发脾气，这是很正常的。一个 3 岁的孩子偶尔把幼儿园的玩具装进口袋带回家，这也是很正常的，这不是偷，而是单纯的"借"，可以看成孩子需要在幼儿园和家这两种现实中过渡转换。而对六七岁的孩子来说，有点儿鬼鬼祟祟、遮遮掩掩，甚至撒谎，都是正常的。并不是说照顾孩子的人必须接受孩子的这些反应，但对于孩子在不同成长阶段的"规律"，照顾孩子的人都要有一个大致的了解，这一点很重要。这些知识可以从有关儿童成长及儿童心理的育儿或教育类书籍中获得。[1]

生活背景和关系

影响儿童行为的因素主要分为两大类——生活背景和人际关系。家庭、学校、社区以及全世界的环境和人际关系构成一张错综复杂的网，每个孩子都在其中生活、成长。孤立看待孩子的某种行为很难取得理想的效果。

第一，特定行为发生的方式、时间、地点和原因是需要考虑的重要因素。如果孩子饿了或累了，通常会比较难缠，这是可以预见的，也是合理的。如果孩子的腿部肌肉长期疼痛，家长和老师却没有发现，而孩子年龄太小，无法表达他的疼痛，那么这个孩子就可能会攻击靠近他的任何人，从而被错误地诊断为具有暴力倾向。

---

[1] 例如拉曼·鲍德温·丹斯（Rahima Baldwin Dancy）所著的《你是孩子的第一位老师》（*You Are Your Child's First Teacher*）（见"附录一"中"推荐书目"部分）。

有一次，我听说一个 4 岁孩子在幼儿园的户外玩耍时间里，尤其是在朋友们兴高采烈地玩泥巴或玩水的时候，表现得很傻、很奇怪。询问他的父母后我们发现，6 个月前，孩子家后院发生了一次泥石流，他受到了惊吓。尽管他家最近已经搬到镇上的新房子里，他还是不敢靠近泥巴或水，一旦看到泥巴或水就变得心烦意乱。孩子的爸爸参加了我的治疗故事工作坊，之后他编了一个故事：一家人住在一个小竹棚里，一到下雨天，屋里到处是泥水（这个故事非常轻松、幽默）。最后这家人收拾好行李，搬往另外一个小镇，住进了一栋有结实的墙壁、排水管道和高高篱笆的房子，家里再也不会有水冲进来。一连很多个夜晚，爸爸妈妈都在睡前给儿子讲这个故事。男孩很喜欢这个故事，一次次要求爸爸妈妈再讲一遍。几周以后，据老师反映，他已经融入了幼儿园的户外活动，重新开始研究泥巴、沙子和水，而且似乎从中得到很多乐趣。

还有一个生活背景对孩子行为产生影响的例子，发生在我任教的幼儿园的一个男孩身上，他目睹一场大火把他家的房子烧掉了一半。详细的情况我已经在第三章中讲过。

第二，孩子与集体或家庭中其他成员的关系会影响其行为。孩子是否刚刚加入新的班级？或者家里是否刚搬了家？孩子进入新的环境时通常会体现出某种行为模式——性格相对外向的孩子可能会通过"炫耀"的方式在新同伴中找到自己的位置，而相对内向害羞的孩子则可能会显得胆小黏人。这时老师和家长应该充分理解孩子，给予照顾和关注，帮助他们渡过最初几周或几个月的难关。我们需要一些时间来让这些行为得以化解或恢复"正常"。这并不意味着老师或家长应该忽略可能的问题行为。相反他们需要不断观察，留心这一群孩子的社交动向，尤其要注意任何"欺负"现象的蛛丝马迹。《红卡车的故事》（见230 页）就讲述了当班上一个新来的 8 岁女孩受到欺负时，老师是如何处理的。

我推荐大家读一读基姆·佩恩（Kim Payne）是如何处理团体融入问题和欺负行为的（见附录一"推荐书目和网站"的"网站"部分）。

关系影响行为，有时从家里排行较小的孩子身上可以看到这一点。幼儿园老师常常发现，家里较小的孩子会把哥哥姐姐针对他们的行为带到学校来，例如嘲弄、欺负、骂人等。这时候，虽然故事可能会起作用，但还必须辅之以家访，针对整个家庭采取某种策略。

第三，成人与孩子以及成人与自身处境的关系会影响所谓的"挑战性行为"。故事《树熊宝宝》（见308页）写给一位妈妈，这位妈妈很烦恼，因为她4岁的儿子"表现不好"，每天都不想离开她去幼儿园。故事帮她看清楚，是妈妈不愿意和孩子分开，这时她意识到指责孩子"表现不好"是不对的。事情的真相是，这位妈妈不能面对自己小时候离开家人的恐惧。此外在孩子小的时候，她因为要做全职工作而经常把孩子丢给保姆，因此内心非常内疚。这个具有治疗效果的故事帮助她理清了自己的思路，她与儿子的关系也变得更加健康平衡。她在家里带了一年孩子，孩子5岁时，高高兴兴地开始了学校生活。有时候，是家长或老师的行为需要改正。

父母离异或再婚会导致原有家庭成员的分离或是异父异母兄弟姐妹的加入，这时成人和家庭也会对孩子产生影响。我在一次家访时发现，这个家里的三个孩子（其中一个不是亲生的）经常为了获得妈妈的注意而打架、尖叫。这位妈妈极度抑郁，用她的话说，她的"人生没有价值"。孩子们难缠的表现与妈妈的抑郁消极有着直接的关系。我为这个妈妈写了一个故事，帮助她重新发现自己内在的美丽（见《美丽的女王》，第197页）。这个故事不仅让妈妈的自我感觉有所改善，在读过多遍之后，她还把故事讲给分别是13岁、9岁和5

岁的三个孩子，孩子们百听不厌。在家庭治疗的漫漫长路上，这个故事仅仅是方法之一，但是却帮助这个家庭建立了睡前讲故事的习惯。这位妈妈回馈说，一天之中，至少有了一个全家人再次感到"平衡"的时刻。

评估成人对孩子行为的影响

不断评估自己养育孩子的方式是很重要的，这可以确保你没有造成孩子的挑战性行为——例如：你对孩子的期望是否和孩子的年龄及成长阶段相符？学校的课程是否满足了孩子的需要？你平时做事是否有条理，是否提前做好准备？还有很重要的一点是，你采用的方法能否促进孩子的正面行为？

以下问题可以帮助你（以及其他家长／老师／孩子的看护人）进行评估：
/ 你自己的行为是否正向？
/ 你自己的语言是否正向而有礼貌？
/ 你是否表现出良好的社交技能并教给孩子这些技能？
/ 你是否建立了清晰、公平、一致的界限？
/ 你是否注意到孩子良好的行为并加以鼓励？
/ 面对孩子的挑战性行为，你是否尽力转移或分散他的注意力（扼杀在萌芽状态）？
/ 你是否忽视（或助长）了孩子寻求注意的行为？
/ 处理不当行为时你是否会传递"混乱信息"（言行不一）？例如一边告诉孩子"如果你继续哭闹，我们就不去公园了"，一边又给孩子穿上出门的鞋子，准备去公园。
/ 你是否给予每个孩子高质量的陪伴时间？
/ 孩子的一天是否安排过满，没有足够的自由玩耍时间？

识别"挑战性"行为

即使以上各项都做得很好，孩子依然可能会有某些行为，需要我们采取谨慎措施，个别对待。这些所谓的"难缠表现""问题行为"或"挑战性行为"往往不是指那些短期的不如人意的行为。照顾孩子的人通常"知道"孩子是否出现了挑战性行为，因为处理这些行为需要花费大量的时间和情感精力。

儿童心理学家对"困难"或挑战性行为作了许多正式而全面的描述。本书概括如下。

挑战性或困难行为可能是：
/ 对他人权利造成不公平的干扰、伤害或侵犯的行为
/ 破坏环境或其他生物的行为
/ 明显可能伤害其他孩子的行为
/ 频繁出现或不符合孩子年龄的倒退行为
/ 干扰孩子自身，使其无法了解和处理信息，或使其无法使用已掌握技能的行为
/ 干扰孩子自身反应能力的行为
/ 本身并无不当，但发生在错误的时间或错误地点的行为（例如在室内扔球，在学校图书馆里大声唱歌或喧哗）
/ 一贯有问题，且大家普遍认为有问题的行为

如果构成挑战性行为的某种问题表现得较为严重、在各种情况下一再出现、持续时间较长、干扰了"正常发育"，则可以被进一步归为"疾病"，例如通常称为"ADHD"的注意力缺陷多动症（Attention Deficit Hyperactivity Disorder）。如果怀疑孩子有此类疾病，则应咨询专家，获得确诊。为了提供全面信息，孩子的老师以及所有看护人都应尽可能参与讨论和诊断。

描述"挑战性"行为

对于行为的描述应清晰、准确。"胆小""害怕""搞破坏""不合作"等一般标签让人很难理解哪些方面需要改变以及应如何改变。更重要的是，在故事创作中，详细具体的描述可以帮助我们针对特定行为选择适当的隐喻。列出以下要素将会很有帮助：

/ 谁——行为人是谁（有时还须说明行为与谁有关）？
/ 何种行为——有什么行为？
/ 时间——行为发生在何时？
/ 地点——行为发生在何地？
/ 表现方式——行为的具体表现是什么？

下面的表格列出了家庭、幼儿园以及学校中的一些挑战性行为和应有的良好行为。

描述"挑战性"行为				
谁	何种行为	时间	地点	表现方式
（1）女孩—5岁	害怕独自待在家里的任何一个房间中	白天和晚上	家里	黏着妈妈或爸爸——去另一个房间（如厕所和自己的卧室）时总要别人陪伴
（2）男孩—8岁	不负责任地使用小刀	独自一人时	家里	用锋利的刀子割家具、树木、枕头等
（3）男孩—4岁半	不断向老师抱怨和哭哭啼啼	室内及室外游戏时间	学校	黏在老师身边，抱怨没有朋友、幼儿园没意思
（4）整个班级—6岁	清洁时间缺乏合作	早茶之后及午餐之后	学校	孩子们跑走或藏起来，不愿帮忙扫地、擦桌子等

描述"应有"行为				
谁	何种行为	时间	地点	表现方式
（1）女孩—5岁	充满信心地独自一人探索新地方	白天	家里	孩子在白天有信心去房子的其他区域探险并敢于独自待在那里（孩子太小，不能期望她在黑暗中也有信心）
（2）男孩—8岁	负责任、有建设性地使用小刀及其他锋利工具	独自一人时	家里	用小刀和凿子雕刻木头，用小刀做饭——切菜、削水果等
（3）男孩—4岁半	停止抱怨，加入游戏	室内及室外游戏时间	学校	不再黏老师，加入其他小朋友，参与并享受幼儿园里的活动
（4）整个班级—6岁	清洁时间愿意合作	早茶之后及午餐之后	学校	孩子们喜欢扫地和清洁，清洁时间非常愿意合作，而且做得很好

通过故事的媒介将"挑战性"行为转化为"应有"行为			
谁	何种行为	故事	效果
（1）女孩—5岁	害怕独自待在家里的任何一个房间中	"星星女孩"晚上从天上飞下来，穿过窗户，飞进孩子的卧室。"星星女孩"成了孩子特别的朋友。	妈妈做了一个"星星娃娃"当故事的道具，还做了一条星星项链，挂在厨房里一个挂钩上——女儿很快就戴上了这条项链。在项链的陪伴下，她开始自己去厕所，也敢去房子里的其他地方了。
（2）男孩—8岁	不负责任地使用小刀	一个男孩总用一把折叠小刀搞破坏，不断导致糟糕的后果，后来男孩做了一个梦，梦醒后他用小刀雕刻了一座木头城堡。（见135页《折叠小刀和城堡》）	男孩用木头雕刻了一些很漂亮的东西，他享受这种快乐。他很愿意用折叠小刀去创造，不再破坏和毁掉物品。

（3）男孩—4岁半	不断向老师抱怨和哭哭啼啼	一条小鲸鱼总是不停地抱怨。有一次他迷了路，困在环礁湖中。他唱起了鲸鱼之歌，终于得救了。（见111页《抱怨的鲸鱼》）	孩子黏人时，老师就唱起故事里的歌，轻松地对待他。孩子不再抱怨，开始以一种更有建设性的方式使用自己的声音——他开始学唱这些歌谣。孩子慢慢不再黏老师，加入到游戏中。
（4）整个班级—6岁	清洁时间缺乏合作	三个小人轮流使用扫帚，第一个嫌麻烦，不愿打扫；第二个打扫起来马虎又匆忙；最后一个非常仔细认真地完成了任务。（见267页《小扫帚》）	老师把这个故事变成一个偶戏。孩子们也戴上不同颜色的帽子来表演这个故事，并且把表演带入玩耍和清洁时间——大家开始喜欢像"金帽子"一样认真打扫，这样做的人也受到了老师和其他孩子的鼓励。

（注：下一章将讨论这些故事的创作框架）

标签和分类

当我们构思一个故事来应对挑战性行为时，并非要通过一个故事把"坏"行为变成"好"行为，也不是要把一个"淘气"孩子变成"乖"孩子，而是要使某种行为或状况恢复到健康或平衡的状态。在这个过程中你充当着助产士的角色。因此我强烈建议你不要给孩子贴标签！给孩子贴标签非常不利于其健康，然而这种情况却经常发生，并且往往带来负面影响。我认识一个孩子，被学校的老师错误地贴上了"不诚实"的标签，随着时间的推移，他真的开始变得不诚实。很多年以后，在和学校辅导员的谈话中，他坦露了当初的想法："教室里不管丢了什么东西，他们都说是我偷的，那我不如干脆去偷，还能落得一头。"

在本书的故事部分，我发现有必要进行大致的分类，例如"贪婪""懒惰""害羞""躁动"，以便于读者找到与通常人们所称呼的行为相对应的故事。但我不希望人们用这些分类来错误地描述孩子或给他们贴上标签。我也不希望人们由于这些分类而误解为行为问题是孩子内在的问题，而不是整个生活背景和人际关系的一部分。描述某种行为时应针对行为，而不要将行为的好坏与人的好坏混为一谈。

此外还应记住，我们对于行为是"好"是"坏"、是"恰当"还是"不恰当"的判断是非常主观的。我们自身的信仰、处事态度、文化背景以及过往的经历（包括我们自身的成长经历），还有我们对孩子的理解、与孩子的关系、对有关情况的理解以及在整个情况中所处的位置，都会影响我们的判断。与其他家长、老师或是咨询师分享我们的经历可以帮助我们作出更为客观的判断。

从不平衡到平衡

改变或"治疗"挑战性行为，其目的应该是不断让事物恢复平衡，例如从"不爱惜"变为"爱惜"，从不整洁变为整洁，从躁动变为宁静，从不诚实变为诚实，但绝不是要把一个"坏"孩子变为"好"孩子。

如果搬家或新生儿出生后家里4岁的孩子表现得无理取闹，那么一个帮助孩子适应新环境的故事将有助于家庭生活恢复平衡（见《新的世界》，第254页）。

如果5岁的孩子习惯在教室里乱扔玩具，那么讲一个充满想象力的故事，在故事中赋予玩具以生命，就可以帮助孩子们爱惜和尊重玩具，从而恢复平衡。在故事中，可以构建出这样的画面：小娃娃喜欢别人摇她，喂她（不喜欢被乱扔），小锅和小勺喜欢为娃娃做晚餐（不喜欢被乱扔），小汽车喜欢带着娃娃去旅行（不喜欢被乱扔）……那么室外的玩具呢？小球喜欢被带到外面，抛得高高的，一直抛到天空里。游戏结束之后，小球被带回屋里，放回盒子，躺在小娃娃和其他玩具旁边休息。让故事里的每个玩具都唱一首歌，游戏时成人唱起这首歌来会非常管用：

我是一个小娃娃（小汽车/……），我很可爱哦，
请你轻轻摇着我（推着我/……），千万别扔我！

如果6岁孩子老是把午饭的残渣和纸片扔到花园里，老师可以给他们讲或表演《老奶奶和驴子》的故事（见141页），乱扔垃圾的行为将恢复平衡。照顾"大自然孩子"的隐喻以及妆扮"大自然孩子"、让它从丑陋变为美丽的各种方法将给孩子们留下深刻的印象。这有助于孩子们自发地改变自己的行为。

如果一个8岁的孩子经常偷东西，一个充满细节、令人感动、讲述偷窃及其后果的故事将深入孩子内心，帮助他以一种更为平衡的方式来理解这一问题（见125页《不诚实的野狗》）。

秩序挂毯

本书的主要目的是帮助你使用治疗故事，以一种微妙而有效的方式，去应对挑战性行为。本章讲述如何通过各种方法来理解和分辨不同类别的行为。下一章我将提供一个框架，读者可以根据这个框架来寻找隐喻、架构故事，以解决更多的行为，应对更多的困难境况。

前面已经提到，解决挑战性行为需要很多方法和策略，讲故事只是其中之一，它不能解决所有问题。为了进入更大的画面，从根本上解决问题，我们应

该研究一下复杂的"秩序挂毯"。故事有可能成为挂毯中闪闪的金线,但如果基础线不结实,编制物就会散开。如果在没有坚固基础的情况下使用治疗性故事,故事的金线就会飘浮在半空,所有创造性的尝试也将付诸东流。

这个编织的隐喻可以帮助我们以一种更全面的方法来管理孩子的行为。它提供了针对挑战性行为的许多有用策略。结实的经线包括韵律、规律和一致、接纳、尊重、设定切实可行的界限、充分准备、有条不紊以及有助于促进正面行为的其他各种方式方法(见 55 页"评估成人对孩子行为的影响")。富有创意的纬线也有许多,除了讲故事这条充满想象的金线,幽默、游戏、歌曲、童谣、家族仪式、节日和社区活动都可以使秩序挂毯变得更加丰富多彩。

秩序挂毯很复杂,需要用一本专门的书来探讨那些丰富多样的织线。也许以后我会写这样一本书,不过本书将专注于治疗性故事这根闪亮的线。

第五章

故事创作的结构模式

现在需要说明的是,我在创作治疗性故事时采用一种固定的结构模式——一个由三部分构成的框架,它们分别是"隐喻""情节"和"解决方案"。为了帮你写好一个故事,我将一一探讨这三个部分,不过你会发现,这三者必须水乳交融才能构成一个完美的故事。

这里提出的框架仅仅是一种可能的方法,但绝不要以为这是故事创作的唯一方法。你可以将它作为故事创作的起点,也可以用它来分析现有的故事。从长远来看,对现有故事的分析可以帮助你创作出新的故事。

首先,要明确自己的目标。在创作治疗故事时,应根据情境的需要和孩子的年龄特点,认真选择具有治疗效果的隐喻,构思出相应的情节或历险。故事不应试图说教或引发内疚感——这一点总是强调得不够!我们要做的,只是反映正在发生的事情,并通过故事中的"隐喻"和"情节",提供一种可接受的方式来处理某种行为,或提供切实可行的解决方案。治疗故事应尽可能让听者自发地得出自己的结论——这样,"故事的力量"将如本·奥克瑞(Ben Okri)所说的那样,以一种"看不见的方式",默默发挥作用。

隐喻

隐喻[1]是治疗性故事创作中不可或缺的重要手段。它可以帮助听者建立充满想象的连接。作为故事情节的重要组成部分，隐喻通常既充当负面角色（导致行为或状况失衡的障碍、诱惑者或诱惑物），也充当正面角色（使行为或状况恢复健康或平衡的帮助者或引导者）。下表"故事创作中的隐喻"（见65页）列举了一些隐喻，不过我们可以先来看一个例子。

试着想象一下：有一个故事，是为一个喜欢掐人的孩子创作的，然而故事中没有任何充满想象的隐喻——换言之，故事直接讲述一个孩子常常掐别人，当其他孩子拒绝和她做朋友以后，她学着不去掐人了。如果在班上讲这样一个故事，由于它缺乏隐喻，无法让听者"浮想联翩"，班上的小朋友自然想要找出故事说的是谁，接着老师就有可能被某个孩子的叫喊声打断，"瑞贝卡也是这样，她总是掐人"。

现在我们依然以此为例来创作一个带隐喻的故事。首先我们"面带微笑"，这可以帮助我们顺利进入故事创作。"一个掐人的小朋友就像一只钳人的螃蟹。"把"就像"和"好像"删掉，故事就可以开始了。

从前有只小螃蟹，大家一点儿都不喜欢他。他的脾气很坏，总是挥舞着大钳子掐别的小动物，把大家都弄伤了，他的朋友们都很讨厌他这样……

现在，在故事中引入一些"障碍"隐喻——章鱼、海星、海鸥。他们对螃

---

[1] 简单说来，隐喻，也叫暗喻，是将一个事物当做另一个事物，而明喻则是有意识地将一个事物与另一个事物相比较，通常用"像"来表达。以一棵纤细的小树为例，暗喻可以是："树是弯腰的舞者"。而相应的明喻则是："树像弯腰的舞者"。

蟹很恼火，打算对它实施一些不太友好的惩罚。接着，海龟以智者和帮助者的身份登场了。随着故事情节的发展，一个更"有帮助的"隐喻是用海藻织成的手套，它让小螃蟹的钳子变得温暖而舒适。故事的解决方案是，小螃蟹开始自觉自愿地管住自己的钳子——最后手套散开，被海浪带走了，而小螃蟹也能和朋友们相安无事地在一起玩耍，不再伤害他们了。

故事创作中的隐喻		
故事	障碍、诱惑者、诱惑物	帮助者和引导者
生而为王（见282页）	城堡的高墙；摔断的骨头；黑暗的房间	智慧的女人；镜子；阳光；王子的金皇冠；"生而为王"
老奶奶和驴子（见141页）	从乡村搬到城里；人和自然失去联系；街上的垃圾	奶奶；大自然孩子；驴；孩子们
胡闹小鹈鹕（见168页）	总是想要更多；很容易得到食物	鹈鹕父母的建议；善良的渔夫；记住鹈鹕该有的模样
贪心小负鼠（见151页）	园丁鸟；闪闪发光的人类的宝贝；藏身的空树干；装东西的负鼠袋	大自然的美丽；妈妈；露珠；装宝宝的负鼠袋
不诚实的野狗（见125页）	狗窝里最小的野狗，红色尘土；饥饿；藏骨头的山洞	洗净一切的大雨、小狗自己的良心
光之花园（见146页）	满不在乎国王；宝石矿和藏宝殿；高高的石墙；灰暗无光的球	自然织娘；用天然物品织的布；闪闪发光的金球；孩子们
抱怨的鲸鱼（见111页）	和鲸鱼群失去联系；暗礁；浅滩；退潮	鲸鱼之歌的记忆；鲸鱼群；大浪
爱帮人的小棕仙（见16页）	发脾气的爸爸；穿过黑森林的历程；猫头鹰和谜语	奶奶；猫头鹰和谜语；男孩完成了帮助爸爸的任务
德贝的靴子（见134页）		小红靴；"朋友相伴不分离"的不断重复

一位治疗师和一位老师曾分别使用《张牙舞爪的小螃蟹》这个故事（见189页）去处理掐人的行为，并且都取得了成功。第一次在班上讲完这个故事后，一个被掐过的孩子要求老师给掐人的孩子戴上手套。那个喜欢掐人的孩子高高兴兴地接受了戴手套。故事以一种正向的色彩来描述戴手套这件事，并不将它视为惩罚。

下表列出了纳入本书的一些治疗故事中所用的隐喻。表中的分类只是为了方便读者理解，事实上，隐喻具有想象的特质，很难将其归类。举个例子你就会明白：在《小棕仙的故事》中，其中的一个"障碍"同时也是"引导"——谜语是障碍，然而一旦被男孩猜出，它将引导男孩完成新的任务，成为一名助人为乐的小棕仙。《德贝的靴子》这个故事中没有任何障碍，只有一个小小的改变——每到休息时间，靴子们需要在房间外面等候着。这个故事的情节也很简单，只是不断重复"朋友相伴不分离"。

为了理解隐喻在故事创作的作用，我建议你做一个练习：阅读书中的一些故事，找出故事中的障碍和帮助者，然后填写在表格的空白处（但也许你会发现某些故事中的隐喻无法归入表中的任何一个类别）。

寻找隐喻的线索

针对特定行为写故事时，我们常常能找到某种动物、昆虫或物品，他们具有和主人公相似的行为，隐喻的线索常常来自于此。例如：掐人或夹人的小螃蟹（而羊或鸽子就不适合用来比喻掐人的行为）、胡闹的小鹈鹕、躁动的小马、抓人的猫、吵闹的小矮人。

针对某个孩子写故事时，也可以用孩子喜欢的动物或玩具作为隐喻，或者从他的生活环境中寻找线索。孩子是否热爱狗、马或是大海和帆船？他生活在小河边、森林里，还是城市高耸的大楼中？如果住在乡村或是城市，在孩子上学的路上，在附近的森林里或海滩上，孩子会看到什么，每天体验到什么？

给全班孩子写故事时，可以从课程的某个主题或是学校周边的环境中寻找隐喻的线索。学校的花园里或许既有吵闹的小鸟也有温柔唱歌的小鸟，班里也会有非常吵闹的小朋友。由此可以构思出一个故事，主题是倾听他人。也许集体中存在着吐口水这种不恰当的行为。老师可以由此联想到学校最近刚买的浇花的新水管。故事可以来点儿大家都喜欢的小幽默，长水管老想到处喷水——哪怕邻居就站在篱笆那边，哪怕秘书正在办公室里工作。最后，大家不得不把水龙头关掉，把水管收起来拿走了，直到它意识到某些东西不应该是喷水的对象。

寻找隐喻线索时，并没有固定的、快捷的规则——故事是不会那么轻易地符合"规则"的！有时候幽默会带来绝妙的效果。例如在一个关于偷东西的故事中，"黏黏的手指"的隐喻以及一个同名的人物可以引出各种奇遇，因为任何东西一碰到这个手指就会被黏住。有时候，故事中那些具有"异域风情"的隐喻会引起孩子们的兴趣。如果在一个关于吃手指的故事中，讲一只喜欢吮吸自己手指和脚趾的小猴子（结果错过了最成熟最可口的水果），那么对于生活在寒冷的北方国度、从没见过猴子的孩子们来说，一定会非常奏效。

在选择隐喻时，需要练习发散思维。我的同事曾经为一个孩子写过一个故事。孩子的妈妈在没有任何先兆的情况下突然离家出走，没有人知道她什么时候会回来。即使这个孩子喜欢某种动物，为故事选一个动物妈妈也并不妥当，因为动物王国的妈妈很少把孩子留下不管。因此，这位同事选了月亮（妈妈）

和星星（孩子）作为隐喻。在她的故事《月亮妈妈》（见 306 页）中，她把重点放在夜空中的星星孩子身上，星星孩子必须擦亮他们的星星衣服，这样他们就可以闪闪发光，直到月亮妈妈回来。显然，这个故事不仅帮助了孩子，也帮助了其他亲人——他们在孩子的母亲回来之前都必须想办法变得更坚强。故事的结局很谨慎，没有做出任何妈妈将会回来的承诺。幸运的是，这位妈妈在五个月之后回到了亲人身边。

隐喻是故事的种子

隐喻不仅可以用在故事当中，单独使用时也具有强大的威力，这种力量如此明显，以至于常常被我们所忽略。隐喻或"故事种子"可以发挥奇妙的作用，促使行为发生改变（例如第一章所述的"神奇的腰带"和"瀑布"）。

我大儿子曾在 5 岁时第一次去看牙医。我非常紧张，因为牙医的手术室勾起了我小时候的紧张回忆。然而基伦却非常兴奋。他爬上大椅子，满怀期待地张大嘴巴让医生检查。牙医是个年纪很大的印度人，他告诉基伦，有一颗牙齿需要银色星星的帮忙才能更牢固。牙医解释说，当他把星星放进去的时候会有点儿疼，但是星星会在里面住很长一段时间，照顾他脆弱的牙齿。"可以吗？"医生问道。基伦热切地点点头："好的！"然后补牙就开始了。

这饶有趣味的一课让我认识到隐喻的力量。"银色星星"的隐喻产生了积极的影响，使得基伦非常乐意地接受了往牙齿里放填充物的手术。一年之后，基伦又很开心地回去看了一次牙医——让他去看牙医一点儿都不难。整个过程中只有一件事让我为难，那就是我的二儿子非常沮丧，因为他没有得到同样的一颗小星星！我不得不说服他，拥有一口天生的好牙齿是最棒的事情，而星星只是用来加固牙齿的。

诗人、作家和政治家经常使用隐喻或"故事种子"来传达有说服力的信息。隐喻也是我们日常生活的一部分，我们经常使用隐喻来描述人的性格特征（"绵羊一般安静"，"鳗鱼一般狡猾"），或强调各种困境（"打开一罐蠕虫""抓住牛角""把猫放入鸽群"）。在每周的教师例会中，有的同事会说："我们要翻开每一块石头，直至问题解决。"[1]这些语言具有画面感，往往更能触动人。语言中的隐喻无处不在，但如果用得太多也会变成陈词滥调，从而丧失最初那丰沛的力量。诗人和充满创造力的故事讲述者可以让语言重新变得鲜活而灵动。

和孩子在一起时，一定要有意识地使用隐喻。你可以想一想孩子的哪些行为让你感到挠头。就拿整理玩具这个简单的例子来说吧。如何利用视觉画面或隐喻来改善目前的情形呢？首先想想哪些东西天生爱整洁、有条理——某种动物？某种昆虫？某种小精灵？选好之后，试着写一首小小的童谣，在清洁时间唱给孩子们听——例如"小小精灵，最爱干净，东西从来不乱丢，摆放整齐真用心……"然后可以把童谣扩展成一个小小的故事，用一个或多个"障碍"隐喻制造凌乱的场面，然后"帮助"隐喻（来自你的童谣）出场，让房间或是屋子重归整洁。

情节

情节是构成治疗性故事的重要因素。随着故事的推进，曲折的情节制造出紧张的气氛，首先将故事引入失衡的局面，然后从失衡中走出，达成一种健康的解决方案。"障碍"隐喻和"帮助"隐喻的使用与情节的发展密不可分。情节中的紧张或冲突通常通过"障碍"隐喻而形成，而解决方案则通过"帮助"

---

[1] 指想尽一切可能的办法解决问题。

隐喻来获得。

对 3～4 岁的孩子而言，情节可以很简单，只是在整个故事中不断重复相同的经历，或重复一首歌、一首童谣。在《蜗牛和南瓜》（见 244 页）中，蜗牛一边翻越南瓜山，一边反复唱着蜗牛之歌："慢慢地，慢慢地，噢，好慢好慢，蜗牛就是这样慢，慢，慢……"《小扫帚》（见 267 页）是为了激发孩子们的劳动热情而创作的，面包屑之诗的不断重复使情节充满紧张感。孩子听过三次以后，就开始渴望一种积极的解决方案——扫起面包屑。

另一种制造紧张感的方法是随着每一次重复，让新的人物加入进来（通常称为"累加型"故事）。情节在单一图景的不断扩展中推进，因此重复成为故事中关键的结构手段。家喻户晓的《拔萝卜》就是一个很好的例子——小男孩想去拔萝卜，拔不动，于是叫来妈妈帮忙，妈妈又叫来爷爷，爷爷又叫来兔子，兔子又叫来老鼠，最后小老鼠叫来了毛毛虫。世界各地的文化衍生出这个故事的无数版本。如果没有人物的累加，故事将变得简单而毫无意义——"一个小男孩来到花园，拔起了萝卜"。

讲给大孩子听的故事，其情节通常要复杂一些，要有某种历险，多次转折或一系列需要完成的任务。在小棕仙的故事中（见第二章），情节的迂回曲折将听者更深地带入了故事的主题。如果奶奶只是告诉男孩，他应该成为帮助爸爸的小棕仙，很难指望孩子们能听得进去。而这个故事的情节却是：男孩进入森林去拜访猫头鹰，然后在月光下的湖水边解开了谜语。

很多著名的童话故事有着更为曲折的情节，例如《灰姑娘》或《白雪公主》等。本书中情节曲折的故事有《隐形的猎人》《光之花园》等。

若要仔细体会曲折故事中的主题、紧张感和情节，我的建议是多读儿童故事。可以借阅或购买来自不同文化的民间故事集。在很多网站上也可以读到各种各样的精彩故事（见附录一"推荐书目和网站"的"网站"部分）。

解决方案

治疗性故事的解决方案是要让失衡或受到破坏的状况或行为恢复和谐，重归平衡。解决方案一定要积极，要向前看，不能导致内疚感。例如，在《张牙舞爪的小螃蟹》中，掐人是一种不平衡的行为，小螃蟹的朋友们不能接受。由于海龟和海藻手套的帮助，再加上小螃蟹自身的努力，这种行为恢复了平衡。小螃蟹没有对自己的行为产生负罪感。相反，随着故事情节的发展，小螃蟹很自然地自己解决了问题。在《无所事事的狒狒》（见108页）中，全家人费了很大的劲鼓励孩子出去玩，可是一切努力都白费了。小狒狒对玩一点兴趣都没有，这显然是一种失衡——你能想象一只小狒狒整天只是坐着，什么也不做吗？后来，小狒狒被关在猎人的笼子里，这种失衡的体验达到了极点。而最后，问题得到了解决，小狒狒被解救出来，可以自由地奔跑、跳跃、玩耍。这对于小狒狒以及听故事的人来说，都是多么大的欣慰啊！

虽然解决方案总是出现在故事的最后，但通常应该在考虑其他因素之前就事先考虑解决方案。如果解决方案不确定的话，你很难知道隐喻和情节朝着什么方向发展。

不同的行为和状况似乎需要不同的方法。有些方法很直接——例如，如果故事针对一个整天哼哼唧唧抱怨的孩子，很明显解决方案就是让孩子用声音来做更有意义的事情，而不是用来抱怨。在《抱怨的鲸鱼》（见111页）中，小鲸鱼最终学会了用自己的声音唱出美妙的鲸鱼之歌。

《不诚实的野狗》（见125页）所用的方法就更复杂一些。故事让听者见识了一系列的偷窃行为，然后继续深入，说到"藏骨头的山洞"，最后一场大雨洗刷了一切，揭开了不诚实的面具。这个故事的解决方案——主人公自己的良心，而不是来自外界的惩罚——使得不诚实的行为转化为诚实的行为。

如果某个故事是为一个父母离异的孩子而写，那么解决方案就没有那么显而易见。这时我们需要谨慎思考，因为故事不应该提供现实生活中难以实现的解决方案，例如不应该暗示说，孩子的父母会重新生活在一起！可能需要做一些调查才能设计出解决方案。父母双方是否会与孩子沟通并陪伴孩子？父母中的一方是否已完全从家庭场景中消失？这类故事也可以让家长有机会接受到一些信息，从而改变自己的行为，例如学会保持一致、关注孩子的需要等。或许故事可以讲两棵大树，生长在两个不同的花园里，有一个孩子总去这两个花园里玩耍，而两棵大树都会为他遮荫。孩子通过一扇特别的、会定时打开的门，就可以从一个花园去往另一个花园。或者可以说，这扇门会在人们唱起一首特别的歌时打开或关闭。父母中的一方开车送孩子去另一方那里的时候，往往就是孩子开始焦虑的时候，这时可以唱这首歌来减轻孩子的焦虑。故事还可以有这样的隐喻：温暖的阳光穿过树叶的缝隙，在不同的时间洒在不同的花园中。甚至这两棵树的某些树枝可以越过花园的篱笆，相互交织在一起。或者，如果这样太"亲密"的话，可以让这两棵树分别长在两个花园里相距最远的角落，只有那扇特别的门才是两者之间唯一的联系。制定出这些不同的解决方案，不仅可以对孩子产生疗愈作用，对家长甚至治疗师和老师来说，也是如此。

如果一个孩子得了绝症，显然不宜给他讲一个主人公病情好转、从此过着幸福生活的故事。讲故事者有责任刻画一个更为宽广的画面，让故事的结局把听者带到一个高于或不同于现世的空间。父母为孩子写故事时，多半会从自己的宗教或哲学信仰出发。老师或治疗师写故事时，则需要考虑到孩子家庭的信仰。《蚕的故事》（见 285 页）、《小溪，沙漠，风》（见 288 页）和《闪翼》（见 295 页）就是三个不同的例子。

分析治疗性故事

通过填写下表（见 74 ~ 75 页），可以从故事模式中的隐喻、情节和解决方案这三个方面来分析现有的故事。分析练习可以帮助你了解故事模式，并帮助你构建新的故事。表 1 列出了一些针对常见行为的故事。表 2 列出了一些针对特定情况的故事。为了达到最佳效果，我建议你依次处理每个表格，每次填写一个故事的相关内容。首先阅读故事，然后回来填写表格中有关的空白部分。

本书最后附有表 1 和表 2 的完整答案（见 354 ~ 355 页）。但是，答案只是供你参考，并无对错之分。你在某个故事中看到的隐喻或解决方案，也许是其他读者不关心或没有意识到的。表 3 是张空白表，你可以把它复印下来，供自己或小组在创作新故事的时候，记录下头脑风暴过程中产生的创意。

表1：分析治疗性故事 —— 针对各种常见行为的故事

故事	隐喻	情节	解决方案
德贝的靴子（见134页）	/ 小红靴 / 在一起的好朋友	描述一双靴子一天的冒险经历（使用大量重复）	休息时脱下靴子，仔细放在一起，而不是胡乱扔在那里
老奶奶和驴子（见141页）			
小扫帚（见267页）			
乱跑乱跳没个停的小红马（见241页）			
抱怨的鲸鱼（见111页）			
着急的斑马（见172页）			

表2：分析治疗性故事 —— 针对特定情况的故事

故事	隐喻	情节	解决方案
树熊宝宝（见308页）	/ 树（世界） / 不断长大，老在喊饿的宝宝 / 疲惫的妈妈 / 汁水丰富的叶子 / 更高的树枝	妈妈和宝宝在树上妈妈睡着了，宝宝饿了，自己爬上去够到了好吃的叶子	树熊宝宝变得强壮又勇敢，可以离开妈妈，独自去闯荡世界了
张牙舞爪的小螃蟹（见189页）			
折叠小刀和城堡（见135页）			

生而为王 （见 282 页）			
云朵男孩的故事 （见 27 页）			
毛巾的故事 （见 231 页）			

表3：构建治疗性故事

故事	隐喻	情节	解决方案

"助人"之心

在肯尼亚首都内罗毕，一位参加故事课程的学员在 SOS 儿童村工作。课程快结束的时候，她请求我写一个故事来帮助儿童村一个名叫秀雅的新孩子。不久前，秀雅 5 岁的时候，她家里所有的人在一次部落冲突中丧生，从此她成了孤儿。

面对这个请求,我的第一反应是:"不,对不起,我不可能做得了。"然后我问这个学员,孩子幼年时遭受了如此可怕的经历,她怎么会认为一个故事就能使孩子有所改变?我的学员恳求说:"也许故事能给她一点帮助呢,即使无法治愈!"

回到澳大利亚,我本着希望情况有所改善的目的,立刻着手写了一个简单的故事——《给秀雅的娃娃》(见 294 页)。我把故事用电子邮件发回肯尼亚,让秀雅的老师把故事讲给她听。后来老师告诉我,秀雅在与他人相处和玩耍方面有所进步。听完故事之后的那个早晨,秀雅醒来,在自己床上发现了一个布娃娃,穿着绣有金丝和银线的衣裳。这个娃娃成了秀雅特别的朋友。

这是一次小小的经历,但这次经历让我意识到,即使在不可能有解决方案的情况下,故事也可能会起一点点作用……如果能起一点点作用,该是多么令人欣慰啊!这次经历也教会我,故事创作者应始终怀有"助人"之心,并祈愿故事真的能起到"治疗"作用。尽管这本书的主题是"治疗",但我相信,心中怀有"助人"之心非常重要。此外,避免期望过高也很重要。

道具的作用

"道具"的使用给上文所说的《给秀雅的娃娃》这个故事注入了更多的力量。有时我们会在某个治疗故事中用到这个策略。在故事中加入道具并不意味着一定要去玩具店买点儿什么。使用自制的简单物品反而具有神奇的效果,而且含义深远。比如,用黄色的毛线为王子编织一顶皇冠;为爱帮忙的小精灵或小棕仙缝制一顶毡帽;将一个魔法环或是画有图案的木盾送给一个总受欺负的孩子，做他的"护身符"。

一位治疗师就曾用道具加强了故事的作用，来帮助一个 5 岁的孩子，这个孩子遭受噩梦之苦，没有父母的陪伴，不敢进入家里的任何房间，即使白天也是如此。在故事里，一位"星星女孩"晚上飞过窗户，飞进孩子的卧室，成为她特别的朋友。小女孩的妈妈为这个故事做了一个"星星娃娃"道具，并把它挂在小女孩房间的窗户内侧。她还根据治疗师的建议，做了一个简单的星星项链，挂在厨房的挂钩上——她鼓励女儿戴上项链，去探索其他房间。戴上星星项链之后，小女孩开始敢于自己去上厕所，也敢独自去房子里的其他地方了。

一位参加"创造性规则"课程的妈妈也曾成功地使用"道具"来帮助最近不愿去上学的 7 岁女儿。妈妈的新工作需要她常常离开女儿去出差，女儿因此而非常焦虑，即使爸爸在家也是如此。妈妈编了一个故事：一个小小的风精灵，她能越过高山、穿过森林，在朋友之间来来回回地传递信息。每次妈妈回到家，都会在故事中加上一段冒险经历。她还用毛毡缝制了一个长着白色翅膀的简单的小精灵娃娃，作为故事的道具。她的女儿开始带着精灵娃娃去上学——娃娃很小，可以放在口袋里——一天中的任何时候，她都可以对精灵娃娃倾诉。妈妈出差的日子，这个道具给了她上学时所需的安全感。

一对父母由于 5 岁的儿子不肯在自己房间里单独睡觉而备感苦恼。家里刚有了一个宝宝，每晚保证一定的睡眠时间对他们而言非常重要。5 岁的儿子偏要和宝宝一起挤在爸爸妈妈床上，这让他们的关系有些紧张。妈妈参加了我在附近公园举办的"手工与故事圈"活动，与大家分享了自己的苦恼。随后的几天里，她写了一个故事，灵感来自她在手工活动中编织的一个小玩意儿。故事讲的是一颗小星星从天空中落了下来，被花园里的一个小男孩捡到了，小男孩想帮助星星回到天空的家,因此从大自然中收集了各种五彩缤纷的物品,织成一块彩虹毯,这块"魔毯"载着星星飞回了天空。从那以后,"魔毯"就一直放在男孩的枕头下面,和男孩生活在一起,每天晚上带着男孩去梦中冒险。

妈妈讲完故事的第二天早上,男孩发现自己枕头下面(当然是在他自己的床上)有一块"魔毯",是妈妈悄悄为儿子编织的。不久以后,我去拜访这一家,爸爸妈妈非常欣慰地告诉我,他们 5 岁的儿子现在正睡在自己的房间里,而备受珍爱的"魔毯"就放在床边的桌子上。

还有一个借用道具的故事就是《张牙舞爪的小螃蟹》(见 189 页)。为了让孩子不再掐人,还有什么办法能比给掐人的手指戴上温暖的手套更棒呢!道具在给孩子讲故事的时候也能发挥很大的作用,具体范例见本书"讲故事"部分。

关注具体表现

在故事创作的过程中,一个常见的困难就是主题或行为过于宽泛。实际上,任何一种需要解决的行为都有具体的例子,我建议刚开始学写故事的人多关注这些具体例子,这样往往可以得到一些灵感来创作故事情节。

例如,针对"攻击性"行为写故事时,可以列出攻击行为的具体表现。也许有个孩子吃饭时总想把其他孩子推下椅子,那么就可以写一个一辈子让人坐的"椅子先生"的故事。随着故事的推进,我们可以看到,椅子先生如何对付一只总把弟弟推到地板上去的小猫。也许他会侧面朝上,或者翻转身体,四腿朝天,直到爱推人的小猫正确对待它为止。也许椅子先生还唱着一首有趣的歌,告诉大家椅子本来应该做些什么，这样故事里就会透出可爱的幽默。

再比如，"胡闹"就太大而化之了，应该试着去针对具体的行为，比如踩踏花儿。也许一朵花儿有了意识，与经常踩踏她们的大狗说起话来。也许园丁扎了一个稻草人，孩子们和他成了好朋友，和他一起保护着花园……当然这个稻草人也可以是孩子们扎的。如果孩子们真的扎一个稻草人放在花园中，故事的效果就更强大了。

关注具体行为，写故事的时候就更容易灵机一动，找到主题。如果觉得自己找不到方向，或者离题太远，想想这条建议吧。

根据不同情况改编故事

作为一个写故事的人，我认为自己正和大家一起，在编织一张遍布整个世界的"故事网"。我收集那些特殊的故事，同时自己也写故事，并把这些故事与他人一起分享，使它们生生不息地流传下去。有时为了切合某种特殊的情况，分享这些故事时，需要对它们略作改动。修改使这种分享更显得弥足珍贵，我们这个时代的民间故事也因此而诞生了。

如果你发现这本书中的某个故事很适合你的情况，但是需要修改，那么你可以自由发挥。但一定要记住，故事是一个整体，有自己的内在呼应。有时改动其中一处，就意味着得全篇修改，创作出新的统一和呼应。

我的有些故事就改编自经典传说，《织布鸟三兄弟》（见176页）就是一个明显的例子。我借用了《三只小猪》的情节，不过把大灰狼改成了小旋风。

对于东非的一只小鸟而言,这种旋风完全可以摧毁它的生活,就像经典故事里大灰狼完全可以摧毁小猪的生活。

《星星苹果》(见115页)是一个深受喜爱的故事,但每次讲这个故事时,我都会作一些小小的改动。故事里有一句话讲到老奶奶会做好吃的东西,在不同地方讲故事时,这句话总会有不同的版本。在美国我会说"甜丝丝香喷喷的爆米花球";在澳大利亚我会说"巧克力椰丝方蛋糕",或者考虑到健康,我会说"卡罗伯小麦胚芽饼";在肯尼亚,我则说"满靰子"——这是东非人最喜欢用来招待客人的食品,当地没有人不知道它。

如果某个孩子总喜欢用剪刀搞破坏,让人苦恼不堪,那么举个例子,你就可以借用一个现成的故事《折叠小刀和城堡》(见135页)。作一点小小的改动,《小剪刀和城堡》的故事就出来了,这时男孩或女孩梦见的会是将一张大卡片变成美丽的城堡。或者也可以改成《小剪刀和美丽的衣裳》,讲给大一点的孩子听,使他们对缝纫课充满期待,并且帮助他们学会爱惜手工课上的工具。

在《着急的斑马》(见172页)这个故事中,棕色的小斑马很难过,因为他的条纹还没有变成黑色。事实证明,这个故事很适合讲给成人听,可以帮助他们意识到,孩子的成长是需要时间的——心急吃不了热豆腐!这个故事的主角完全可以是其他动物,比如小天鹅或小雄狮,在故事的开头,他们看上去和大人很不一样。当然这也是安徒生童话《丑小鸭》所隐含的主题。

重复、韵律和歌谣

无论是自己写的故事还是书上的故事，对于年幼的孩子来说，一定要一遍遍重复讲述，并且每次都以同样的方式展开故事中重复的情节，以同样的方式说出那些押韵的歌谣，这种重复发挥的疗愈作用绝不应该小视。小孩子如果知道接下来会发生什么，会油然升起温暖和喜悦的感觉。情节在重复中推进，再加上朗朗上口的歌谣，使得故事充满了韵律感，孩子们很快就熟悉了整个故事，怀着期待倾听着下文，心里充满快乐。孩子们直觉到这一点，因此总是要求我们以同样的方式，一遍又一遍地反复讲述同一个故事。大人其实也是一样，他们也喜欢一遍一遍听自己心爱的乐曲或诗，一个音符、一个字都不变。

今天，人们越来越意识到，前后一致和重复——而不是不断的"刺激"和"变化"——对于小孩子的健康成长至关重要。故事中——以及日常生活中——的韵律和重复可以从以下方面帮助孩子：

/ 体会到无处不在的节奏，知道生活会不断延续
/ 知道接下来会发生什么，充满信心和安全感
/ 增强记忆力和注意力
/ 培养音乐感（不断重复的歌谣尤其具有这一作用）
/ 发展语言能力

一遍遍反复讲故事有益于孩子的成长，同样，一个故事本身情节的重复，以及故事里那些富有韵味的歌谣，也可以为孩子的心灵成长提供重要的食粮。写故事的时候，不妨把这些要素融入进去，我会在第六章详细谈到这一点。在本书的故事部分，很多例子都会向你展示，情节的重复和歌谣可以让故事充满张力，流畅而有音乐感。

美好和充满希望的结尾

"托儿所"和"幼儿园"都意味着"孩子的乐园"[1]。孩子好比苗圃中的幼苗,帮助他们健康成长的最好方式就是尽力为他们提供保护,不让狂风暴雨伤害他们。

小孩子有权利获得这种保护——我们不让孩子们看每日新闻中各种可怕的战争和灾难,就是因为我们本能地感觉到了这一点。曾获得诺贝尔奖的印度诗人泰戈尔就以充满智慧的语言告诉我们,要让孩子尽可能长久地"在沙滩上玩耍",不受严酷现实的侵扰。

孩子们会集在无边无际的世界的海边。无限的天穹静止地临于头上,不息的海水在足下汹涌。孩子们会集在无边无际的世界的海边,叫着,跳着。

他们拿沙来建筑房屋,拿空贝壳来做游戏。他们把落叶编成了船,笑嘻嘻地把它们放到大海上。孩子们在世界的海边,做他们的游戏。

他们不知道怎样泅水,他们不知道怎样撒网,采珠的人为了珠潜水,商人在他们的船上航行,孩子们却只把小圆石聚了又散。他们不搜求宝藏;他们不知道怎样撒网。

狂风暴雨飘游在无辙迹的天空上,航船沉碎在无辙迹的海水里,死正在外面活动,孩子们却在游戏。在无边无际的世界的海边,孩子们大会集着。

孩子们需要保护,以此为原则,我们将知道如何为他们选择富有滋养的故事。不论故事情节是简单还是复杂,故事的结尾都一定要美好而充满希望。正义战胜邪恶,这是民间传说和童话中一个非常深刻的主题,全世界的孩子都需

---

[1] "幼儿园"一词来自德语,意思是"孩子的乐园"。

要听到这样的信息。

孩子们到了上学的年龄（6~7岁）之后，可以给他们讲一些体现因果关系，结尾彰显正义和公平的故事（见《魔法鱼》《渔夫的故事》和《一袋钉子》）。这些故事的结尾虽然并不快乐，但故事中的主角没有受到任何杀戮或伤害，而是从自己那些负面行为——比如贪婪，懒惰，愤怒——的后果中吸取了教训。这些故事可以帮助孩子准备好去面对现实生活中的后果。

我们要等到孩子们更大一些之后，才能让他们接触那些结尾既不快乐，而且常常也不能体现正义和公平的故事。小学高年级或中学的大孩子们已经相对成熟，可以去面对名人传记故事中那些严酷的现实了，例如圣女贞德如何在刑场上被烧死，早期的拓荒者们如何在海难和饥饿中悲惨地死去。大一些的孩子可以面对伤心或悲剧的结尾，但在为他们选择故事时不要忘记，十几岁的孩子——甚至成人——也需要偶尔，甚至经常，从"美好"的结尾中获得满足和滋养。

第六章

不同的年龄，不同的故事

一位满腔热情的母亲参加完故事工作坊之后，兴冲冲地回到家里，写出了自己的第一个治疗故事。故事是关于尿床的，其中的隐喻很精彩，情节也很有创意。一个月之后，她回来参加第二阶段工作坊，显得非常沮丧，因为她创作的故事对孩子没有起到任何作用。当我们问她儿子有多大时，她说"快两岁了"！

多年来，许多老师和家长一直请求我针对不同的年龄阶段、不同场合和不同情况，列出一些相应的故事。这是一个不可能完成的任务，我拒绝这样做的理由非常充分——故事是无法分成固定类别的。不过，上面这段经历提醒了我——的确需要就如何针对不同年龄写故事及讲故事给出一些建议。但这些建议只是为了帮助你作出自己的决定。如果一个人年复一年给不同年龄段的孩子写故事和讲故事，那么在这样的实际经验中，他会培养出选择故事的"直觉"，但是本章提供的一些原则对于初学者来说还是会有所帮助的。考虑到各个年龄段所选择的故事可以有重叠，所以我按故事类别而不是年龄段来一一讨论。

押韵的故事、童谣

摇篮曲和宝宝童谣

我们最初与孩子分享的"故事"就是哄孩子睡觉时唱的摇篮曲,这种分享是非常自然的。富有韵律的摇篮曲里,有时蕴涵着简单的故事——

Sleep my little child sleep,

thy father guards the sheep,

thy mother shakes the dreamland tree,

Down falls a little dream for thee,

Sleep my little child sleep.

睡吧,睡吧,我亲爱的小宝贝,

爸爸看着小羊,妈妈摇着小树,

小小的梦儿落下来,温暖又香甜,

睡吧,睡吧,我亲爱的小宝贝。

像这样温柔的故事歌不仅适合小宝宝,也可以唱给学龄孩子甚至更大的孩子听,尤其是在他们生病或受到噩梦侵扰的时候。世界上有许多传统的摇篮曲,学习来自其他文化的摇篮曲会让你收获多多。父母以及孩子的照顾者也可以自己创作摇篮曲——最简单的方法就是使用熟悉的旋律,换上新的歌词,尤其是如果你对原有歌词不满意的话。比方说,你可能不喜欢《宝宝的摇篮》(*Rock-a-bye baby*)[1]中断裂的树枝,那你可以用自己的方式来结束这首歌——

---

[1] 这首歌原来的歌词是:Rock-a-bye baby, on the treetop, When the wind blows, the cradle will rock, When the bough breaks, the cradle will fall, And down will come baby, cradle and all. 大意是:"宝宝的摇篮,在那树梢上;风儿轻轻吹,摇篮轻轻摇;树枝断掉了,摇篮往下掉;宝宝也跟着掉下来。"

Rock-a-bye baby, in the treetop,

Sun filters down through green leaves above,

When the wind blows the cradle will rock,

and baby will sleep to cooing of doves.

宝贝的摇篮，在那树梢上；

绿叶在头顶，阳光微微笑；

风儿轻轻吹，摇篮轻轻摇；

宝宝睡着了，鸽子咕咕叫。

即使你觉得自己唱歌不好听也没有关系。为孩子唱歌、念童谣是父母或养育者所能给予孩子的最好的礼物之一。小孩子对这个世界如此陌生，对周边的一切都非常敏感，来自父母或养育者的真实声音，会比录音磁带听起来美妙得多。伴随身体动作的简单童谣和故事，可以很自然地融入到玩耍当中——"躲猫猫，看到你了"，"一只小猪去市场"[1]，"围着花园转啊转"[2]。触摸和动作，抚慰的语言，音乐感，嬉戏和欢笑，所有这些都有助于在孩子和养育者之间建立起健康的纽带。

当宝宝开始蹒跚学步，许多经典的童谣［比如《一闪一闪小星星》（*Twinkle, Twinkle Little Star*）］和童谣类的故事［比如《母鸡潘妮》（*Henny Penny*）］

---

[1] 这是一首儿歌，原文是：This little pig went to market; This little pig stayed at home; This little pig had roast beef; And this little pig had none; This little pig said, "Wee, wee, wee! I can't find my way home." 大意是："一只小猪去市场；一只小猪待在家；一只小猪吃牛排；一只小猪饿肚子；一只小小猪噢噢叫：我找不到路，怎么回家！"

[2] 这首儿歌的原文及可能的手指游戏如下：Round and round the garden（围着花园转呀转——把食指放在宝宝的掌心绕圆圈）Went the Teddy Bear（遇到小熊熊）One step, two steps（我们一起，一步，两步——食指"跳跃"到宝宝的手臂）Tickle under there（走到这里——挠挠宝宝的夹肢窝）Round and round the haystack（围着草堆转呀转——食指在宝宝的下颚绕圆圈）Went the little mouse（遇到小老鼠）One step, two steps（我们一起，一步，两步——食指"走"到宝宝的耳根处）In his little house（走到这里——捏捏宝宝的小耳朵）。

以其精彩的节奏、韵律和重复，可以给孩子带来快乐和安全感。有些 6 岁甚至更大的孩子依然非常喜欢这些简单而富有音乐感的歌谣，并从中获得滋养。

故事游戏，手指游戏和伴随身体动作的童谣

孩子到了 2 岁半或 3 岁以后，对自己的身体和周围世界有了更多的意识，这时可以带他们玩一些更复杂的故事游戏〔如《我们绕过桑树丛》（*Here we go round the Mulberry Bush*），《划船》（*Row your boat*）〕，或是唱一些讲述"身体"故事的歌谣〔如《头、肩膀、膝盖和脚趾》（*Heads, shoulders, knees and toes*）〕。手指游戏也是孩子们非常喜欢的。用手指做简单的道具可以演绎出许多小故事——小老鼠藏在老鼠洞里；小蜘蛛爬上喷水口；拇指哥藏猫猫，又跑出来问好。

幼儿园里一个重要的集体活动是"圆圈游戏"或"晨圈"。通常，晨圈中包括很多不同的歌谣和游戏，开始是针对学步儿童的简单内容——如《转圈圈》（*Ring-a-ring-a-roses*），然后逐步过渡到针对 5～6 岁孩子的动作更复杂的游戏——如《围着村庄转呀转》（*Round and Round the Village*），此外还可以通过歌曲和童谣的形式，将故事表演出来——比如秋天收获，冬天拾木柴，春天清扫房屋，夏天在海滩上玩耍。

累加型故事和荒诞故事

3～4 岁的孩子已经可以吸收累加型故事中更复杂的童谣和重复。在累加型故事中，角色不断登台，加入到同一活动中。《姜饼人》和《拔萝卜》就是这样的故事。这些故事中有大量的重复，每次有新的角色加入进来，同样的动作就会再重复一遍——例如追赶姜饼人，帮助拔萝卜。这些故事中朗朗上口的歌谣很容易成为孩子们日常生活的一部分。例如，为了让幼儿园的孩子们尽快从室外游戏时间转入洗手时间，就可以说，"跑啊跑，快快跑，我是姜饼人，谁也抓不到"！

对于学龄前儿童而言，语言丰富，有韵律感，极具幽默色彩的"荒诞"故事也占有重要的地位。《小扫帚》（见267页）和《咯吱叫的小老鼠》就属于这样的故事。《咯吱叫的小老鼠》是俄罗斯经典的荒诞故事，讲的是一只小老鼠发现了一个口朝下的罐子，于是爬进去，把它当做自己的家，这时来了一只"呱呱叫的小青蛙"——

"小房子，小房子，这是谁的小房子？"
"是我的。"吱吱叫的小老鼠说，"你是谁？"
"我是呱呱叫的小青蛙，我可以进来和你一起住吗？"

随着故事的发展，这一情节不断重复，"蹦蹦跳的小兔"来了，"巧嘴的狐狸"来了，"灌木丛里的狼"来了，最后，"好重好重的熊"来了，坐在罐子上，把每个人都压扁了。许多不同的故事都以此为主题，其中包括《老鼠和手套》。你也可以用周围常见的动物来代替故事中的动物。成人一定要注意，不要过于严肃地看待那些具有荒诞色彩的儿童故事。它们呼应着孩子心中正在萌芽的幽默感，甚至无视儿童故事一定要有"美好结尾"的黄金法则——荒诞的本质就是"没有规则"。

自然故事和"日常"故事

随着注意力的发展,从 3 岁开始,孩子们渐渐能够欣赏简单的自然故事和"生活"故事,例如长颈鹿妈妈第一次带宝宝去河边散步;赶路的小乌龟每次遇见陌生的动物,就马上把脑袋缩回壳里;小蛇翻过篱笆,留下一条银色的痕迹;农夫烤了一个南瓜饼;小男孩去划船。这些小故事讲述了一些简单、真实而且有先后顺序的事件,有的还带有重复,或带有与故事浑然一体的歌谣。小蛇可能会一边慢慢地爬,一边唱着歌;农夫烤南瓜饼的时候也可能会唱:

南瓜饼,南瓜饼
味道香,颜色美
谁看了都会流口水

随着孩子年龄的增长,自然故事的篇幅可以更长,情节也可以更复杂。小学教师也可以借助自然故事来引入新的课题,不论是蝴蝶、山脉,还是"水循环"。这些故事从一开始就抓住孩子们的想象力,使课堂充满生机。

深受学龄前儿童——甚至更大的孩子——喜欢的另一种"生活"故事就是以"我记得……"开头的故事。如果你从来没有给孩子们讲过故事,那么这是一个非常好的起点。我在澳大利亚开幼儿园的时候,就曾在午餐时间给孩子们讲我在非洲露营时遇到的一件趣事:

我记得那时候我在非洲露营。有一天我坐在帐篷前面吃早餐,忽然一只猴子不知从哪儿冒了出来,一下子就拿走了我盘子里的香蕉。我还没来得及伸手把香蕉抢回来,猴子已经跳到树上去了。我抬起头,看见它坐在一根树杈上,一边剥着香蕉,一边龇牙咧嘴地冲我乐。

最近，我在当地一家商店里遇到一个小女孩，几年前她就在我的班上。她告诉我，她长大以后要去非洲，这样猴子就会去吃她的香蕉，就像我故事里讲的那样。在她这样说之前，我从来没有意识到，我对自己经历的简单描述会是一个"故事"。

这些以"我记得……"开头、讲述个人经历的故事可以一直伴随着孩子长大，从孩提时代，到十几岁，甚至更大。当然，孩子小的时候，要根据常识作一下筛选。开始的时候可以是天真无邪的简单故事（例如，我记得我第一次学骑自行车的时候……），慢慢地，当孩子进入青春期甚至成年之后，适当的时候可以给他们讲一讲自己年轻时发生的"少儿不宜"的故事。我依然在"咀嚼"着我爷爷奶奶的故事，尽管他们已经离开人世。我非常幸运地继承了他们的一些日记，他们的奋斗史和充满智慧的经历是我们家"百宝箱"中最珍贵的一部分。

民间传说和童话故事以及幻想力的发展

随着孩子身体和心理的发育，他们的想象和幻想能力也不断增强。不同年龄的孩子在自主游戏中的不同表现，就很好地体现了幻想力发展的不同阶段。不到2岁的孩子会模仿大人的行为，把木头放进手推车里，就像爸爸妈妈把衣服放在洗衣篮里一样。3～4岁的孩子喜欢摆弄物品（比如木头），并产生许多兴之所致的念头，用各种充满想象力的方式去使用它们——在同一个玩耍时段中，一块木头一会儿是熨斗，一会儿是小汽车，一会儿又成了电话。

到了4岁半至5岁，孩子们通常会先有一个充满想象力的想法，然后去找一些物品来实现这个想法。比如说，他们会玩餐厅游戏，医院游戏，过家家和建筑游戏（盖农场，建城堡，造船等）。至此，孩子的想象力已经绽放，可以从传统的民间传说和童话故事中获得滋养了。

广义上的童话——世界各地文化中的民间故事——拥有一种共通的语言，全世界的孩子们都理解它，喜爱它。童话讲述的是具有普遍意义和原型特征的行为和处境，呼应着孩子正在萌芽的个性，并鼓励这种个性的发展。

民间传说通常具有一种"永恒"的特质。它们满足了孩子对神奇事物的深切渴望，给孩子带来安慰和希望。在这样一个物质主义的年代，民间故事中深刻的智慧可以带来平衡，达到治疗的效果，故事中那些"神奇"之处对于孩子来说非常宝贵。民间故事及童话不同于神话。神话适合8岁以上的孩子，讲述的是"神"以及"超自然生命"奇迹般的所作所为，而民间故事及童话讲述的是"人"——贫民、贵人、傻子、公主或王子，还有小孩。童话故事中的"好人"总是"美"的，"坏人"总是"丑"的，它们描述的是原型，是精神层面的现实，呈现的是真理，而不是所谓的"真实世界"。在童话故事中，念头可以立刻转化为行动，咒语和神奇的变化实际上是心灵的过程，因此一个人会突然变"好"，会中"魔法"，也会得到"解救"。童话就像一面镜子，孩子们从中可以看到他们可能的样子——例如女巫这个形象就象征着成长过程中的所有障碍，而公主或王子的形象则象征着克服障碍，不断成长。

几乎每一个童话故事中都蕴涵着一个需要解决的问题，或描述了与邪恶的抗争。前者包括讲述三只山羊过桥的《三只山羊》。至于邪恶的表现形式则有很多，比如《三只小猪》中的狼或鬣狗，《白雪公主》中的王后。"紧张"和"放松"是故事情节中不可或缺的一部分，在不同的氛围和各种各样的挑战中，听者可以获得心灵的历练，而这正是孩子健康成长所必需的。现在的故事书往往缺少这些，它们要么关注如何教会孩子数数和识别字母，要么对一些日常处境作理性的解释（比如《我有新弟弟了》《上学第一天》），或者对传统的故事进行修改，让结尾变得"美好"或不痛不痒。只能听到这种故事的孩子，将没有机会在克服障碍的过程中去体验整个心灵投入其中的感觉。不过，我们一定要留心为不同年龄的孩子选择合适的童话故事，这一点非常重要。为此，我们需要仔细研究以下几种类型的故事。

根据复杂程度给故事分类

我们可以根据故事的复杂程度来给它们分类。总的来说，主题或情节越温和，就越适合年幼的孩子；情节越复杂，主人公所面临的困难越大，就越适合大一些的孩子。

为3～4岁的孩子选择童话故事时，不妨对照以下四点，看看是否合适：
／故事中是否有很多动作，动作之间是否有紧密而自然的次序（动词多于形容词，行为多于描述）？
／故事中的形象是孩子熟悉的吗（不必一定如此，但最好这样）？
／故事是不是比较短？
／故事中是否包含歌谣和重复（不必一定如此，但最好这样）？

这样的故事有《拔萝卜》（俄罗斯）；《金发姑娘和三只小熊》（英格兰）；《三只山羊》（挪威，见227页）。

第二类故事中有很多我们通常认为是"童话"的故事，适合4岁半到6岁的孩子。这些故事仍然符合以上标准，但有更多的挑战和更多的细节，故事的总体氛围是欢快的，没有太多的悲伤和抗争。虽然也会描述一些障碍，但不会让听者的心灵感到过于沉重。

这样的故事有《精灵和鞋匠》（见 276 页）；《杜鹃的故事》（埃及，见 222 页）；《口渴的青蛙提达力克》[1]（澳洲本土）；《羚羊、蝴蝶和变色龙》（肯尼亚，见 273 页）；《渔夫的故事》（东非，见 179 页）。

6～7 岁的孩子喜欢并受益于篇幅更长，挑战更多，细节更丰富的故事，故事中的角色可以受点儿苦或者有些伤心的经历。故事中与邪恶的对抗可以更强烈、更具挑战性，情节也可以更为跌宕起伏。

这样的故事有《白雪公主和七个小矮人》（格林童话）；《光之花园》（见 146 页），《阿金巴与魔法牛》（非洲，见 130 页）；《隐形的猎人》（美洲印第安，见 217 页）

对于 8 岁以及更大的孩子，除了来自各种文化、情节更为复杂的民间故事外，斯坦纳教育模式中所采用的围绕故事展开的教学也非常值得推荐，它既适合学校，也适合家庭。从低年级到高年级，课程中包含了北欧神话，非洲、波斯、印度和埃及的故事，还有希腊和罗马神话。老师在教学过程中也会自己创作一些故事来介绍有关的内容和概念，比如通过故事来教字母。这些故事可以把"石头"变成"面包"，把枯燥的事实变成生动的画面，把原本枯燥乏味的学习过程变成富有启发的体验。此外，他们还利用故事以及讲故事这种方法来解决孩子的挑战性行为，促进孩子的社交发展和情感发育。在斯坦纳学校，师生时时都会体验到故事的智慧和力量，这已经成为日常教育中不可或缺的一部分。[2]

---

[1] 原名 Tiddalick，讲口渴的青蛙提达力克喝光了世界上所有的水，其他动物只好想办法把这些水找回来。
——译者注

[2] 见弗朗西斯·艾德蒙兹（L. Francis Edmunds）所著《华德福学校——关于斯坦纳教育的介绍》（*Introduction to Steiner Education: The Waldorf School*）等书，详见附录部分。

这种围绕故事展开的教学可以发展孩子的想象力，长大以后，他们会是"水灵灵的鲜梅"，而不会患上第一章所说的"干瘪的梅干"综合征。所有家长、治疗师和老师不妨开动脑筋，把来自远古神话的故事宝藏带入孩子们的生活，同时发挥创作力，自己动手为孩子们写故事。故事之光可以滋养孩子，帮助他们成长为充满想象力、各方面全面发展的年轻人，推动我们的世界走向美好而正向的未来。

第七章

真实和道德

这是真的吗

无论讲自己编的故事，还是讲来自民间文化的故事，如何看待"真实"和故事的关系，这一点非常重要。有些人担心童话故事没有呈现出生活的真实画面，所以是不健康的。心理学家贝特尔海姆指出，童话故事的真实是"想象"层面的真实，而不是普通的因果关系层面的真实。童话描述的是原型，是精神层面的现实，呈现的是真理，而不是所谓的"真实世界"。

我曾有幸听过一位名叫"飘浮的鹰羽毛"（Floating Eagle Feather）的美国故事家讲故事。他从一个开放式的问题开始：

有些人认为世界是由原子组成的。而我相信世界是由故事组成的。你怎么看呢？

为孩子写故事或讲故事之前，需要搞清楚自己内心的信念。当你讲故事的时候，孩子会敏锐地感觉到，你是融入到了故事之中，还是置身于故事之外，或者只是"编造"一些自己无法与其真正建立联系的东西。

如果孩子问："这是真的吗？"我们该怎么回答呢？很多童话在一开头就给出了这个问题的答案。童话故事的第一句话常常是："在很久很久以前……"或者"在许愿依然可以起作用的古代……"，这就表明故事发生在一个不同于日常现实的层面。南希·梅隆是一位很有经验的故事家，她建议说，如果孩子坚持问故事是不是真的，可以简单地回答"让我们再听一遍吧"，或者有时候可以带着惊叹的语气说："我觉得它比真的还要真！"

自然故事的真实性

创作自然故事时，一定要考虑到真实性。如果你的故事讲到风吹过彩虹桥，并且需要提到彩虹的颜色，那么一定要注意，不要把颜色的顺序弄错了。（当然，除非在故事里，彩虹的各种颜色混到了一起！）如果故事是关于小袋熊的，最好先研究一下它是如何从后下方——而不像其他有袋动物那样从前面——钻进妈妈的袋子。我在澳大利亚的时候，一个同事在讲小袋熊的故事时就犯了这个错误，班上的一个孩子纠正了她。从此以后，她写自然故事时，会很认真地去做调查。

通过查阅资料和观察，可以大大丰富故事创作的灵感。关于动物的栖息地、饮食和性格等，有许多重要而又吸引人的事实，这些事实可以给我们灵感，帮助我们构思故事情节。只要我的故事是关于动物或植物的，我都会针对某种特定的动物、树木或花做一番调查，并在可能的情况下亲自去观察它们，以此为基础进行创作。我在《南瓜小小》（见 206 页）这个故事里写了一个梦见星星的情节，就是因为我观察到，南瓜藤和南瓜相接的地方呈现出星星的形状。我对鲸鱼歌声所做的调查，也促使我在针对抱怨行为写故事时，选择鲸鱼作为主角（见 111 页《抱怨的鲸鱼》）。

虚构、说谎和吹牛

大多数词典关于"故事家"的定义都有两层含义，一是讲述或者创作故事的人，二是虚构或说谎者。讲故事和说谎显然有一定的联系，这是很有意思的事情。在说谎或吹牛比赛中，一些故事高手往往可以展露头角，而对于那些从来没有讲过故事的人来说，要迈出第一步，"说大话"常常是最简单的方法。"虚构"这个词，显然是指那些严格意义上来说不完全真实的东西——没有"虚构"，很难想象我们的文化将会变得多么贫瘠。在想象的世界里，有许多情景，虽然从现世意义上来说并不真实，然而却表达了一种精神意义上的真实。它们的确"比真的还要真"。

多数人——即使不是所有人——都会以这样或那样的方式说谎。有些人为了寻求开脱，冠之以"善意谎言"的美名。另外一些人从来不会因为顾及真实而让精彩的故事略打折扣，在旅行途中，为了达到让听者如痴如醉的效果，他们总是不惜添油加醋，把故事讲得更动听。渔夫们常常吹嘘那条"跑掉的鱼"，这一点大家都知道。

尽管如此，我想大家都会同意，为了孩子情感的健康发展以及社会的健康发展，孩子们需要懂得说谎的后果，无论是"善意的谎言"还是真正的说谎。孩子们还需要学习如何让自己的良心守护着自己，而这不是一夜之间就能做到的。对一个人的行为有自己的道德判断，选择做好事而不是做坏事，这是真正完整的教育所应达到的最重要的目标之一。在整个童年，故事中的"虚构"实际上可以很好地帮助我们做到这一点。

"真实"在当今时代真是一个重要的课题，尤其是当你看到腐败之风在那么多重要机构和政府部门中盛行时。孩子可能很小就学会了说谎,这也许体现了一种自我保护的倾向,也许说谎只是一种可以从中体验到兴奋的游戏或经历。当家长和老师还在为孩子的想象力自豪的时候,辨别谎言有时是很困难的。

我从多年从教生涯中获得的一个心得是,孩子小的时候,不要贸然给他贴上"说谎"的标签。对于学龄前的孩子来说,大人的角色是示范,是想办法以委婉的方式将"谎言"重新导入"真实"的轨道,而不是快速贴上标签,使其成为"既定的事实"。例如,如果一个孩子向大家讲述他周末的旅行经历,而老师知道实际上他周六周日都在家里,那么她可以说:"谢谢你讲的故事,迪伦。"而不应该说:"迪伦,你在说谎,你知道整个周末你都待在家里。"这样老师只是认可了孩子有编故事的需要——也许因为其他孩子讲了令人兴奋的周末故事,这个孩子也不愿逊色。当然,如果迪伦总是"吹牛",老师就需要和他的父母沟通,找出这种行为背后更为深层的原因——也许他在家里养成了这样的习惯,目的是为了引起忙碌的父母的注意,或是给哥哥姐姐留下深刻的印象。

在幼儿园里,另一种情况也时有发生。孩子对老师说:"我的口袋里什么都没有。"实际上老师知道,他刚从教室里拿了一个心爱的小玩具,放进了自己的口袋。老师不必给这种行为贴上"说谎"的标签,相反可以采取一种更委婉但非常有效的方法,把手伸进孩子的口袋说:"我的天哪,一个小玩具跳进了你的口袋里。你能帮我把它送回它的家吗?"这样一来,老师就将孩子的行为引入了"正轨",对此孩子的感觉会好得多,并且有可能从中吸取教训。孩子也会感激老师没有给自己贴标签。

孩子上学以后,仍然要十分注意。最好不要当众讨论说谎或偷窃行为,可以把孩子带到一边单独谈。南希·梅隆就如何对待说谎或偷东西的孩子提出建议时，曾用到一个隐喻——"刺"。她相信，不诚实的行为就像嵌在孩子心灵里的刺，不恰当地暴露这些刺，只会让刺扎得更深。

正因为如此，我们才使用故事。故事可以让刺自己钻出来。讲故事时，听的人可以自发得出自己的结论，这样故事以一种滋养而有益健康的方式，喂养着孩子们越来越茁壮的良知。

所有文化中都有讲述不诚实的后果的故事。格林童话中的《狼和七只小山羊》告诉我们，说谎不会让你得到想要的东西。本书中有一个南非科萨人的故事——《鸽子和鬣狗》（见123页），表达的也是同样的主题。在这两个故事中，大灰狼和鬣狗都分别假扮成妈妈，为了进入山羊或鸽子的家而一遍遍地说谎。

在深受喜爱的意大利故事《木偶奇遇记》中，木偶匹诺曹每说一次谎，鼻子就会变长一些。这个故事向那些有严重说谎习惯的孩子传递了一个非常强烈的信息。另一个经典故事《狼来了》也具有同样的效果。

说谎比赛和幽默的使用

为了以轻松的方式向大一些的孩子呈现说谎这个主题，老师或是家人可以举办说谎或"说大话"比赛。把孩子们分成小组，每个小组三个人，一个孩子扮演裁判，另外两个孩子比赛编故事或说大话。主题可以很简单，比如"我上周末干了什么"，或是"昨天我在放学回家的路上遇到了什么事"。如果参赛者人数很多，可以从预赛开始，一直进入到半决赛和决赛。

说谎比赛可以带来很多乐趣，也有助于孩子们意识到真实和谎言之间的区别，给真实和谎言都留下了一席之地。

几百年以来，在许多文化中，以娱乐为目的的说谎已经成为人们喜闻乐见的事情。非洲某些地方以及美国最南部的黑人有一个悠久的民俗，那就是举办说谎比赛。根据记载，从盎格鲁撒克逊时代起就有一个传统叫做"为了磨刀石说谎"。很显然这是"圣灵降临节"期间的古老风俗，开始于14世纪的英格兰，最会说谎的那个人会得到一块磨刀石做奖品，用来"磨砺他的心智"。

性格豪放的拓荒者聚集在一起时，常常会高谈阔论，一比高下，这就是"吹牛"故事的起源。这是美洲或澳洲所特有的故事形式，主人公往往是某个非同凡响的家伙或超人，身负着特别的使命，最后问题以一种幽默或奇异的方式解决了。"吹牛"故事和说谎比赛对于小学阶段的孩子具有神奇的作用——无论是现成的故事，还是新创的故事都是如此。

教育还是说教

几千年来，正如我们所看到的，全世界的文化都在用故事的形式传授道德和价值观。很多经典的民间传说都有教育意义，听故事的人以不同的方式接受这些信息。这就是故事的本质以及"力量"所在。在创作故事或是选择故事时，要分清哪些故事具有教育意义，哪些故事却是在"说教"或"训诫"，这一点很重要。一个有教育意义的故事应该通过充满想象力的故事情节，让听者自发得出自己的结论。

欢快的非洲故事《阿金巴与魔法牛》（见 130 页）就是一个有教育意义的故事。不诚实会遭到报应，小偷前三次偷的母牛会吐金币，绵羊能吐银币，鸡能生蛋，但是第四次偷了棍子，落得一个被棍子打得团团转的下场。故事情节一再重复，到棍子出现时，听者期待着变化，等待着变化，强烈需要一个变化！让人欣慰的是，故事的结局如此幽默，关于"不诚实"的严肃主题原来可以通过这样一种幽默的形式传达出来。

在民间故事《魔法鱼》（见 158 页）中，听者也会有类似的体会。妻子非常贪婪，不断地希望得到更多的东西——房子，别墅，宫殿，太阳和月亮！让听者欣慰的是，在故事的结尾，她失去了一切，只剩下以前住的那间小木屋。我的一个儿子听完故事后如释重负地叹了一口气，用他的话来说就是"她想要的太多了"！

然而，一个说教的故事，更像是披着故事外衣的训诫或训斥。曾经有个老师为了在班上鼓励一些美好的行为，创作了这样一个故事。故事讲的是一个孩子，大家都不愿意和他玩，因为他不会说"请"和"谢谢"。后来他学会了说"请"和"谢谢"，孩子们愿意和他一起玩了。她所说的更像是说教或批评，缺乏故事所需要的隐喻和情节。

故事应该让孩子们得出自己的道德结论，为此，有想象力的情节往往是必须的。也就是说，故事一定要"委婉"。如果意图过于明显，就有说教之嫌了。通常我判断一个故事是不是说教，就是看它的结尾是不是让我感到别扭。相反，一个好的道德故事会让我心满意足，就像吃了一顿大餐一样。但我对故事的感受和反应也许和你大不相同。我把我的想法写出，仅供你参考，希望在你打算自己去创作治疗故事的时候有所启发。

无论是写故事还是讲故事，最重要的是，最后不要从自己的道德观出发给孩子作总结。让听故事的人自发得出自己的结论吧——相信故事的力量！

第八章

故事创作练习

以下练习来源于工作坊中的讨论。每个练习中都给出了简单的故事情节，你可以尝试给它们穿上隐喻的"衣裳"，完成这些故事。练习中给出的仅仅是建议，你可以选择不同的隐喻和情节来完成故事。

袋鼠兄弟

写这个故事是为了减少一群6～7岁孩子的打架和攻击性行为。选择袋鼠作为主角是因为它可以构成明显的隐喻——袋鼠喜欢打架。

／两只袋鼠分别独自生活在大草原上。

／一天他们相遇了，成了好朋友。

／过了不久，他们开始打架——拳打脚踢！（建议此处不断重复，描述几次具体的打架——时间、地点、方式）

／一天,灌木丛着火了,大火席卷了整个草原(或者河流泛滥,淹没了大地)。

／两只袋鼠用打架的双手做着正向的事情——他们一起把小动物送离燃烧的草原、穿过河流，来到安全地带（或者游出洪水，来到高处）。

／也可以不用着火或洪水的情节，而讲述大草原上长出很多刺，两只袋鼠变成了"丛林医生",用他们的双手从动物的爪子里,小鸟的双足中,还有蜥蜴的小脚上拔出刺来(此处使用哪些障碍隐喻和帮助隐喻,需要你自己去作最后的决定)。

/ 从此以后,虽然两只袋鼠偶尔会打架闹着玩,但大多数时间,他们都在忙着做其他的事情(根据你选择的故事情节描述他们所做的事情)。

两只鸽子

这个故事旨在帮助一个 5 岁的害羞女孩建立自信。

/ 两只鸽子,一只勇敢、爱冒险,另一只却害羞、胆怯。

/ 这只害羞的鸽子总是依赖朋友来带领他,告诉他该做什么(使用几个障碍隐喻,给出具体的时间、地点和方式,增强故事的效果)。

/ 一天,害羞的鸽子从巢里向外张望,看见一只猫正偷偷靠近附近一棵树上的鸟宝宝。

/ 害羞的鸽子想找他的朋友帮忙出主意,但是朋友不在身边。

/ 害羞的鸽子想办法吓走了猫(此处使用一个帮助隐喻),救了鸟宝宝——需要展开和详细描述这一情节。

/ 鸟宝宝安全了,他们的妈妈回来后,感谢了这只"英雄"鸽子,现在他比以前自信了。

桌子太太和椅子宝宝

在参观一个幼儿游戏班时，我产生了写一个幽默故事的想法。当时老师正想方设法让一些 3～4 岁的孩子去餐桌吃上午点心。在这位新老师到来之前，孩子们可以在任何时间任何地点吃点心，从来没有集体用餐的经历。为了能轻松实施新规则，需要想一些有创意的点子。

- 桌子太太和椅子宝宝们生活在一个教室里，但他们经常感到很孤独——从来没有任何人用到他们！
- 一天，他们决定想一些点子来吸引小朋友们（此处需要用一些帮助隐喻）。也许椅子宝宝摇摇晃晃地走到花园里，摘了一些鲜花带回来，把桌子太太打扮得更漂亮，而且（或者）椅子宝宝前后摇摆着跳起舞来，让孩子们注意到他们。
- 再想一两件可以用在此处，使得桌子和（或）椅子更有吸引力的事情。又或者对于这个年龄段的孩子来说，故事已经足够长了？
- 最后桌子太太和椅子宝宝可以唱一首歌。孩子们听到歌声，非常高兴，一个接一个地来到了桌子旁（在故事里多次重复这首歌，而且在每天的上午点心时间唱这首歌）。

　　点心的时间来到了，
　　香香的点心在桌上，
　　快来吧，快来吧，
　　坐下来把美味品尝。

第三部分

针对挑战行为的故事

这一部分共收集了 52 个针对各种常见行为的故事。为了方便读者查阅，我将这些行为作了以下分类，在每个类别中，针对各种可能的情形推荐了一些故事。分类比较随意，只是为了方便查找——我绝对不建议将这些分类作为任何行为的"标签"。

- 无所事事 / 抱怨
- 不诚实 / 小偷小摸
- 不尊重 / 不爱惜
- 贪婪 / 不愿分享
- 急躁 / 缺乏耐心
- 懒惰
- 打人 / 伤害别人 / 喜欢打斗
- 害羞 / 内向
- 吵闹 / 打扰他人
- 嘲弄人 / 欺负人
- 不合作
- 粗野 / 躁动

第九章

无所事事或抱怨

无所事事的狒狒

这个故事写给5岁以上的孩子。故事告诉我们"玩耍"的重要性和趣味性，所以我也把这个故事作为讨论的一个引子，用在家长的培训中。我的经验是，在处理挑战性行为（比如无所事事）时，我们经常需要同时触及家长和孩子。

小狒狒莫托托总是无所事事，什么都提不起劲。她不想跟小伙伴玩——"真没劲！"她也不想去爬树——"太没劲了！"她更不想到河边去玩水——"那实在没劲！"这只小狒狒看来只想无所事事地吊在树上，什么也不干，妈妈可急坏了。

于是，妈妈请聪明的爷爷跟莫托托聊一聊。爷爷在莫托托身边坐下来，给她说好玩的事。可是莫托托觉得，爷爷说的事情一点都不好玩。她不想到悬崖边上去扔石子——"真没劲！"她不想在长长的树藤上荡秋千——"太没劲了！"她也不想在又深又高的草丛里打滚——"那实在没劲！"

于是，爷爷问她到底想做什么。这问题呀，可把莫托托问倒了，因为你看，连她也不知道自己想做什么呢！可她不想承认自己也不晓得做什么好，于是就说:"我只想自己待着,什么事都不用做。"然后就从爷爷身边跑开,沿着一条小路走进深深的灌木丛,去找一个舒舒服服的地方,好坐下来什么都不干。

跑过灌木丛的时候,小狒狒莫托托看到路边一棵高高的树旁,有一个像箱子一样的东西。这东西的顶和底都是平平的,四周是闪光的条条,前面有一扇小小的门,门里啊,有一根熟透的黄灿灿的香蕉。莫托托最喜欢的可不就是香蕉嘛!

"这看来是一个可以让我舒舒服服坐着,什么都不干的好房子!"小狒狒莫托托想着,毫不犹豫地走进房子,坐下吃香蕉。她刚拿起香蕉放进嘴巴,小房子的门就关上了。开始的时候,小狒狒莫托托一点都不担心,她忙着享受那黄灿灿的香蕉呢!

莫托托吃完香蕉,觉得有点累了,就在平平的地板上倦着身子睡着了。她睡了很久,一觉睡醒,哎呀,浑身都紧紧的、痛痛的。她想伸展一下自己那长长的手和腿,可是这小小的房子里哪有地方给她动呢。她想推开门到外面去舒展一下,可是门紧紧地关着,这下她才发现这根本不是房子。这是一个捕兽笼啊!

每一只狒狒从小都听过猎人和捕兽笼的事,但是之前莫托托急着想从爷爷身边跑开,竟然把这至关重要的警告给丢到九霄云外了。

噢,小狒狒莫托托是多么后悔当初没听大狒狒们的话呀!忽然,莫托托觉得大狒狒们说的爬树啊,到河边玩啊,荡树藤啊,所有这些事情都是她最想做的!可是现在,莫托托哪都去不了,什么都做不了。莫托托颤抖着,等着猎人到来的可怕声音响起。

莫托托不用等多久。"嗵","嗵","嗵",猎人的脚步声沿着小路传来了。声音越来越响,越来越响,最后猎人来到了外面的栅栏边上,伸出手臂要提笼子。

忽然,莫托托听到了一声响亮的吼叫,一只大狒狒就像一道闪电,龇着强有力的雪白牙齿,从旁边一棵树上荡到笼子旁边。猎人吓了一大跳,一下子扔掉笼子飞快地跑掉了。笼子掉到地上,锁摔碎了,门也荡开了。

莫托托飞快地从笼子里跳出来,一下子跳到救了她的那双强壮的手臂里。她抬头一看,这不正是自己的爷爷吗!

"爷爷,你不光聪明,还又强壮又勇敢,"莫托托叫着,"我长大以后要跟你一样!"

"好,"爷爷笑着说,"你最好赶紧跑去找你的朋友玩,因为玩耍可以让你强壮聪明又勇敢。"

莫托托给了爷爷一个大大的狒狒抱,然后就跑去找小伙伴到河边玩去了。

从那天开始,小狒狒莫托托就不再无所事事了。

如果你去非洲的丛林,也许就会看到莫托托和小伙伴在玩耍,他们爬树,在小河里玩水,在悬崖边上扔石子,抓着长长的树藤荡秋千,还会在又深又高的草地上打滚——从早到晚,乐趣多多心里甜。

抱怨的鲸鱼

应付喋喋不休的(通常也是恼人的)抱怨是常见的挑战,对于每天24小时、每周7天都需要带孩子的家长来说就更是如此了。

曾经有来自不同文化背景的人将《抱怨的鲸鱼》讲给4岁及更大一些的孩子听,其中有开普敦的老师,奈诺比贫民窟的一位妈妈,还有拜伦湾的一位心理学家,后者在个人成长咨询中给成人们讲述这个故事。每一次,这个故事都会带来鼓励,故事中反复使用的诗歌强化了所要给出的信息,对年幼的孩子特别有效。开普敦的老师发现,在故事的结尾用笛子吹奏出一些低音来非常好——她的孩子坚持想听一听鲸鱼的歌声有多美丽。

从前有一条小鲸鱼,他整天啥也不干,只是不停地向妈妈抱怨。不管妈妈做什么,也不管妈妈多么努力地想让她的宝贝开心起来,反正他总是觉得什么都不对。他这会儿嫌妈妈游得太快了,过一会儿又嫌太慢了,刚刚还抱怨水太热了,可马上又说太冷了,今天说晚饭太多,明天又嫌不够了。

这爱抱怨的小鲸鱼整天围着妈妈,在他们大海的家里游来游去,翻来覆去地唱着他的抱怨歌:

这我不喜欢,那我也不喜欢
这我不干,那我也不干,
心里总是像火煎,
嘴里只有烦烦烦。

鲸鱼妈妈想教她的宝贝唱美丽的鲸鱼之歌，年轻的鲸鱼如果想长大，想有自己的家的话都得学。但是这爱抱怨的小鲸鱼啊，它忙着嘟嘟囔囔地唱着自己的抱怨歌，根本就没心思去学这些傻气的老歌。

这我不喜欢，那我也不喜欢
这我不干，那我也不干，
心里总是像火煎，
嘴里只有烦烦烦。

鲸鱼妈妈想让她的宝贝跟其他小鲸鱼玩。可是爱抱怨的鲸鱼嫌那太麻烦。而其他成群玩耍的小鲸鱼呢，他们已经烦透了小鲸鱼的抱怨，也不想跟他玩。他吵吵囔囔的抱怨，已经成了大海之家的噪声了！

有一天，鲸鱼们沿着海岸线游啊游，慢慢地，他们向深海的方向游去了。可是小鲸鱼忙着抱怨，根本就没有留意到其他鲸鱼，包括自己的妈妈，都已经改变方向了。他继续一直向前游，等发现的时候，已经晚了，他已经越过了岸边的暗礁，游进了一个环礁湖里。

而这时候，潮水正在退去，环礁湖里的水慢慢地越来越少了。爱抱怨的小鲸鱼在浅浅的水里进退两难，现在海水只能盖住他的鲸鱼背了，时间一分钟分钟地过去，海水变得更浅、更少，更浅、更少了。

他该怎么办？妈妈不在身边，唱抱怨的歌也没有用。这时，在他鲸鱼记忆的深处，他听到了那最美丽的声音。他听着，试着把这美丽的声音唱出来。开始的时候歌声很轻，可是他越是试着去唱，歌声就越响亮。很快他就唱出了一首美丽的歌，一曲最美的鲸鱼之歌。

歌声越过水面，越过暗礁，传到远处的深海，一直传到了妈妈和其他鲸鱼游泳的地方。鲸鱼群听到了年轻鲸鱼的呼唤，都掉过头来，向暗礁游去。他们一边游，一边从水面高高地跳起，落下，然后又跳起，又落下。他们不停地跳起落下，巨大的波浪一直向前涌啊涌。等到达暗礁，他们停下来静静地等待。巨大的海浪涌过石头，环礁湖里的水越来越多，越来越多，直到最后，水满起来了，小鲸鱼可以越过暗礁安全地游回来了。他的鲸鱼群正在暗礁的这边等着他呢，大家护送他回到了深深的海洋中的家。

妈妈对自己的宝贝充满了自豪，她轻轻地说："现在你终于知道我们美丽的鲸鱼之歌的力量了。"妈妈绕着他游啊游，用她的鲸鱼长鼻子嗅着它、顶着它——鲸鱼妈妈就是这样亲吻和拥抱她的孩子的。

当然了，年轻的小鲸鱼非常高兴自己安全地回到了鲸鱼群里。现在他懂得怎样用自己鲸鱼的声音去唱美丽的歌了，他不再抱怨了。而且啊，他还自己编了一首新歌去教小伙伴。如果你到大海去游泳，仔细地听，也许会听到这美丽的歌：

这我喜欢，那我也喜欢，
这我想干，那我也爱干，
欢欢喜喜满心甜，
歌儿唱了一遍又一遍！

吱嘎吱嘎响的床

这个故事适合不同年龄段的孩子，可以帮我们重新衡量生活中的事情有多好或有多坏。如果孩子不停地抱怨一些琐碎的事情，这个故事更是特别有用。

我曾经多次给一大群混龄孩子讲这个故事，也曾在成人会议上讲过它——为了让他们大笑一场然后积极参与会议。对于成人，当他们专注地思考，紧张工作了一天或一个星期后，这个故事可以让他们放松，从而起到治疗作用。讲故事的人可以把听众分成不同的小组，每一组扮演一种动物。每当新的动物进入房子，房子里就变得更加嘈杂和忙乱。最后所有动物制造出来的巨大的声音跟小小的吱嘎吱嘎声（由事先选好的听众发出）相比，实在是小巫见大巫。

从前有一个老奶奶，她住在一个农场里。她对自己的生活非常满意，就除了一件事情——她不喜欢她那吱嘎吱嘎响的床。这张床啊，整个晚上都吱嘎吱嘎地响，弄得她根本就睡不着。

有一天晚上，床吱嘎吱嘎响得更厉害了，她实在是忍无可忍。第二天，老奶奶就去找村里最聪明的人，跟他说自己的问题。这个聪明人请她回家，然后带一头牛住进房子里去。

老奶奶想："这个办法真奇怪啊。但他是个聪明人，我还是按照他说的做吧。"

老奶奶一到家就牵了一头牛进房子。那天晚上，床吱嘎吱嘎地响，牛也整晚哞哞哞地叫着。

老奶奶又去找那位聪明人，这一次，聪明人请她回家，带一只山羊进房子。

（故事就这样继续着，直到她的房子里塞满了整个农场里所有的动物——牛、羊、驴子、猪、公鸡，等等——夜里，这些动物全都发出自己的声音。而这个清单也可以随听众注意力集中的程度而变长或缩短。）

最后，老奶奶实在是忍无可忍了。她已经整整一个星期没睡觉了，头痛得厉害。她回去找聪明人说："我要告诉村里所有的人，你根本就不是什么聪明人，你教我的办法一点用都没有，都是一些傻得不行的办法。"

聪明人恳请老奶奶再听他最后一次——"回家吧，老奶奶，把你屋里所有的动物都带出去，回到它们原来的地方。"

老奶奶回家，她把牛呀、羊呀、驴子呀、猪呀、公鸡呀等等，统统都从屋子里带出去。那个晚上，还有之后的每一个晚上，老奶奶都睡得又香又甜，直打呼噜。

星星苹果

这个故事来源不详，经过了作者的改编。它适合所有的年龄。故事通过一个正向的例子告诉我们，只要父母发挥创意，稍稍激发一下，孩子们的无聊就会变为充满好奇的探险。我讲这个故事的时候通常会切一个苹果（横切，而不是从柄到底的那种切法）。我把这两半苹果合到一起，用布包起来放在腿上，在适当的时间打开，把星星展示给听故事的人看。

从前有一个小男孩，他厌倦了他所有的图画书、拼图和所有的玩具。

"我做什么好呢?"他问妈妈。

小男孩的妈妈总能给小男孩出一些很棒的主意,于是她说:"你应该出去走走,看能不能找到这样一间房子:

又甜又美小红房,
墙上没门也没窗——
害羞的星星悄悄藏。

小男孩的眼睛睁得大大的,很是兴奋。"可是妈妈,哪里有这样的房子?"他问。

"沿着小路走,经过农夫的房子,然后爬上小山——找到了可别忘了带回来给我看哦!"

于是,小男孩就出发了。这真是美丽的一天——阳光明媚,天空蓝蓝。可以出去探险,小男孩特别开心。他蹦蹦跳跳地沿着小路走着,一边走一边哼着小曲。没走多远,他就看到农夫正站在大大的棕色牲口棚外面,看着自己田地里的谷物和玉米。

"您好,农夫先生!"小男孩说,"您可以告诉我哪里有这样一间小房子吗?

又甜又美小红房,
墙上没门也没窗——
害羞的星星悄悄藏。

"嗯,"农夫说,"我已经在这里住了很多年了,可是我不知道有这样的房子呢。你得去问老奶奶——老奶奶会织红色的手套,还会做甜丝丝香喷喷的爆米花球,她肯定知道。"

小男孩又沿着小路继续去找老奶奶的房子。没走多远他就找到了,老奶奶正坐在花园中间的摇椅上,周围种满了香草和金盏花。

"您好,老奶奶!"小男孩说,"您可以告诉我哪里有这样一间小房子吗?

又甜又美小红房,
墙上没门也没窗——
害羞的星星悄悄藏。

"噢,"老奶奶叹息着,"如果我知道这样的房子就好了——夜里冷的时候屋里一定暖暖的,屋里的星星可以让夜晚很美很美。你应该去问风——风吹过小山,吹过村庄,吹过整个世界,风知道所有的秘密。"

于是小男孩又沿着小路走着,去找风。他开始向山上爬,然后从山的那边下去,没走多远他就遇到了风。风一次又一次地在他的头上吹过。

"您好,风!"小男孩说,"您可以告诉我哪里有这样一间小房子吗?

又甜又美小红房,
墙上没门也没窗——
害羞的星星悄悄藏。

风笑着,好像在说:"跟我来。"它一直吹到小山上,那上面有一棵苹果树。风绕着苹果树吹啊吹,一个苹果从树枝上掉下来,落到了绿草地上。

小男孩走到山顶,弯腰捡起苹果。他把苹果捧在手里仔细地看着。它圆圆的,太阳给它涂上了红红的颜色。它没有门也没有窗,上面有一个小小的柄,就像一个小烟囱。

"是它吗?"小男孩想着,从口袋里掏出小刀,把苹果拦腰切开。

打开苹果,小男孩看到,悄悄藏在里面的……是一颗星星!

"谢谢您,风。"小男孩喊着。

"不客气。"风低语着。

于是,小男孩回家去了,他要让妈妈看看他那又甜又美的小红房——墙上没门也没窗,害羞的星星悄悄藏!

复活节的秘密

这个故事通过一个正向的例子,让我们看到怎样帮助孩子把无所事事的一天变成充满好奇的探险日。故事里的妈妈是怎样做到的呢?她把一个小小的谜留给了孩子!故事比较长,适合 5 岁以上的孩子。

从前，有一个小男孩，他很想知道复活节的秘密。每一年，当寒冷的冬日开始变得暖和起来[1]，天空盖上了大大的云被子，小男孩就知道，复活节马上要来了，因为复活节总是跟云和雨一起来的。他听到爸爸妈妈聊天的时候会讲到复活节，也听到哥哥姐姐谈论复活节，他知道复活节就要来了，他觉得复活节已经在路上了……可是，他还是不明白复活节到底是什么。

"妈妈。"他经常问，"什么是复活节呀？"

"噢，我的孩子，"妈妈说，"复活节是一个非常特别的秘密。"

"妈妈，谁可以告诉我这个秘密呀？"

"只有太阳爸爸可以告诉你这个特别的秘密，等他准备好，就会告诉你的。"然后，妈妈就继续忙家务去了。

小男孩跑到外面，抬头看见太阳爸爸正笑眯眯地透过白色的云毯子看到地上来呢，于是他就听呀、等呀，听呀、等呀。今年，他比往年更盼望太阳爸爸能告诉他复活节的秘密。

有一天早晨，他起得特别早。今天好像有点不一样哦——小鸟仿佛在向他唱歌，阳光在窗外起舞，好像呼唤他到外面去。他起来穿好衣服，早饭都没吃就跑到花园里去了。天上尽是云，可是在东边有一个大大的云窗户，太阳爸爸就在那里照耀着。太阳爸爸舒展着阳光的手臂，伸到小男孩这里，小

---

[1] 作者是在南半球写这个故事的，原文是"当火热的夏日变得凉爽"，为了配合我们的气候，此处作了修改。——译者注

男孩举起手来迎接着阳光。他听着、等着,听着、等着,终于,他听到了太阳爸爸的话……

　　复活节的秘密我放小房,
　　金色球儿里面藏,
　　日夜照耀放光芒!

　　他又仔细地听……

　　复活节的秘密我放小房,
　　金色球儿里面藏,
　　日夜照耀放光芒!

　　小男孩真高兴,他终于知道在哪儿可以找到这个秘密了。他跑来跑去,在花园里到处找。可是,小男孩很快就发现,要找到这样一间金色球儿里面藏,日夜照耀放光芒的小房可不那么容易。

　　"我知道了,我要问风,它吹过所有的地方,肯定知道在哪儿可以找到这样的小房。"于是他跑起来,跑到花园的一角,风正在灌木间吹拂着呢。

　　"风啊,风,我亲爱的风朋友,请告诉我,在哪儿能找到一间金色球儿里面藏,日夜照耀放光芒的小房呢?"

　　可是风正忙着吹啊吹,它说:"请你去问树吧。"

　　于是,小男孩跑到花园中间一棵无花果树下。

"树啊，树，我亲爱的树朋友，请告诉我，在哪儿能找到一间金色球儿里面藏，日夜照耀放光芒的小房呢？"

可是树正忙着长啊长，它说："请你去问蚂蚁吧。"

于是，小男孩跑到一块岩石边，那中间藏着个蚂蚁洞。

"蚂蚁，蚂蚁，我亲爱的蚂蚁朋友，请告诉我，在哪儿能找到一间金色球儿里面藏，日夜照耀放光芒的小房呢？"

可是蚂蚁正忙着走啊走，它说："请你去问蜜蜂吧。"

于是，小男孩跑到房子后面，墙上开得满满的都是花。

"蜜蜂，蜜蜂，我亲爱的蜜蜂朋友，请告诉我，在哪儿能找到一间金色球儿里面藏，日夜照耀放光芒的小房呢？"

可是蜜蜂正忙着嗡嗡地飞呢。

小男孩想，也许他永远都找不到那样一间金色球儿里面藏，日夜照耀放光芒的小房了。就在这时候，妈妈喊他回家吃早饭了。

他跑进屋，洗好了手，在餐桌边坐下。"我得问问妈妈。"他想。于是他给妈妈讲了太阳爸爸跟他说的话。"我到处找啊找，还问了风和树，蚂蚁和蜜蜂，可还是没有找到。您知道在哪儿能找到一间金色球儿里面藏，日夜照耀放光芒的小房吗？"

妈妈慈爱地微笑着："哦，它不就在你面前吗？"

小男孩低头一看，就在他面前，在一个木头做成的鸡蛋杯里，有一个滑滑的、圆圆的、闪亮的蛋房子。妈妈把鸡蛋切开，里面是洁白柔软的床，一个金灿灿的球儿中间躺，日夜照耀放光芒。

小男孩真高兴啊，复活节的秘密已经找到了！他忙了整整一个早上，肚子已经饿得不行了，他吃光了所有的早餐，还外加了一个热乎乎的辫子包，然后才跑到花园里去玩耍。小男孩一边玩一边自己唱着歌：

  白色的云被子轻轻裹，
  地上藏的秘密真是多。
  摸摸软软的稻草窝，
  找到复活节秘密的就是我！

第十章
不诚实和小偷小摸

鸽子和鬣狗

科萨族的传统故事,经玛利亚·美斯本兹发掘并由作者改写。这个故事与格林童话中的《狼和七只小羊》一样,讲述了"谎言和欺骗"这一主题,适合6岁以上的孩子。

很久很久以前,森林的中间住着一只鸽子妈妈。她把巢建在一棵枝繁叶茂的大树顶上,三只鸽子宝宝就住在这个巢里。

鸽子妈妈每天都离开巢去找食物。飞走之前,鸽子妈妈会提醒她的孩子,除了妈妈之外,谁来了也不要开门,更不要把绳子抛下去。孩子们听到妈妈的歌就知道是妈妈回来了。

每一天,鸽子宝宝都关好门在巢里等着妈妈回来。妈妈回来的时候,会站在树底下唱歌。孩子们把门打开,把绳子抛下去,妈妈就带着孩子们的食物爬到树上来。

有一天,鸽子妈妈在树底下唱歌,请宝宝开门。可是呀,一只饥饿的鬣狗偷听了她的歌。他看到鸽子宝宝把门打开，抛下绳子，鸽子妈妈沿着绳子爬上去了。

鬣狗想，那些鸽子宝宝可真是美味的晚餐！于是他起了一个狡猾的念头。第二天早上，他一直等啊等，等鸽子妈妈离开了巢，就站在树底下学着唱起歌来。他使劲捏着嗓子想让声音轻柔起来，可他的声音太粗了，鸽子宝宝知道那不是妈妈的声音，所以没有开门，也没有把绳子放下来。

鬣狗决定找一个苹果来让自己的声音柔软一些。他飞快地跑到附近一个农场里，从果园里摘了一个绿苹果。苹果还是生的呢，吃起来涩涩的，可他还是咬呀咬呀，硬是把苹果咽了下去。然后又回到树下唱起歌来。

他使劲捏着嗓子想让声音轻柔起来，可他的声音还是很粗，鸽子宝宝知道那不是妈妈的声音，他们没有开门，也没有把绳子放下来。

鬣狗气坏了！他跑到农场去吓唬农场主，要农场主把屋旁苹果树上最红最大的苹果给他。鬣狗"咔嚓咔嚓"地把苹果吃了，苹果甜甜的汁液让他的声音变得柔和甜美起来。他跑回森林，又站到那棵树下唱起歌来。这一次，小鸽子宝宝以为真的是妈妈回来了。他们打开门，把绳子放了下来。

鬣狗飞快地沿着绳子向上爬。他爬呀爬，眼看就要够到鸽子的巢了。就在这时候，鸽子妈妈回来了，看到了鬣狗干的好事，向着鸽子宝宝唱起歌来："美丽的孩子们，小心留神，赶紧关门哪！"

听到妈妈的声音，孩子们把绳扔掉，赶紧回到巢里，把身后的门关上了。

鬣狗翻着跟斗往下掉，最后"砰"的一声落到地上，把背给摔坏了。

从此，摔坏了背的鬣狗跑起来总是歪歪斜斜的。鸽子妈妈呢，她再也不把鸽子宝宝们单独留在家里了。等到鸽子宝宝们长到足够大的时候，她教会他们自己飞，自己找食物。

不诚实的野狗

这个故事写给7～9岁的孩子，但不必过分拘泥于这一年龄划分。故事有很强的主题和隐喻。要解决偷窃这一严重行为，这些隐喻是必需的。随着主人公从不诚实变为诚实，故事展现出听取自己良心声音的正向作用。这个故事也可以用于5～6岁的孩子，但肯定不适合4岁以下的孩子。小孩子觉得这种行为是"借"或者"带回家给妈妈看"，但不是偷。[1]

从前，有一只野狗叫"小弟"，他住在荒野里一片红土弥漫的平原上。小弟有许多小野狗哥哥，一群野狗兄弟里，他是最小的一只。可是，哥哥们都穿着黄色的外套，他的外套却是闪亮的白！

小弟是最小的，而且长得跟大家不一样，所以无论他想要什么都得打一架才能得到。虽然他只是一只小小的野狗，可他得跟其他小狗使劲争抢才能从妈妈那里喝到一点奶。等长大一些，他又得经过一番争夺才能吃到爸爸拖回来的

---

[1] 年幼孩子的"偷窃"行为通常并不是"偷"，而是模仿成人去"拥有"一些东西。大孩子的这种行为往往是一种征兆，说明他们因缺乏关注而感到困扰，不能给他们贴上做"坏"事的标签。正如我们所看到的，要让故事具有治疗作用，必须深入了解孩子的家庭情况。

猎物。为了抢到吃剩的骨头,他也得经过一番扭打,才能把骨头埋起来,留到第二天吃。

很多时候,小弟,这最小又最白的野狗,总是打不过它的哥哥,总是吃不饱。不停的打架让这只小野狗学起不诚实的方式来。他发现,把自己要吃的食物偷回来比直接去打架容易多了。

事情是这样的。

有一天,小弟在平原的红土地里打着滚的时候,哥哥叼了一块大骨头走过。奇怪的是,哥哥竟然没有发现他。原来,小弟浑身都是土,变得跟周围的泥土一个颜色了。

小弟不再打滚了,他跟着哥哥走。哥哥叼着骨头在前面走,一点都没有发现他跟着,哥哥走入了灌木丛,挖了一个深深的洞,把骨头埋了起来。

等哥哥回到平地上以后,小弟把骨头挖走,自己吃掉了。

第二天,小弟又在红土里打滚,等着其他哥哥叼着骨头去埋。然后,他又跟着哥哥——这一次走到了灌木丛边上的一座小石头山上。哥哥在石堆里挖了一个洞,把骨头埋了起来。等哥哥回到平地的时候,小弟又把骨头挖出来自己吃了。

就这样,小弟找到的骨头越来越多,多得一整天也吃不完。于是,他就去给自己找地方埋骨头。他找呀找呀,找了很久,最后,在一片干涸的河床边上找到了一个洞,这洞很大,可以让他藏很多骨头。

接下来的几个月,小弟藏了很多骨头到洞里。靠着红土的遮掩,他不光偷哥哥们的骨头,还偷爸爸妈妈的骨头。全家都被它偷过了!

这一段时间,天上一点云都没有,已经很久没有下雨了。平原上越来越干,尘土漫天。小弟毫不费力就可以用红土把自己伪装起来,继续着它那不诚实的行为。

他藏骨头的洞里很快就装满了偷来的骨头,一直堆到了洞顶。小弟可高兴了,以后不用担心挨饿了!不过,家里其他野狗却变得虚弱了。他们藏起来的骨头都被掠夺了,而且已经连续几个月没有雨了,他们很难跟踪其他动物,也就没有办法把新鲜的食物带回家分享了。

终于有一天,天气变化了。天气让大地发生了变化,也让小弟不诚实的行为发生了变化。雨水开始落到平原上。开始的时候只是这边几滴那边几滴。一阵阵的闪电和沉闷的雷声后,整个天空仿佛破了一个大洞。雨水倾盆而下,平原很快就变成了银色的海,水在干涸的河床里高涨起来,沿着河床一直流下去。

雨点才刚洒下,小弟就立刻跑到高地上。可是石头小山包上没有挡雨的地方,雨水把他身上所有的红色尘土都冲掉了!于是,他又变得雪白雪白的。没有了伪装,他就不能再去偷哥哥们的食物了,只好放弃了这种不老实的方式。

雨一直在下,河水越涨越高,一直漫过了岸边,小弟藏骨头的洞里灌了很多水。第二个星期,河水少一些了,没有那么高了,可是留在洞里的骨头,却被水冲洗得干干净净。雨过天晴,那些骨头在黑乎乎的洞里闪着光。

小弟回到洞里，看到了那些白而干净的骨头。眼前的骨头白闪闪，干干净净的。他又看看自己的外衣，也是白闪闪，干干净净的。他心里清楚，是时候把这些骨头还给爸爸妈妈和哥哥们了。那天晚上，他把骨头一根根叼到平地上，东一根西一根地放在地上。

第二天早上，爸爸妈妈和哥哥们发现了这些散落的骨头，他们把骨头叼成一堆，大家一起分享。谁都不知道之前是谁把骨头拿走了，拿到哪儿去了，可是这些看来好像都不重要。重要的是，爸爸妈妈和哥哥们如获至宝地捡起这些骨头的时候，小弟一直在旁边看着，他发现，相互分享真的很快乐。他忽然觉得，爸爸妈妈和哥哥们的快乐比世界上一切东西都要好。之前，是那些红色尘土的遮掩使得他没能发现这一点吗？

小弟还发现，现在他已经长得足够强壮，可以自己去打猎了。他已经不再是小弟，而是一只英俊的大野狗了！时间过得很快，没有多久，他也可以把猎物拖回家让他自己的孩子分享了。他小心地照看着，让最小的孩子都有足够的食物可以吃。

阿兰西和雕像

阿兰西的故事起源于西非，在从非洲向美洲运送奴隶的过程中传入了加勒比海群岛。这些故事也称为蜘蛛的故事——"阿兰西"是蜘蛛人！今天加纳阿善提地区的人们还在讲述克库·阿兰西的故事。世界各地也流传着主题类似而主角各异的故事：法属西印度群岛、美国南部和东非地区的故事主角是兔子；在尼日利亚，乌龟是专爱搬弄是非的角色。阿兰西／蜘蛛的故事是 6～10 岁孩子的精彩故事来源，这与电影里流行的蜘蛛侠的角色是个非常有趣的对比。在不同的社群里，并不是每个人都做着别人认为他理所当然该做的事情，这就是阿兰西这个人物形成的原因。阿兰西这个蜘蛛人很懒惰，不诚实而且很贪婪。他有很多顽皮的花招，既可笑又可爱。他贪婪和不诚实的行为通常都会受到这种行为所带来的自然后果的惩罚，而幽默则贯穿着整个主题直到故事结束。以下故事就是阿兰西的不诚实行为得到应有惩罚的例子。

从前，克库·阿兰西住在一个非常团结的小村子里。有一天，村长召集了村里所有人，他提议建一个农场，这样发生饥荒的时候大家就不用挨饿了。每个人都赞成这个主意，除了阿兰西，他说自己生病了。无论什么时候，不管谁喊他到农场去干活，他都会装病不去。

每个星期五都是到农场工作的时间。没有阿兰西的参加，农场里的工作进展得挺好的，阿兰西每次都撒谎说自己病得太重了，根本就没法干活。临近收获的时候，村长和其他村民发现有人在偷农场里的东西。他们每次去农场都会发现，有人摘走了一些蔬果。失窃的消息很快在整个村子里传开了。村长召集村民一起想办法把贼给抓住。阿兰西还是说自己生病了，没有参加这个会议。

大家想了好几个办法去抓贼，最简单又最好的办法是用干得很快的胶水做一个大雕像，放在农场中间。无论是谁，只要碰到这个雕像，就会被黏住。

第二天晚上，阿兰西出门继续他那鬼鬼祟祟的夜间活动。村民们捉贼的计划他一点都不知道。他来到农场，看见田地中间有一个什么东西，好像是人的样子。

阿兰西赶紧喊："谁在那？谁在那呀？这么晚了你还在农场里干嘛？"可

是，没有回答。阿兰西以为那雕像是一个人，他靠近去继续问："嘿，伙计，如果你再不答应，我就要用左手给你一巴掌了。"话还没有说完呢，他的左手就一巴掌打到假人身上了。胶水雕像一下子把他的左手给黏住了。阿兰西以为那个人捉住了他，于是他就很生气地喊道："看啊，我的朋友！我只问了你这么一个简单的问题，你就无缘无故捉住我的左手。请放开我的手，不然我就要用右手给你一巴掌了。"话没说完，他的右手就打到雕像身上去了，他的右手当然也被黏住了。

阿兰西气坏了，而且眼看天就要亮了，他的心里急得不行。他太想脱身了，就使劲用脚踢雕像。于是两条腿也都被黏住了。克库·阿兰西现在挂在雕像上面，谁也救不了他。

第二天早上，镇里的老人来到农场碰运气，看是不是真的可以把那神秘的贼给捉住。一看，啊？阿兰西挂在雕像上！很快，村里的人都知道了这件事情，大家都跑到农场来看挂在雕像上的阿兰西。这对阿兰西和他家人来说实在是太丢人了。村里的人把他从雕像上放下来，纷纷取笑他。这丑实在是丢大了，阿兰西赶紧溜之大吉，跑回家在最高的角落躲了起来。所以我们现在看到的阿兰西蜘蛛总是藏在房间最高的角落里。而且，因为羞愧，一看到有人来阿兰西就会赶紧躲开。

阿金巴与魔法牛

从前有一个很穷很穷的人，他叫阿金巴。他没有钱，也没有东西可以吃。有一天，他走入森林，看能不能找到一点吃的。在森林里，他看见一个老人正在砍柴，就停下来帮忙。老人非常感谢阿金巴，送了一头牛给他。老人让阿金巴把牛牵回家，跟牛说"哞哞哞"。

阿金巴回到家就跟牛说"哞哞哞"，牛给了他一个金币。他不停地说着"哞哞哞"，最后成了一个富有的人。

后来有一次阿金巴要出门。他请邻居奔巴帮忙照看牛，叮嘱奔巴千万不能跟牛说"哞哞哞"。可是阿金巴前脚刚走，奔巴就跟牛说"哞哞哞"，牛给了他一个金币。奔巴高兴极了，他决定把牛据为己有。等阿金巴回家，奔巴给了阿金巴另一头牛。阿金巴跟牛说"哞哞哞"的时候，那头牛只会"哞哞"地回应着。

阿金巴回到森林里，告诉老人发生的事情。老人给了阿金巴一只绵羊，请他回到家里就跟绵羊说"咩咩咩"。他这样做的时候，羊给了阿金巴一个银币，阿金巴又变得富有起来。后来，有一次他又要出门，又委托邻居帮他照看绵羊，他跟奔巴说："千万不要跟羊说'咩咩咩'。"奔巴马上就发现这羊会送他银币。阿金巴回来的时候，他又把有魔法的羊换成了普通的羊。阿金巴说"咩咩咩"的时候，这只普通的羊只会"咩咩"地回应着。

于是阿金巴又回到森林，这次老人给了阿金巴一只鸡，老人让他跟鸡说"咯咯咯"。阿金巴回到家里就跟鸡说"咯咯咯"。鸡生了一个蛋。阿金巴说："好歹也是蛋。"刚好他也饿了，就把蛋吃了。之后他卖了很多蛋，最后又变成了富有的人。没过多久，他又要出门了。他请邻居奔巴帮他照看着鸡，让奔巴不要跟鸡说"咯咯咯"。就跟之前一样，奔巴又把鸡给换了，阿金巴说"咯咯咯"的时候，这换过来的鸡根本就不会生蛋。

这一次，阿金巴把鸡带到了森林。老人给了他一根棍子带回家，让他说"棍子，给我跳舞吧！"然后说"门巴"就可以让棍子停下来。阿金巴一回到家就跟棍子说："棍子，给我跳舞吧。"棍子跳起来就打阿金巴，直到阿金巴想起来说"门巴"。阿金巴开始怀疑起他的邻居奔巴来了。于是他假装自己又要出门，请奔巴帮忙保管棍子，还叮嘱他不要对棍子说"棍子，给我跳舞吧"。当然咯，阿金巴才刚走到路的拐角呢，奔巴就忙不迭地对着棍子说："棍子，给我跳舞吧。"棍子跳起来就打，阿金巴在路上都能听到奔巴的号叫声。阿金巴回来，奔巴答应只要阿金巴让这打人的棍子停下来，他就把牛、绵羊和鸡都还给阿金巴。阿金巴说："门巴！"棍子就停了下来。他把他的动物都带回家，从此告别了饥饿和贫穷。

樱桃红

这个故事是我写给一个5岁女孩的，这个女孩去我一个朋友家做客时有一些偷偷摸摸的行为。朋友的花园里有一个小矮人的雕像。小女孩知道雕像很古老，不应该去动它，可等没有人看见的时候，她会悄悄溜到花园里，试着把小矮人身上的红色油漆剥下来。故事并不直接针对这种负面的行为，而是尝试引入正向的声音，告诉小女孩小矮人是多么喜欢红色。故事的效果立竿见影——小女孩不再剥油漆了。

从前有一个小矮人，跟哥哥姐姐一起住在一棵很大的无花果树的树根底下。这棵树生长在一片古老的雨林的中间，雨林附近是一道长长的海滩。

这个小矮人喜欢到处漫游，收集美丽的东西带给家里人看。他最喜欢红色了，妈妈给他织了一顶红彤彤的帽子，很快森林里的伙伴都管他叫樱桃红。

只要有一点点时间，樱桃红就会在森林里走来走去，到处收集带红边的树叶，红色的野莓，总之森林里所有红色的东西他都收集。

时间一天天过去，他在森林里越走越远，最后发现自己来到了森林的边上。他在那里发现了一个小小的花园，后面还有一间红色砖墙的房子。

樱桃红走进花园。他几乎不敢相信自己的眼睛——他从来没有见过哪个地方有这么多美丽的花和果！他相信这里红色的东西比整个森林都要多！这儿有红色的天竺葵，红玫瑰和红色的天花菜。一棵巨大的西红柿就长在篱笆边上，上面结满樱桃红色的西红柿。菜圃里，那闪闪发亮的红色草莓正从绿绿的叶子中间探出头来。

樱桃红可开心了！他摘了两个小小的西红柿和一个草莓——他只摘了一点，好给花园的主人留下足够多的草莓和西红柿。然后他一路沿着小路跑回森林，让家里人看这些可爱的东西。

回家的路上，他那么开心，忍不住编了一首歌，边走边唱：

樱桃红，真真妙，
穿黄衣戴红帽，
花园寻宝呵呵笑！

你知道吗，从那天起，樱桃红每天都会到那个特别的花园。他整天坐在那里，照看那些红色的宝贝——西红柿、草莓和所有的花儿——然后每天晚上带一些小小的红色礼物回到森林，带给家里的人。

第十章 不诚实和小偷小摸 —

第十一章

不尊重和不爱惜

德贝的靴子

这个简单的故事是写给开普敦一个幼儿园的,用来帮助孩子们学会把鞋子放到一起。更多详细信息和使用后的效果请见第三章。这个故事具有普遍意义,适用于3岁或更大的孩子。

德贝是一个小男孩,就像你一样每天都上幼儿园。每天早上醒来,他都会穿好衣服,穿上心爱的小红靴去幼儿园。

德贝最喜欢他的小红靴了。就算是坐在桌子边上吃早饭,他也会隔一阵子就悄悄地看一眼桌子底下——没错,他的红靴子正等着呢——就在他的脚上,在桌子底下的地板上,肩并肩高高兴兴的,两只靴子朋友待在一起真开心!

德贝很仔细地听的时候,他会听见红靴子轻轻地唱着歌:

踢踢踏,踢踢踏,咱俩一起心欢喜,朋友相伴不分离!

上学的路上,德贝走,他的靴子也走。德贝跳,他的靴子也跳。德贝蹦,他的靴子也蹦。德贝时时微笑着低头看一看自己的靴子——两只靴子朋友一起心欢喜。

德贝坐在幼儿园院子的秋千上的时候，也会低头看一看自己的靴子，让它们轻轻地互相踢一下——它们在德贝的脚上好开心啊，两只靴子朋友一起心欢喜！

听——你可以听到它们的歌吗：

踢踢踏，踢踢踏，咱俩一起心欢喜，朋友相伴不分离！

每天一到午睡的时间，老师会请所有的孩子来到走廊上。这时候，德贝就要把他的红靴子脱下来，放在门外了——当然了，午睡的时候鞋子不进屋！德贝小心地把两只红靴子都靠墙放好——朋友相伴不分离。这样，午睡的时候它们就一起等着，等时间一到，德贝就把它们穿回脚上，走长长的路回家了。

德贝躺在午休室的床上，听着老师轻轻地哼着睡觉的歌。等老师哼完歌，他快要睡着的时候，会听到他的一对红靴子在露台上很轻很轻地唱着：

踢踢踏，踢踢踏，咱俩一起心欢喜，朋友相伴不分离！

折叠小刀和城堡

这个故事写给一个不爱惜工具的8岁男孩。我也在学校和夏令营里用这个故事来鼓励大孩子用自己的双手，利用木头、黏土还有皂石等材料进行创造。

讲故事时我会用一个特别的道具——一段雕刻好、可以像拼板一样使用的木头。当故事讲到男孩的家人醒来，发现他做的城堡的时候，就把它展开，一个简单的城堡就展现在眼前了。也可以临时刻一个或用黏土捏一个城堡。

从前有一个小男孩，生日的时候得到了一把折叠小刀——一把闪闪发光、锋利无比的折叠小刀！一把渴望着一展身手的小刀！

小男孩把小刀放在口袋里。于是小刀就待在那儿，一心等着能被用上。

我是帅气的小刀哥哥，能切能割又爱刻，
打开我，用我呀！
用完把我轻轻折，派上用场真快乐！

有时候，小男孩觉得他清清楚楚地听到了小刀的歌。可是一个男孩能用折叠小刀来干什么呢？

我是帅气的小刀哥哥，能切能割又爱刻，
打开我，用我呀！
用完把我轻轻折，派上用场真快乐！

小男孩一个人在厨房里，听！小刀又唱起歌来了。他把小刀掏出来，在桌子腿上使劲地削。派上用场了，小刀真快乐——可是妈妈走进厨房的时候，一点都不快乐！妈妈把刀子收走了，整整一个月外加一整天。

后来，小刀又回到了小男孩的口袋，一心等着能被用上。

我是帅气的小刀哥哥，能切能割又爱刻，
打开我，用我呀！
用完把我轻轻折，派上用场真快乐！

小男孩一个人在客厅里，听！小刀又唱起歌来了。他把小刀掏出来，在奶奶椅子的靠背上使劲地割。派上用场了，小刀真快乐——可是奶奶走进客厅的时候，一点都不快乐！她把小刀收走了，整整一个月外加一整天。

后来，小刀又回到了小男孩的口袋，一心等着能被用上。

我是帅气的小刀哥哥，能切能割又爱刻，
打开我，用我呀！
用完把我轻轻折，派上用场真快乐！

小男孩一个人坐在工作棚里，听！小刀又唱起歌来了。他把小刀掏出来，在工作凳上刻呀刻不停。派上用场了，小刀真快乐——可是爷爷走进棚子的时候，一点都不快乐！他把小刀收走了，整整一个月外加一整天。

后来，小刀又回到了小男孩的口袋，一心等着能被用上。

那天晚上，小男孩睡着了，银色的月光透过窗户照到他的床上。他睡得好沉，做了一个梦。在梦里，有一座山，山上有一座城堡，城堡有许多窗户，窗户后面有许多房间，房间里有……

就在这时候，小男孩醒了，他在床上坐起来，有了一个绝妙的主意。"我知道怎样用我的折叠小刀了。"他说着,从床上爬起来,穿好衣服,把折叠小刀放进口袋,走进了花园。在月光下,他看到堆肥附近有一根小圆木头。

(给听众展示木头)

他把木头带到阳台上,打开他的折叠小刀,在银色的月光下忙了起来。他一边干,折叠小刀一边轻轻地唱:

我是帅气的小刀哥哥,能切能割又爱刻,
打开我,用我呀!
用完把我轻轻折,派上用场真快乐!

他忙呀忙,爸爸妈妈还都在睡觉呢。
(请听众闭上眼睛一分钟)

等他们睡醒,在厨房的桌子上,有一个美丽的惊喜等着他们。
(给观众看刻好的木头城堡)

小男孩在沙发上睡着了。而他的口袋里,有一把非常快乐,也非常累的折叠小刀!

从那天起,只要小男孩看看木头城堡的窗户,就会想到一个新的好点子来用折叠小刀。他的折叠小刀总是快快乐乐的,家里人也总是快快乐乐的。这个男孩后来成了一个很有名气的木雕艺术家,他能用一块普普通通的木头雕出美丽的城堡来。

毛线球的诗

有时候一首诗也可以像故事一样深深碰触到想象的世界。一位参加"创造性规则"工作坊的妈妈用这首诗来帮助她 4 岁的女儿,这个小姑娘喜欢用剪刀把东西剪成一截一截的。当然了,对一个 4 岁的孩子而言,她自然是很想学会用剪刀剪东西的,但问题是妈妈没有办法让"剪"的行为变得可控。她订了 100 澳元的毛线,打算在手工工作坊中用,就在毛线送到的同时,她写了这首"毛线球"的诗,放进装毛线的袋子里。她把诗拿出来,一副惊讶的样子,然后把诗念给女儿听。小女孩显然迷上了这首诗。她马上把一个娃娃从摇篮里抱出来,拿了一些毛线球放进摇篮。接下来的日子里,她就像呵护小宝宝一样爱惜着这些毛线球。用剪刀把毛线球剪成一截一截的事情从此就不再发生了。

毛线球

作者:简·朵拉亨蒂 翻译:范晓星[1]

我知道你是心灵手巧的小孩儿,你一定会喜欢我,
让我来教你怎么玩儿,快乐的时光我俩一起度过。
我们来编织,来做小娃娃,哦,好多有趣的事情,
可要是把我剪成小线头儿,我就会哭红眼睛。
剪刀是我最怕的东西,请你一定把我好好照顾,
我特别特别快乐,只要有你在我身边忙忙碌碌。
还有,千万别让我滚到地上,我会变得乱七八糟,
有人踢我踩我,你还解不开我,到时候一定很烦恼。

---

[1] 感谢我几位亲爱的网友——范晓星、"大脸猫纯翔"、程雯和安振玲,她们以不同的方式翻译了这首美丽的小诗。——译者注

你用多少，就剪多少，用完之后记得把我缠好，
让我紧紧地、好好在小床上甜甜睡一觉。

提示：请为你的新家人——毛线球——找一张特别的床。

爱花的小女孩

这故事写给一个4岁的女孩，她刚从奈洛比的贫民窟搬到乡间的寄宿学校，以前从来没有见过花园。她欢天喜地在学校里不停摘花。女舍监和园丁对此头痛不已！这个故事试图把女孩的行为引导到另一个方向上来，并且取得了成功。女舍监还用一些彩色毛线做出了跳舞用的彩虹棒，增强了故事的效果。

从前有一个爱花的小女孩叫乐乐，她跟妈妈还有许多哥哥姐姐、弟弟妹妹住在一起。小乐乐那么喜欢花，她爱花美丽的样子，喜欢那又香又甜的味道……而她最喜欢的就是花儿缤纷的色彩：红，粉，紫，黄，橙，蓝……缤纷美丽的颜色，让她着迷又快乐。

乐乐一有空就在花园里走啊走，到处找花看花。她把花儿都摘下来，扔在草地上，然后坐在一地的花儿上，把花瓣撕下来，让花瓣像下雨一样洒下来。

有一天，乐乐坐在草地上，玩着黄色旱金莲的花瓣。忽然，微风里似乎有一阵低语。声音好像是从旁边绿绿的菊花丛里传来的。乐乐靠近一看，菊花丛里有一个小小的花苞，一张一合的，好像在和她说话！

"请不要总是摘我的兄弟姐妹吧。我们一离开绿色的花枝就会凋谢，接着

就死了。如果让我们自己长，我们就可以继续在花园里跳舞。花朵最喜欢跳舞了。"

乐乐一下子呆住了。她也喜欢跳舞，她心里非常明白这小小的花骨朵说的话。

哎，有办法了！乐乐找妈妈要了一些漂亮的彩色毛线，就跟花朵的颜色一样漂亮！她把这些五彩缤纷的毛线条绑到一根长棍子上，跑到了外面。高高举着自己做的彩虹棒，乐乐在花园的草地上跳起舞来。

微风很快就吹来了，毛线随风轻轻摆，和小乐乐一起玩起来。风还轻轻地吹着花儿，让花儿前前后后地摇啊摆啊，所有的花儿都跟乐乐一起在花园里跳起舞来。

那小小的菊花花苞高兴地看着，笑得那么开心。她所有的白色花瓣都跳了出来，舒展着。于是她也跟乐乐一起跳起舞来。

老奶奶和驴子

一个鼓励孩子不乱扔垃圾的故事。

这是1997年为非洲小朋友写的一个偶戏故事。故事有立竿见影的效果——每次偶戏结束，演员们收拾道具的时候，孩子们都会跑上前来，手上捧满捡来的垃圾。我相信这个故事具有普遍性，适用于不同的年龄段。故事里的歌是其中一个偶戏演员——玛利亚·美斯本兹写的。

从前，在南非大地上，住着一个老奶奶。她的孩子都搬到镇上去住了，只剩她一个人住在乡下农场里。可是，老奶奶从来不觉得孤独，因为她最喜欢的孩子就是"自然"，要照顾自然的话，总是有很多事情可以做。

老奶奶特别喜欢看见她的自然孩子穿着美丽的花衣裳，所以她整天忙着照顾花园，种美丽的花。老奶奶最好的朋友和帮手是一只小棕驴，小棕驴整天拉着车，车上装满浇花的水。每到星期六，老奶奶就骑到小棕驴强壮的背上，身后拉着满车的花儿，一起出发到镇上的市场去。这一天，老奶奶会把驴子特别装扮一番，给它戴上一顶花朵编的帽子，还在它背上披上一块鲜艳的布。

一天过去，所有的花都卖完了，老奶奶用卖花的钱给自己买食物，给小棕驴买燕麦——他们总是有丰盛的食物。很久以来，他们就这样一起工作着、生活着，开心极了。小棕驴爱老奶奶，老奶奶爱小棕驴。他们一起在花圃里忙的时候，老奶奶经常给小棕驴唱歌：

小驴子，真正妙，真呀真正妙。
嘟哩个嘟哩个真正妙。

可是，时间一年又一年地过去，老奶奶越来越老了，老得不能继续在花圃里工作，也不能独自住在乡下了。有一天，她收拾了自己所有的东西，放到驴车上，给驴子戴上花朵编的帽子，披上鲜艳的布，他们一起到镇上找一所新房子安家。

老奶奶已经很久没到镇上来了，她穿过一条又一条街道，去找新房子。可是，镇上已经完全变样了，乱糟糟的，到处都是垃圾，她难过极了。原来的花园，怎么都变成垃圾场了！

"人们对自然孩子都做了什么啊！"老奶奶叫了起来，"他们怎么能给他穿上这么难看的衣服？"她跌坐在房前那一堆罐头、瓶子和塑料袋子中间，伤心地哭了起来。小棕驴来到她跟前，低下头，在她耳边悄悄地说了一个秘密。渐渐地，老奶奶的眼泪止住了，一丝微笑爬上她那满是皱纹的脸。"当然了，小棕驴，这主意真妙！"她说着又唱了起来：

小驴子，真正妙，真呀真正妙。
嘟哩个嘟哩个真正妙。

她一边唱，一边把行李卸下来，搬到她的新房子里。等她喝完茶，驴子也喝过水，吃完燕麦了。她跟驴子一起到街上去，身后拉着空空的驴车。她边走边把路上的垃圾捡起放进车里。她边干边唱：

大自然孩子换新衣啦！
我捡起垃圾，来把一切收拾整齐。
轻轻播下种子，请自然穿上漂亮花花衣。

没过多久，街上的孩子们都听到了老奶奶快乐的歌声。他们走出家门，一起来帮忙。孩子们做得很起劲，第一天傍晚，他们已经捡光了第一条街上的垃圾，装进驴车，送到了垃圾场。老奶奶把她从乡下花园里带来的花种袋子拿出来，把种子发给每一个孩子，请他们带回家种下。

第二天，来帮忙的孩子更多了，第二条街很快收拾好了。接下来，第三条街也整洁起来。就这样，孩子们跟老奶奶和小棕驴一起忙着，镇上所有的街道很快就不再脏乱了。他们还在每一家门前都种上了花，自然孩子很快就穿上了一件新的城市之衣，一件美丽的花衣。

第十一章 不尊重和不爱惜

老奶奶现在可以享受镇上花朵的美丽了。而驴子呢,每天穿过一条又一条街道,把水送到每一个花园,把新的垃圾送走。

从那时起,镇上的人学会了把垃圾放进垃圾桶,让小棕驴把它们拉走。每一天,孩子们都会从花园里摘来鲜花,编成花环装饰到小棕驴的帽子上。

如果你来到这个小镇,就会听到人们在唱小棕驴的赞歌,赞美那只和老奶奶一起,给镇子穿上了美丽新花衣的小棕驴:

小驴子,真正妙,真呀真正妙。
嘟哩个嘟哩个真正妙。

老奶奶和蚂蚁

我第一次听到这个快乐的故事是在开普敦的一个幼儿园。故事的起源已经无从考证了。收入这本书之前我对它进行了改写。最初它是讲给3岁孩子的偶戏故事。故事含义非常简单,适合所有年龄的孩子:要留意生活的小细节!

从前有一个老奶奶,她总是不给她的糖罐盖盖子。每一天喝茶的时候,她把糖舀到杯子里,然后糖罐就敞着口放着。

老奶奶养了一只乌龟。乌龟经常说:"小心啊,蚂蚁终有一天会来偷您的糖!"

可是老奶奶只是哈哈笑着继续喝她的茶。

时间一天又一天，一个星期又一个星期地过去了。有一天，乌龟的预言应验了。

那些平常很有礼貌地待在花园里的蚂蚁，来到了厨房，爬上橱柜，爬进了糖罐，把砂糖一颗一颗地都搬走了。

第二天泡茶的时候，老奶奶把勺子放进糖罐一舀，咦？罐子里一颗砂糖都没有啦！

乌龟想说："看，我早跟您说过了吧！"可他是一只聪明的乌龟，所以只是跟老奶奶说，他看见蚂蚁把糖搬走了，还知道蚂蚁把糖藏到哪里去了。老奶奶跟着乌龟，找到藏在楼梯下的一个小洞。当然了，老奶奶向里一看，就看到里面那座砂糖山。

老奶奶的勺子勉强够得着洞里的一点糖，舀出来的糖刚好够她泡一杯茶。

那一天，她在抽屉里拿了一些硬币出来，到商店重新买了一包糖。一到家，她就直接走进厨房，把糖倒进了糖罐。

然后呀，你知道老奶奶做什么了吗？她把糖罐的盖子给紧紧拧上了，从此以后，蚂蚁再也不能从她这里拿糖了。蚂蚁待在花园里，糖待在罐子里。

第十二章

贪婪或不愿分享

光之花园——一个关于环境保护的童话故事

《光之花园》是为1992年世界环境日而创作的,之后由拜伦湾的"土生良品公司"改编成长达一小时的音乐剧。有关故事的使用和效果,请参考第三章。故事适合6岁或更大的孩子。

从前,有一个美丽而宽广的花园,从河谷延伸到平原,又从山峰连绵至大海。

美丽的花园里有各种各样的花儿、草儿,还有许许多多的树。花园里住着各种各样的鸟儿、蝴蝶和许许多多的蜜蜂。

在这美丽的花园里,孩子们享受着游戏的时光,他们每天在花园里玩耍,健康又快乐。

花园中间的山上,有一个闪闪发光的巨大金球。金球散发出灿烂的光芒,让花园里充满了春日的光彩。

山脚下的一个房间里,住着自然织娘,她是照顾金球的人。她的房间里有一个圆圆的编织篮和一台织布机。自然织娘总是把球擦得亮亮的,让球一直闪着光。

每一天,她都挎着圆圆的编织篮走进花园,采来新鲜的花草和叶子,用织布机织出一块柔柔的自然之布。

然后,她就爬到山顶上,用这块柔软的自然之布把金球擦得亮亮的——直到金球壮丽的光彩让花园充满了春的气息。

就这样过了很久很久,一切都顺顺当当的。金球离不开花园,花园也离不开金球。孩子们总能找到美丽的地方玩耍。

//

可是有一天,一个新国王接管了这个花园。大家都叫他"满不在乎国王"。满不在乎国王只在乎自己,别的什么都不在乎。他不在乎那些花,也不在乎那些草和树。他不在乎鸟儿、蝴蝶和蜜蜂,更不在乎孩子们有没有美丽的地方玩耍游戏。

满不在乎国王只在乎自己喜欢的东西,而他唯一喜欢的就是收集财宝。所以,满不在乎国王一接管这片土地,就让工人开挖宝石矿,还忙着让人建造城堡来收藏宝石。

慢慢地,花园里的花草树木一点一点地都被砍光了,空落落的花园里只有宝石矿和藏宝石的城堡。

//

　　花园变得越来越小，自然织娘发现，她越来越难找到新鲜的花草和叶子了，要在织布机上织出柔软的自然之布变得越来越不容易，她越来越没办法把金球擦亮了！慢慢地，金球不再散发出壮丽的春日光彩。它失去了光泽，变得灰蒙蒙的，就像雷雨天的乌云那么灰，那么暗。

　　很快，美丽的花园失去了她的美丽。再也没有花儿、草儿和树木，更没有鸟儿、蝴蝶和蜜蜂。孩子们怎么也找不到美丽的地方游戏。

　　现在，高高的山顶上就只有灰蒙蒙的球了。山脚下的房间里，自然织娘坐在空荡荡的编织篮和空落落的织布机旁边。房子周围的土地既没花也没草，一片棕黑，上面满是挖宝石留下来的窟窿，还有一座座藏宝石的城堡。

//

　　许多年过去了。花园被遗忘了，孩子们也习惯了在一点也不美的地方玩耍。美丽的花园已经没有了，消失了，可是满不在乎国王还是一点都不在乎。他在藏宝殿数着他的宝贝，兴高采烈的。可是有一天，他不经意地透过宫殿的窗户，看到了山上那灰蒙蒙的球。

　　"那真难看！"他跟自己说，"我得想办法把这灰蒙蒙的球给挡住——它真让人丧气。"

　　满不在乎国王命令工人围着灰球脚下的山建了一堵石墙。那高高的石墙上没门也没窗。谁也不能走到墙的那一边去看那灰蒙蒙的球。自然织娘也没有办法出来,她整天坐在房子里,陪伴她的,只有那空荡荡的编织篮和空落落的织布机。

//

围墙建好的第二天早晨,满不在乎国王早上起来就觉得很不舒服。照镜子的时候,他发现自己的脸色也是灰蒙蒙的,就像雷雨天的乌云那么灰,那么暗。全国的医生都来了,可是他们从来没有见过这样的病。他们试了各种各样的药,但是一点用处都没有。满不在乎国王的脸色变得一天比一天灰暗,他病得那么重,没熬到春天就死了。

//

就在满不在乎国王死的那天,高高的石墙上出现了一些裂缝。裂缝很小,墙边有一个小孩在玩,也很小。她发现自己正好可以穿过墙上的一条裂缝。她钻过去,抬头一看,看到了山上的大灰球,也看到了山脚下的房子,她走到房子边上,悄悄往屋里张望。屋里坐着自然织娘,旁边是她那空荡荡的编织篮和空落落的织布机。

自然织娘微笑着,脸上满是疲惫:"我希望你没有来晚。"她边说边招呼孩子走进屋里。她给孩子讲了那个曾经广阔无边的花园的故事,讲了那些花草和树木的故事,还有那些鸟儿、蝴蝶和蜜蜂的故事。她说,那时候她的编织篮里总是装满花儿、草儿和叶子。她说,她可以用织布机织出柔柔的自然之布,让金球一直散发出壮丽的光辉,让花园里充满了春天明艳的光彩。

小孩子眼睛睁得大大地听着,最后叫了起来:"我们一定得让花园回来,让那灰蒙蒙的球重新散发出金色的光芒。"

"好,"自然织娘叹着气,"是有一个办法,但是我已经太老了,做不了了。我需要你和这片大地上所有孩子的帮助。你们得准备好很努力地工作。从墙上的缝隙钻回去,能找多少孩子就找多少孩子,把他们带到我这儿来,我会告诉你们怎么做。我希望你没有来晚!我真希望没有太晚!"

//

那小孩从缝隙钻回去了,她找到了很多孩子。这群孩子跟着她回到自然织娘的房间,坐了下来。自然织娘拿出一个小盒子,给孩子们看。"这些是我的宝贝。"她说,"是花园被砍掉之前我收集回来的。"她打开盒盖,孩子们看到里面有好多好多小小的种子。"你们可以努力地把这些种子种下,这样我们就可以让花园回来,我要织一块新的自然之布,用这块自然之布,我能让蒙尘的金球重新闪亮。"

自然织娘教孩子们满怀爱心地在地上挖洞,教他们种下种子、浇水,照顾刚刚发芽的小苗苗。孩子们每一天都钻过墙上的缝隙回来,在灰球下的山脚努力建造花园。

等花园里的花草长高了,自然织娘把编织篮交给孩子们,让他们在篮子里装上新鲜的草儿、花儿和叶子。她终于可以坐在织布机前,再一次织出柔柔的自然之布了。孩子们把柔软的自然之布带到山顶上,一点点地擦起那灰蒙蒙的球来。他们擦了很久——每天都钻过墙上的缝隙,把那蒙尘的大球擦了又擦。

慢慢地，慢慢地，过了很长时间，在孩子们的努力下，那金色的光一点一点地回来了。大球又一次散发出光芒，让山脚下的花园闪耀着春日的光彩。孩子们继续不断地擦拭着金球，直到有一天，金球散发出如此灿烂的光芒，光芒穿透了高高的石墙，高高的石墙就这样……倒塌了！

金球的光芒充满了整片土地，美丽的花园终于又可以伸展到远方，从河谷延伸到平原，又从高山连绵到大海。孩子们又可以像从前一样，在美丽的地方自由自在地嬉戏玩耍了。

贪心小负鼠

我写这个故事有几个目的。这不是给三四岁孩子的故事——这么小的孩子没有贪心的意识！但在现代社会，对5岁以上、不断受到媒体商业信息影响，什么都想要的孩子，这个故事可能会很有帮助。同时这也是一个很长的故事，展现出了大自然丰富的宝藏。

小负鼠本来一点都不贪心。她生来就喜欢可爱的东西，特别是那些闪闪发亮的东西。妈妈教她找吃的，教她怎样找到最好的果实和种子的时候，小负鼠总是忍不住东张西望，看那银色的月光在起舞的树叶上洒下银辉。

妈妈教她在高高的树上找树洞做安乐窝的时候，夜空中闪烁的星星总会让她惊叹不已。

妈妈教她在丛林里怎样避开危险的时候，清晨亮晶晶的露珠上那变幻的色彩吸引着小负鼠,叫她数也数不清。

//

后来,发生了一件事情,改变了小负鼠的一生!

一天清晨,小鸟才刚醒来,像负鼠这样的夜行动物都要回家睡觉了。小负鼠经过草丛的时候,看见了一个巢,巢里装得满满的都是闪闪发亮的东西。小负鼠兴奋极了!她弯下腰来,伸出她的负鼠爪子,轻轻抚摸着这些宝贝——发着蓝色幽光的玻璃珠、闪亮的石球和反光的瓶盖。这些美丽的宝贝从没离她这么近,近得可以真真切切地摸得到,实实在在地捧得着。

忽然,一只深蓝色的鸟落在头顶的树枝上。

"你在干吗?那是我的宝贝。"园丁鸟一边喳喳叫着,一边对小负鼠又是啄又是戳。

"我只是摸一下——它们那么漂亮。"小负鼠边说边跑进了灌木丛,避开了怒气冲冲的宝贝主人。

她躲在一根茂密的树枝下,好让园丁鸟啄不到她。整个上午,小负鼠一家睡得又香又甜,可是,小负鼠一直张望着园丁鸟巢里那些特别的宝贝,希望自己也能拥有一些。

你看,小负鼠今天知道了一些新的事情——她发现美丽的东西是可以真正拥有的。"这比森林里那些只能看的宝贝好多了。"小负鼠满怀渴望地想着。

//

从那天开始，小负鼠一心只想着怎样可以找到一些属于自己的宝贝。她到处去找闪闪发亮的东西——就是她在园丁鸟巢里看到的那种宝贝。她在森林的谷地里找，在山坡上找，她走得很远很远，最后来到一片开阔的田野——那是妈妈让她永远不要去的地方。

妈妈早就警告过她："那是人类生活的地方。"当然了，在那开阔的田野上，小负鼠看到了很多用两条腿走路的人类——高的、矮的、胖的、瘦的都有。她还看到许多大大的木头房子，周围有美丽的花园。

小负鼠看到园丁鸟嘴里衔着一串闪闪发亮的珠子从一个花园里飞起来，拍着翅膀飞走了。

小负鼠可兴奋了！既然园丁鸟是在人的花园里收集宝贝的，那么那些亮晶晶、光闪闪的宝贝也许就是从那来的。

她真想马上就去找那些可以属于自己的宝贝。不过，妈妈说过的一句话忽然从她的负鼠脑袋里蹦了出来——"等到夜晚吧，负鼠在晚上出来要比白天安全得多"。

于是她蜷缩在田野边的一棵树上，等啊等，直到天全都黑下来，黑得可以让她去探险。就这样，从这一个晚上开始，小负鼠就变成了贪心小负鼠。

//

只要是敢进的花园，小负鼠都可以在里面找到一些亮晶晶、光闪闪的东西。她在草地上、灌木丛里找到了玻璃片、光闪闪的石球和亮闪闪的硬币，在小路上、花园里找到了泛着幽光的珠子、反光的勺子和亮晶晶的钥匙。当所有人都在梦乡的时候，贪心小负鼠就在房子周围悄悄地爬着，到处找宝贝，能带走多少就带走多少。

也许你会问，贪心小负鼠怎么带走她的宝贝呢？当然是用她的负鼠袋子喽！贪心小负鼠往袋子里塞的东西越多，就越臃肿，于是她变得越来越重，走路也就越来越慢。

贪心小负鼠找遍了所有的花园，她变得好胖、好重啊！她用尽了全身的力气才穿过开阔的田野，回到森林的家。她走呀走，一直到第二天早晨，太阳升起的时候，才安全地回到深深的森林，缩进了一根空心木头里。

贪心小负鼠非常开心。可是她也很累，很快就沉沉地睡着了。她睡了整整一天，可是不够，于是又睡了一个晚上，再加上第二天的白天。

最后，她终于醒了。肚子好饿呀！可是一只口袋里塞满了宝贝的负鼠怎么去找食物呢？

就在这时候，小负鼠听到了亲切的声音，还闻到了熟悉的味道。她向外一看，妈妈正向她走来呢。"小负鼠，我好担心你。你干吗去了？"妈妈叫起来。

"我找到了很多宝贝。"贪心小负鼠一边说，一边把她的负鼠口袋打开让妈妈看。

负鼠妈妈摇着头："亲爱的小负鼠，我们不需要人类的宝贝来让我们快乐。你的负鼠袋子得留着用来装别的宝贝——比那些光闪闪、亮晶晶的东西更特别的宝贝。"

负鼠妈妈知道小负鼠一定非常饿了，她想帮小负鼠把袋子里所有东西都拿出来，然后一起去找食物。

可是贪心小负鼠不想听妈妈的，当然更不想放下她的宝贝。"不！"她叫着，"这些宝贝是我的，全都是我的！"她使劲往空心木头里钻，把身体蜷成一个鼓鼓的球。她这样待了很久，直到妈妈实在等得不能再等，离开她找果实和种子吃去了。

//

过了一会儿，贪心负鼠听到蹦蹦跳跳的脚步声，还有许多负鼠的声音。她抬头一看，负鼠伙伴们都在空心木头外面等她呢。原来森林里的小动物都在谈论着她去了"人类"花园的事情。所有的朋友都跑来，想看看她找到了什么。

贪心负鼠打开她的负鼠袋子，让朋友们看她找到的宝贝。当然了，其他负鼠看到那么多光闪闪、亮晶晶的宝贝，也想要一些。可是贪心负鼠不想跟大家分享！

"不！"贪心负鼠叫着，"这些是我的宝贝，全都是我的！"然后她又往空心木头里头钻，把身体蜷成一个鼓鼓的球。她这样待了很久，直到朋友们实在等得不耐烦，找果实和种子吃去了。

//

贪心小负鼠睡呀睡——不然还能干什么呢？她那么重，怎么走得动去找食物呀？她想把宝贝从负鼠袋子里取出来，可又怕万一有谁来把这些宝贝拿走了。

贪心小负鼠越来越饿，也越来越孤独了。妈妈没有回来，朋友们也没有回来。她坐在她的空心木头里，看着外面的世界。她发现，虽然自己拥有了这些新的宝贝，却一点也不快乐。

这一天清晨，小负鼠看见一滴晶莹的露珠在湿润的草叶上泛着微光。她想起以前自己是多么喜欢森林里那些自然的宝贝啊。

"我可真是一只傻负鼠！"她冲自己喊了起来，"是时候把我负鼠袋子里的东西倒出来了，是时候让我自己从这些沉甸甸的东西里解脱出来了。"小负鼠从空心木头里爬出来，慢慢穿过丛林，来到园丁鸟的那片草地。

园丁鸟看到这个客人，惊讶极了！他高兴地看着负鼠小心地把袋子里所有的宝贝都拿出来，放在地上。泛着微光的玻璃片，闪亮的石球，还有亮晶晶的硬币。接着还有发光的珠子，反光的调羹和亮晶晶的钥匙。所有的宝贝都拿出来了，直到小负鼠的袋子变得空空如也，草地上堆满了光闪闪、亮晶晶的东西。

园丁鸟花了一整天，把最好的宝贝挑出来——当然了，他最喜欢的都是蓝色的——放进他的巢里。那天晚上，袋熊发现了剩下的宝贝，他把这些宝贝拿到地下，让他黑乎乎的泥土的家亮堂起来。

而这时候，负鼠（她已经不贪心，也不小了）蹦蹦跳跳地找食物去了，她还是像以前那么开心，那么轻盈，那么自在。

//

负鼠吃了很多果实和种子，然后又忙了起来，她要给自己找一个新家，一个在高高的空心树上的安全的家。然后她去找妈妈，让妈妈看到，她已经不是那个袋子里装满人类的宝贝、被那些宝贝压得沉甸甸的负鼠了。她还想告诉妈妈，现在她已经长大了，可以自己住在森林里了。

就在那之后不久，就像妈妈之前说过的那样，负鼠发现她的袋子里有了一个比那些光闪闪、亮晶晶的东西更特别的宝贝——

是一只刚刚出生的负鼠宝宝！

负鼠宝宝慢慢地长大，开始爬出负鼠袋子，到森林里探险，新负鼠妈妈带着她的宝宝一起享受森林的美丽。他们一起看月光下泛着微光舞动的叶子，看夜空中闪亮的星星，在晨露里找变幻的色彩。

新负鼠妈妈还教她的宝宝怎样找到最好的果实和叶子来吃，怎样觉察到森林里的危险，怎样在高高的空心树上筑安全的巢。最重要的是，新负鼠妈妈教育她的负鼠宝宝不要离开森林，要避开人类的花园，特别是那些光闪闪、亮晶晶的人类宝物。

魔法鱼

这个故事适合6岁或更大的孩子,是我根据一个深受欢迎的格林童话——"渔夫和他的妻子"——改写的。当孩子似乎总不满足的时候,老师和家长可以给他们讲这个有因有果的故事。关于这个故事,我至今还清楚地记得,那时候我的儿子6岁,听完这个故事后他靠在椅子上满意地叹了一口气说:"是的,那很公平——没有谁可以要那么多!"我在故事里加入了一首歌。在东非工作的时候,这首歌是一位肯尼亚妇女的最爱,因此我附上了这首歌的斯瓦希里语歌词。

从前有一个渔夫,他住在环礁湖边的一间小木屋里。他和妻子很穷,没有钱买吃的,不过他们也不愁饿肚子,沙滩上的椰子,海里的鱼都是他们的好食物。每一天,渔夫都会坐上木船,迎风歌唱:

风儿呀,吹动我的船帆,带我到海上。
风儿呀,吹动我的船帆……

(Upepo, una endesha mashua yangu, nibebe univukishe maji,

Upepo, una endesha mashua yangu…)

于是风吹动船帆,船儿穿过坏礁湖,直到广阔的大海。划船的时候,渔夫总是祈求着起码可以打到一条鱼做晚饭。

有一天,渔夫的船正在海里破浪而行,忽然一条很大的鱼咬钩了。渔夫使劲地拉呀,拉呀……一条美丽的闪着光的大鱼跃出水面,"啪"的一下落在船板上,溅起许多水花——渔夫这辈子从来没钓过这么大的鱼!"这可以吃很多顿了。"渔夫说着弯下腰去,要把鱼捡起来放进袋子里。

忽然，他停了下来，静静地听着——好像有谁在跟他说话呢！可是船上只有他一个人，而船的周围就是茫茫的大海了。说话的声音又响起了，他惊讶地低头一看，是那条鱼在说话呢。

渔夫渔夫听我说，
我有一个大海的秘密藏心窝。
放我回到蓝蓝大海里，
实现你一个愿望就是我的承诺。

渔夫小心地把鱼捧起，放回大海，然后扬帆回家。他的妻子正在沙滩上等他。他兴奋地把刚才的事情告诉妻子，妻子立刻就说："那我们等什么呢！我们许愿，要一个好点的地方住吧，要一座大点的房子。"

话音刚落，他们那只有一个房间的小木屋就变成了一座富丽堂皇的大房子，有好几个房间，还有厨房和装满了食物的橱柜。

连续很多天，渔夫都不用出海打渔了，他们吃呀吃，过了好几天才把橱柜里的食物吃完。是时候再次扬帆出发，越过环礁湖，到广阔的大海去了。一路上，渔夫迎风歌唱：

风儿呀，吹动我的船帆，带我到海上。
风儿呀，吹动我的船帆……
（Upepo, una endeha mashua yangu, nibebe univukishe maji,
　Upepo, una endesha mahua yangu…）

船在海里迎风破浪而行，忽然一条很大的鱼咬钩了。渔夫使劲地拉呀，拉呀……一条美丽的闪着光的大鱼跃出水面，"啪"的一声落在船板上，溅起许多水花——还是上次那条魔法鱼。

渔夫渔夫听我说，
我有一个大海的秘密藏心窝。
放我回到蓝蓝大海里，
实现你一个愿望就是我的承诺。

渔夫小心地把鱼捧起，放回大海，然后扬帆回家。他的妻子正在沙滩上等他。他兴奋地把刚才的事情告诉妻子，她立刻就说："那我们等什么呢！我在这房子里已经住腻了，我们要一个更好的地方住吧，我们许愿要一座大大的宫殿。"

话音刚落，他们的房子就变成了一座大大的宫殿，有好多好多房间，有的在楼上，有的在楼下，还有闪着亮光的宝塔。宫殿带着花园，花园里长着很多很多花儿，还有喷泉呢。这个宫殿的厨房比之前的厨房更大了，一个个橱柜都装满了食物。

一连很多个星期，渔夫都不用出海打渔了。直到最后，橱柜里的食物吃完了，是时候再次扬帆出发，越过环礁湖，到广阔的大海上去了。一路上，渔夫迎风而唱：

风儿呀，吹动我的船帆，带我到海上。
风儿呀，吹动我的船帆……
　(Upepo, una endeha mashua yangu, nibebe univukishe maji,
　　Upepo, una endesha mahua yangu…)

船在海里迎风破浪而行，忽然一条很大的鱼咬钩了。渔夫使劲地拉呀，拉呀……一条美丽的闪着光的大鱼跃出水面，"啪"的一声落在船板上，溅起许多水花——又是上次那条魔法鱼。

渔夫渔夫听我说，
我有一个大海的秘密藏心窝。
放我回到蓝蓝大海里，
实现你一个愿望就是我的承诺。

渔夫小心地把鱼捧起，放回大海里，然后扬帆回家。他的妻子正在沙滩上等他。他兴奋地把刚才的事情告诉妻子，她立刻就说："那我们等什么呢，光有这座宫殿我觉得没意思，我们要拥有这个世界上所有的东西，连星星和月亮都应该属于我们。"

这一次，渔夫知道他的妻子太贪心了，她想要的太多，比她该得到的多了好多好多。可是已经太晚了，话已经说出口，愿望收不回来了。他们万万没有想到的是，非同寻常的事情，就在他们的眼前发生了。宫殿消失不见了，沙滩上只剩下他们以前住的那间小木屋。

从此以后，他们就只能吃沙滩上的椰子和海里的鱼了。每一天，渔夫都会坐上木船，扬帆越过蓝色的环礁湖，到宽广的大海上去。一路上，渔夫迎风而唱：

风儿呀，吹动我的船帆，带我到海上。
风儿呀，吹动我的船帆……
（Upepo, una endeha mashua yangu, nibebe univukishe maji,

Upepo, una endesha mahua yangu…）

渔夫这辈子都没有再见到魔法鱼。不过他和妻子从来没有缺过食物。大海总是给他们很多鱼，而沙滩又总是给他们很多椰子。

贪心阿兰西的故事

阿兰西的故事起源于西非，其后传入加勒比海群岛（见第十章）。

蜘蛛人阿兰西懒惰，不诚实而且非常贪心。他满肚子诡计，但是有趣又可爱。以下是阿兰西因贪心而遭到报应的三个故事，适合7岁或更大的孩子。

阿兰西和倒影

从前，有一只贪心的蜘蛛叫阿兰西。他那么贪心，整天只想着自己，既不关心妻子也不管孩子。他心里永远都只有自己，什么都是阿兰西，阿兰西，阿兰西——什么东西都想全归自己。

有一天，阿兰西看到河边树上长着三个熟透的芒果。他的口水滴答滴答往下掉——他想把芒果全摘下。他爬上树，三下两下上了树顶，摘了第一个芒果，又摘了第二个，正想摘第三个，一低头，看见了水里自己的倒影。他以为那是另一个人，心想那人竟然摘了那么多芒果！他嫉妒极了，想去打一架，把人家的芒果抢过来，让自己独享一切。

"哗啦"一声，阿兰西掉进了水里。他紧紧抓着芒果，到处张望，想把摘了芒果的人找出来。可奇怪的是，水里一个人都没有。这时候，湍急的水流卷着阿兰西，他像叶子一样在水里漂啊漂。他拼命挣扎，想从水里出来，却身不由己。绝望的阿兰西松开了手里攥着的芒果,眼睁睁地看着芒果被水流卷走了。

最后,阿兰西终于筋疲力尽地从河里爬上岸,浑身上下都滴着水。他也没有胃口吃什么芒果了,只好酸溜溜地说那些芒果是"酸芒果"。阿兰西又是心酸又是气愤地回到家里,那天晚上,他的贪心让他整晚都饿着肚子,啥都吃不上。

贪心到头的阿兰西

从前,有一个国家的王后是个巫婆,阿兰西就住在那个国家里。王后有一个秘密的名字——就是"五"这个字。王后不想让人用这个字,于是颁布了一条法令,谁用了"五"这个字就会倒地而死。

阿兰西是个很聪明的家伙,不过他总是饿肚子。这个国家在闹饥荒,情况糟透了。阿兰西在河边建了一间小房子,谁要取水都得从这里经过。他在房子旁边放了五堆红薯,打算不管谁走过来,都跟人家说:"请告诉我这里有几堆红薯,我不大会数数。"他想,各种各样的动物都会来,它们会边数边说:"一、二、三、四、五!"然后就倒下死了。那样阿兰西就可以把它们藏在桶里,留着肚子饿的时候吃。这样一来,不管是闹饥荒还是丰收,他都有吃不完的食物。

没过多久,珍珠鸡来了。阿兰西说:"太太,你能不能告诉我这里有几堆红薯?"珍珠鸡坐在一堆红薯上说:"一、二、三、四,再加上我屁股下面这一堆!"阿兰西咬牙切齿地说:"嘿!你数错了。"于是珍珠鸡又坐到另一堆红薯上说:"一、二、三、四,再加上我屁股下面这一堆!""嘿,你数得根本不对!"阿兰西说。

"那你怎么数呢?"珍珠鸡问,阿兰西奇怪的举止把她闹糊涂了。"你干吗不这样数呢:一、二、三、四、五!"阿兰西一说出"五",就倒在地上死了,珍珠鸡把他给吃了。

阿兰西和鸟

从前,阿兰西住的地方遇到了大饥荒,所有的动物都吃不饱。

但是这里的鸟儿却不愁没有吃的。他们每一天都飞到河中间一个岛上,岛上的樱桃树总是把他们喂得饱饱的。那里的樱桃个大汁多味道甜,鸟儿吃樱桃的时候,樱桃汁顺着他们的嘴巴流到羽毛上,把羽毛都染成了深红色。

那是一个岛,因此只有鸟儿才能轻松地飞过去。阿兰西总是听到鸟儿们夸那里的樱桃,他越听就越想去。但是鸟儿都不愿意帮他,每次他们都说:"如果上帝想让你去樱桃岛,就会让你做一只鸟。你走开吧,别烦我们了!"

阿兰西坐下来想了很久,终于想了一个办法。那天,鸟儿们从岛上回来的时候,他向每一只鸟讨了一根羽毛。因为他要的不多,所以从蜂鸟到织布鸟,每一只鸟儿都给了他一根羽毛。

第二天早晨,鸟儿们要回到樱桃岛的时候,阿兰西绑上羽毛,爬上一棵高高的椰子树,从树上往下一跳,就飞了起来。他跟在鸟儿后面,一直飞到了岛上。阿兰西落在最大的樱桃树上,开怀大吃,一刻也不停。

鸟儿们都在嘀咕着,觉得阿兰西嘴巴太馋了。他们担心阿兰西照这样子吃下去,到最后一颗樱桃都不会剩下。阿兰西不管他们说什么,只顾着继续吃。

鸟儿们越嘀咕越生气，最后织布鸟说："阿兰西，你真是忘恩负义。我们每只鸟儿都送给你一根羽毛，你才能来到岛上，可是现在你竟然一个人把所有的樱桃都吃光了！"

阿兰西继续吃着樱桃，假装没有听见鸟儿的话。于是鸟儿们一只接一只拿回了自己的羽毛。很快，阿兰西就一根羽毛也不剩了。傍晚时分，鸟儿们飞回岛的那边。阿兰西只能整个晚上都孤零零地留在岛上。第二天，他游了很久很久才回到家。

鸡蛋花女

这个故事起源于《格林童话》中"星星银元"的故事，适合5～8岁的孩子。跟原故事中可怜的女孩不一样的是，这个故事讲的是一个小小的树精灵——鸡蛋花女。故事的主题是给予和分享，以正向的方式纠正贪婪的行为。鸡蛋花树是一种热带常见树木，花瓣光洁美丽，颜色有白也有黄，还有粉红色和红色的。

从前，在海边的一个森林里，有一个小小的鸡蛋花女，她孤零零地到处流浪。寒冷的秋风吹着她，让她远远地离开了树妈妈。现在她没有了家，也没有了家人的陪伴。她身穿单薄的白中带粉的花瓣裙，披着绿叶坎肩，头上戴着树叶帽子。她边走边在沙地上寻找树莓，那是她唯一的食物。

可是鸡蛋花女既不担心也不害怕。她知道，只要对自己拥有的心存感激，就会得到眷顾，也总会有足够的食物。

她一路走着，想找一个地方坐下来吃野树莓。一只小鸟向她叫道：

"我一点吃的都没有,给我点吃的吧。"小小的鸡蛋花女想也没想,就把树莓给了小鸟,然后继续向前走。

这时候又有一只老鼠在喊她:"我没有帽子,风好冷啊。"

小小的鸡蛋花女把自己头上保暖的绿叶摘下来,把树叶帽给了老鼠。

没走多远,一只蜘蛛在喊她:"我没有外套,风好冷啊。"

小小的鸡蛋花女把她的绿叶坎肩脱下来,给了蜘蛛。蜘蛛把它做成了一间树叶屋子。

后来,她又遇到一只在路上缩成一团的小蚂蚁。蚂蚁说:"我没有衣服,风好冷啊。"

小鸡蛋花女把她那白中带粉的花瓣裙脱下来,做成一间小小的花瓣房子,让蚂蚁爬了进去。

现在小鸡蛋花女什么都不剩了。她把她的食物和所有的衣衫都送给了其他的小动物。可是她既不担心也不害怕。小鸡蛋花女知道她是受眷顾的,她继续走着。天黑了,她在沙路边的树叶和草丛里找了一个地方睡觉。

她睡着以后,天上的星星跳着舞旋转起来。它们旋转着,跳动着,为她织了一件闪亮的丝绸长袍。

小鸡蛋花女醒来的时候，发现自己裹在银色的丝绸里，一阵金雨在她周围落下。开始的时候，她以为是天上闪烁着金光的星星落了下来。可是等金雨落到地上以后，她发现那是真正的金子。她把金子捡起来，继续上路了。从此以后，小鸡蛋花女一生过着富足的生活，什么都不缺。

第十三章
急躁或缺乏耐心

胡闹小鹈鹕

所有父母面对孩子难免都会有恼火和生气的时刻。也许是在孩子饥饿难忍而父母身心疲惫的晚餐时间,也许是在孩子无聊至极而父母紧张不已的长时间驾车旅行中。在这样的时刻,幽默的诗歌可以缓解气氛。

家长也许很难背下这么长的诗。我常常会精挑细选几首诗,抄下来,贴在冰箱门上,以备不时之需。有时候,念完这些诗之后,问题就解决了,或起码改变了话题,这种办法肯定比直接冲突要好得多。

从前呀,有一只鸟儿海滩住,
大家喊她胡闹小鹈鹕。
胡闹小鹈鹕讨厌难缠老闯祸,
心儿贪,嘴巴馋,总想要更多。
大海的鱼儿全给她,你猜她会说啥?
她说再给点吧,我还差下午茶!
胡闹小鹈鹕整天吃呀吃不停,
为了找食,她弄得大家都不得安宁。
看到洞洞就乱啄,谁家的窝她都戳一戳。

哎呀，不管是谁都没法躲，
看呀，胡闹小鹈鹕她真是谁也不放过！

爸爸妈妈语重心长跟她讲，
你四处乱戳实在不像样！
"把我们的话儿记心上，
不要将来后悔空悲伤，
海上翱翔捕食把美味享，
那才是鹈鹕该有的模样。"

胡闹小鹈鹕一听嫌唠叨，
拍拍翅膀飞得高。
她乱拍乱响，声音吵得你受不了，
换个地方又落脚，她得意扬扬尾巴翘。

螃蟹妈妈可不敢让宝宝自个待，
就是留在家里也还是心慌张，
胡闹小鹈鹕嘴巴乱戳笃笃响。
她好心提醒语重又心长：
"把我的话儿记心上，
不要将来后悔空悲伤，
海上翱翔捕食把美味享，
那才是鹈鹕该有的模样。"

胡闹小鹈鹕一听嫌唠叨，
拍拍翅膀飞得高，

她乱拍乱响,声音吵得你受不了,
换个地方又落脚,她得意扬扬尾巴翘。

鸟妈妈可不敢让宝宝自个待,
就是留在家里也还是心慌张,
胡闹小鹈鹕嘴巴乱戳笃笃响,
她好心提醒语重又心长:
"把我的话儿记心上,
不要将来后悔空悲伤。
海上翱翔捕食把美味享,
那才是鹈鹕该有的模样。"

胡闹小鹈鹕一听嫌唠叨,
拍拍翅膀飞得高,
她乱拍乱响,声音吵得你受不了,
换个地方又落脚,她得意扬扬尾巴翘。

渔夫不敢把袋子留在沙滩上,
就怕胡闹小鹈鹕飞到近旁,
胡闹小鹈鹕嘴巴乱戳笃笃响,
他好心提醒语重又心长:
"把我的话儿记心上,
不要将来后悔空悲伤,
海上翱翔捕食把美味享,
那才是鹈鹕该有的模样。"

这不有一天，胡闹小鹈鹕真真遭了殃，
就因为她没把提醒放心上，
闯了大祸几乎把命丧！
她实在是太疯狂，
刚刚还没一眨眼，
她那边就胡闹得不像样。

胡闹小鹈鹕就是贪心又嘴馋，
渔夫袋子也敢乱啄找午餐。
眼前一条鱼儿高高挂鱼竿，
味道鲜美鹈鹕心喜欢。
她整条鱼儿囫囵吞，只留尾巴尖尖露嘴边，
结果连钩带线吞进肚，
钩线鱼竿紧紧连，
鱼竿还在渔夫手上紧紧攥。

胡闹小鹈鹕这下可好！
还想拍拍翅膀飞上天？
她现在乖乖站定哪里还敢闹……
哎呀，眼看厄运来临她没法逃！

幸亏渔夫好心肠，
赶快出手来帮忙。
手中鱼线轻轻拉，
鱼儿哧溜滑啊滑，

"啪！"的一响——
正正落入渔夫晚餐盘！

胡闹小鹈鹕用力拍翅膀，
高高飞到蓝天上，
她展翅飞翔又飞翔，
蓝蓝的海上把自由的歌儿唱。
她没有飞回陆地上，
也不再弄出讨厌的声响。

她翱翔在海上，
不再胡闹完全变了样。
海上翱翔捕食把美味享，
这正是鹈鹕该有的模样！

着急的斑马

这本来是写给肯尼亚孩子的自然故事，讲述了一只没有耐心的斑马如何学会等待，等他的黑色斑纹长出来，故事来自于对斑马的观察。1岁以前的小斑马身披略呈金黄的棕色斑纹，等它们长大一些，斑纹才会变成黑色。"着急的斑马"对孩子和成人都有治疗作用。对于成人而言，故事传达的信息是：不要着急，要允许孩子成为孩子。

小棕斑马很不开心。所有小斑马身上的皮毛都是棕色的，可他还是不喜欢自己身上的棕色斑纹！小棕斑马想像爸爸妈妈和大哥哥大姐姐那样，有一身黑色的斑纹。他想自己一定是哪里不对劲了。全世界都知道斑马的斑纹是黑白相间的呀！为什么自己的斑纹是棕白相间的呢？

小棕斑马想呀想，整天净想着这件事，其他什么都不管，该学的事情一点也不用心。妈妈都要生气了——他需要学会的，可都是最重要的事情哦，比如怎样找到最鲜嫩的草，怎样嗅一嗅就知道附近是否有狮子。反正，他总是满肚子心事，漫无目的地闲逛，闷闷不乐地唱着歌：

我是一只小斑马，我的心里好烦闷；
我本该长着黑斑纹，为啥要把棕衣披上身。

小棕斑马一心想着自己的烦心事，他想找一个办法，把棕色斑纹变成黑色。他想啊，找啊，终于在水坝边上看到一些又黏又稠的黑泥。有办法了！小棕斑马在黑泥里滚啊滚，想让自己的斑纹沾上黑泥。但是想象一下吧——小棕斑马全身都变成黑色了，看来不像是斑马，倒像是一只水牛宝宝。妈妈一看，二话不说就让他到河里把泥巴洗掉。洗过以后，他的棕色斑纹闪着光，反倒更显眼了。

这一整天呀，小棕斑马继续漫无目的地到处走，闷闷不乐地唱着歌：

我是一只小斑马，我的心里好烦闷；
我本该长着黑斑纹，为啥要把棕衣披上身。

第二天小棕斑马又有了新主意。他找到一根烧焦的树桩，就在那烧黑的木头上磨着自己的斑纹。他一条斑纹接一条斑纹地磨。开始的时候，这个办法好像真的很奏效。小棕斑马可兴奋了，擦得更用力了，不知不觉，他整个背都擦伤了，皮全给擦破了。

小棕斑马的皮过了很久才重新长好。在这漫长的时间里，他每天都漫无目的地到处闲逛，闷闷不乐地唱着歌：

我是一只小斑马，我的心里好烦闷；
我本该长着黑斑纹，为啥要把棕衣披上身。

小棕斑马的下一个办法是站在洋槐树的树荫下——这样，他的棕色斑纹至少看上去变黑了，不像在阳光下那么棕。可是树荫下的草长不甜也长不高，小棕斑马很快就饿了。

小棕斑马在树荫下站了好几小时，最后实在饿得受不了。总是为自己的棕色斑纹发愁这件事，也让他觉得腻烦起来。他忽然发现，把肚子填饱比斑纹重要多了。于是他离开树荫，跟爸爸妈妈一起，在阳光灿烂的草地上吃起甜甜的草来。

几个月过去了，这一天小棕斑马和妈妈一起到河边，想喝一些清凉的水。他站在岸边，低头看着水面。他惊讶地发现，自己斑纹的颜色几乎跟妈妈的一样了！他转过头去看着自己背上的斑纹，当然咯，它们已经变成黑色了！他不再是一只小棕斑马了。

"发生了什么事？"他问妈妈。妈妈微笑着，用鼻子蹭蹭他的脖子，在他耳边轻轻地说："你已经长大了，不再是小斑马了。"

小斑马长舒一口气——当然啦,现在他知道了,要让棕色斑纹变成黑色,他要做的事情就是"长大"!

他轻快地转着圈跑,嘴里唱着一首新歌:

我是一只小斑马,天天在长大,
今天有了黑斑纹,抖擞又精神!

第十四章

懒惰

织布鸟三兄弟

在非洲丛林生活的时候,我很喜欢观察织布鸟,它们用许多的时间织出精美的巢。不同的织布鸟有不同的工作方式,这让我想起永恒的经典童话"三只小猪"。于是我采用非洲的主题,重写了"三只小猪"的故事。

这个故事并不针对某种特定的负面行为,然而却有普遍的治疗作用,因为它鼓励专注和负责任的工作。故事完成后的那年,它是奈洛比幼儿园最受欢迎的故事。有一天,在一个5岁男孩身上,我们看到了这个故事的积极效果。这个男孩通常都很懒散,不愿意完成工作,然而那一天的自由玩耍时间,我们发现他鼓励他的小伙伴帮他建一个非常坚固的房子——就像织布鸟三兄弟中的老三一样!

这是我第一次看到这个男孩在玩耍中体现出负责任的态度,而且从那天起,他工作时也越来越专注。

从前有三只织布鸟兄弟,他们长大了,可以离开爸爸妈妈的巢,建起自己的新家了。

"再见。"妈妈说,"记得把你们的新家建在高高的地方。"

"再见。"爸爸说,"记得把你们的新家织得结实又牢固。"

第一只织布鸟一下子飞到一棵合欢树的低枝上。"这正合我意。"他这样说着,就不再费劲去别的地方找了。他找来一些树枝和草,织起新家来。

巢快要织好的时候,来了一只长颈鹿,用长舌头轻轻一舔,就连树枝带鸟巢一起囫囵吞了下去。幸好,织布鸟总算在最后一刻飞走了。

第二只织布鸟四处飞了一会儿,在另一棵合欢树高处的树枝上停了下来。"这正合我意。"他说着就去找树枝和稻草织新家。没织多久,他就不耐烦了,只管飞快地把树枝和草堆到一起就算了。他可不想为了织个结实的巢浪费自己的力气。

巢快要织好的时候,来了一阵小旋风,围着合欢树吹起来。小旋风说:"我要吹啊吹,一直吹,把你的房子吹得往下坠,摔得粉碎!"第二只织布鸟大笑着说:"小旋风你尽管吹,吹不下来可别后悔!"

于是小旋风吹啊吹,一直吹,不用说,织布鸟的巢打着转,从树枝上掉下来。幸好,织布鸟总算在最后一刻飞走了。

第三只织布鸟飞到另一棵合欢树上停了下来,他要先仔细想想爸爸妈妈的提醒,然后才开始干活。现在,他去找最高的树枝,在树顶的正中间,有一根最高的树枝,长颈鹿的舌头肯定够不着。"这正合我意。"他说着就去找树枝和草,编织他的家。

这只织布鸟干活非常卖力——爸爸的话他是真的都放在心里了。他花了很多时间去找合适的树枝和草，又用了很多时间把它们织到一起。他织进又织出，织上又织下，一边织一边还唱着歌：

小小织布鸟，天天忙织巢，
小小织布鸟，织巢巧又好。

他这样卖力地忙了很多天，最后，他的新家织好了，在高高的树枝上，牢固又结实。这时来了一阵小旋风，围着合欢树吹起来。小旋风说："我要吹啊吹，一直吹，把你的房子吹得往下坠，摔得粉碎！"第三只织布鸟大笑着说："小旋风你尽管吹，吹不下来可别后悔！"

于是小旋风吹啊吹，一直吹。可是不管它吹得多用力，也没法把这坚固的巢从树上吹下来。最后，小旋风打着转走了，捉弄别的东西去了。

第三只织布鸟在他坚固的巢里放了一些羽毛，做成一张柔软的床，然后钻进去，舒舒服服地睡了一觉。一觉睡醒，咦？两个哥哥正在巢外等着呢！原来他们看到弟弟建了这么棒的巢，想请他匀出一点地方来给他们住。

第二只织布鸟告诉他们，他得留一些地方给妻子还有以后的宝宝们住。他让两个哥哥再试着去织自己的巢。他说："记得要把你们的新家建在高高的地方，记得要把你们的新家织得结实又牢固。"

这一次，两个哥哥听从了这个好建议。很快，森林里就回荡着他们编织的歌声了，他们正忙着在高高的树枝上织着又结实又牢固的巢呢：

小小织布鸟,天天忙织巢,

小小织布鸟,织巢巧又好。

渔夫的故事

一个来自西肯尼亚维多利亚湖畔的故事,适合6～8岁的孩子。这是一个讲述因果相生的故事,以"懒惰"为主题,经作者伊丽莎白·奥柯同意后收入此书。

从前有一个老渔夫,自己一个人住在湖边的小木屋里。每天清晨,太阳还没升起来呢,老人就走到湖边,把小船推到湖里。他上了船,用长长的竹竿一撑,船就离开湖岸,慢慢向深水划去。他把渔网撒进水里,自己划船回到岸上,坐在树荫底下等着,唱着歌打发时间:

奥马巴的儿子林杨哥哟,穷苦的他遇到了仙女哟!
(Nyamgodho nod Omaber; Nejachani, ncayudo dhako majakibaya.)

过一会,老人又回到船上,慢慢向深水划去,把网拉上来。

有一天拉网的时候,网重得出奇,老渔夫心里很是惊讶。"一定有很多鱼!"他一边想,一边使劲地拉。好不容易把网拉到船边,可奇怪的是,网里装的竟然不是鱼,而是一个年轻美丽的女人!

"请不要赶我走,"她恳求渔夫,"把我带回家吧!"老渔夫高兴地答应了,美丽的女子爬到船上,和老渔夫一起回到岸边。上岸后,老人生起一堆火,煮了一些红薯,还沏了茶。

一起吃过饭后,年轻女子请老渔夫建一个有篱笆的院子,好用来养牛、羊和鸡。老渔夫辛勤工作了三天,又是锯,又是绑,又是锤,终于修好了一个结实的圈舍。

圈舍建好之后,年轻女人走到湖边,向着水面呼唤:

我所有的动物,都跟我来吧!
(Dhogo biabia; dhoga biabia)

忽然,很多很多的牛从波浪里出来,直走到岸边,跟着女人走进了院子。

第二天,年轻女子走到湖边,又呼唤起来:

我所有的动物,都跟我来吧!
(Dhogo biabia; dhoga biabia)

这一次,很多很多山羊从波浪里出来,直走到岸边,跟着她走进了院子。

第三天,年轻女子走到湖边,又呼唤起来:

我所有的动物,都跟我来吧!
(Dhogo biabia; dhoga biabia)

这一次,很多很多绵羊从波浪里出来,直走到岸边,跟着她走进了院子。

第四天,年轻女子走到湖边,又呼唤起来:

我所有的动物,都跟我来吧!

(Dhogo biabia; dhoga biabia)

这一次,很多很多鸡从波浪里出来,直走到岸边,跟着她走进了院子。

老渔夫可高兴了。现在,他家里有了一个美丽的女人,还有很多牲畜在院子里。可是,时间一天天过去,老渔夫变得懒惰起来,什么也不想干。他再也不像以前那样用心打理房子、照顾牲畜了。开始的时候,他只是忘记了喂牛,可后来又把喂山羊的事给忘了,接下来忘了绵羊,之后是鸡。后来,院子的篱笆要修了,他也懒得去弄。

看到老渔夫越来越懒,不再细心照料牲畜,女人很不开心。有一天,她坐在芒果树下,想着自己该怎么做。最后,她决定回到水底下,自己从前住的地方去。

第二天清晨,太阳刚刚升起,她站在院门前,又一次向着牲畜唱起了歌:

我所有的动物都跟我来吧,我所有的动物都跟我来吧,我所有的动物都跟我来吧,我所有的动物都跟我来吧,我所有的动物都跟我来吧!
(Dhogo biabia; dhoga biabia; Dhogo biabia; dhoga biabia; Dhogo biabia; dhoga biabia; Dhogo biabia; dhoga biabia; Dhogo biabia; dhoga biabia)

所有的牛呀、山羊呀,还有绵羊和鸡都一只接一只出了门,走进了水里。老渔夫想追过去把牲畜拦住,可是他那懒惰已久的腿根本就跑不快。他跌跌撞撞地追着它们来到湖边,刚好看见那年轻的女人消失在湖水里,所有的牛、山羊、绵羊和鸡都跟在她身后消失了。他站在水边，眼睁睁看着这一切，耳边是女人渐渐远去的歌声：

我所有的动物都跟我来吧，我所有的动物都跟我来吧！（非常慢地唱）
(Dhogo biabia; dhoga biabia; Dhogo biabia; dhoga biabia)

他悲伤地走回家，发现他为牲畜建的圈舍竟然也消失了。剩下的只有他的小木屋，一切又跟从前一样了。

从那以后，老渔夫又继续回到湖里打渔。每天清晨，太阳还没有升起来，老人就走到湖边，把小船推到湖里，他上了船，用长长的竹竿一撑，船就离开湖岸，慢慢向深水划去。他把渔网撒进水里，然后划船回到岸上等。

他坐在树荫底下，唱着歌打发时间：

奥马巴的儿子林杨哥哟，穷苦的他遇到了仙女哟！
(Nyamgodho nod Omaber; Nejachani, ncayudo dhako majakibaya.)

过一阵子，老人又回到船上，慢慢向深水划去，把网拉上来，把网里的鱼取出来。他再也没有见过那个年轻的女人。不过，在宁静无风的日子里，他总觉得水底有隐隐约约的歌声传来：

我所有的动物都跟我来吧，我所有的动物都跟我来吧！
(Dhogo biabia; dhoga biabia; Dhogo biabia; dhoga biabia)

第十五章

吵闹或打扰他人

吵闹小矮人的故事

这个故事适合不同年龄的孩子。有一年，我幼儿园里那群 5 岁孩子玩耍起来非常吵闹，于是我写了这个故事。我观察到那些较为文静的孩子对这样的喧闹无所适从，而我和我的配班老师也对这日复一日的噪声大伤脑筋。这个轻松幽默的故事使我们得以应对挑战。实际上，我听到一个很安静的小男孩，平时在大的群体里几乎从不说话，向那群吵吵嚷嚷的男孩子叫起来："哎呀呀！哎呀呀！我受不了啦！刷吧的耳朵痛死啦！"

故事之后的很多个星期，老师们都用故事里那句押韵的话让大家在玩耍时保持安静。这个办法很有效，比起光说"请安静些玩耍"无疑要管用多了。故事中对"吵闹"的刻画，让人意识到"安静"的房间是多么令人愉悦。我还从河里找来很多石头，拿到教室里来清洗和打磨。当孩子们可以听到石头"歌唱"时，他们变得很享受那些安静的时刻。

从前有四个小矮人，他们一起住在石洞的家。他们中的三个呀，就像豆荚里的豆子，长得都差不离，穿得也差不多，而且都喜欢弄出很吵的声音来。他们整天扛着铁镐和锄头，吵吵嚷嚷地唱着歌去挖水晶。

一个叫丁零当啷,他老是丁零当啷,丁零当啷。

一个叫乒零乓啷,他总是乒零乓啷,乒零乓啷。

还有一个叫噼里啪啦,他一天到晚噼里啪啦,噼里啪啦。

他们在一起的时候,听起来就成这样了:

丁零当啷,乒零乓啷,噼里啪啦;丁零当啷,乒零乓啷,噼里啪啦;丁零当啷,乒零乓啷,噼里啪啦。

第四个小矮人兄弟跟其他三个很不一样。他长得不一样,穿得不一样,干的活也不一样。他叫刷吧[1],他的工作是把兄弟们从石洞里挖出来的水晶擦亮。

刷吧不喜欢吵闹!他远远地坐在山洞的一角,拿着布静静地工作。刷吧捧着水晶石头擦呀擦呀,直到石头反射出银光来。有时候,他的兄弟们碰巧离开一会,山洞里安静下来,刷吧仿佛能听到石头唱歌呢!

四个矮人兄弟一起住在石洞里,也一起在那里干活。可是,那日子对刷吧来说可不好过。他总是大声抗议:"拜托了,别再吵啦,刷吧的耳朵痛死了!"

可是丁零当啷、乒零乓啷和噼里啪啦喜欢吵。他们只管挖呀、锤呀,弄出

---

[1] "刷吧"这个名字的原文是"Rub-a-dub",这个音有一种安定的力量。由于没能找到很好的对应的翻译,而"刷吧"又正好可以跟这个小矮人的工作联系起来,所以采用了这个名字。如果你愿意的话,也可以直接称呼这个小矮人叫 Rub-a-dub。——译者注

丁零当啷、乒零乓啷、噼里啪啦的声音来，整天都这样！

有一天，丁零当啷、乒零乓啷和噼里啪啦吵得非常厉害，刷吧实在受不了了。他只好停下手里的活坐到边上去，使劲地捂住两只耳朵。那一天接下来的时间，他就没法擦石头了。

第二天，丁零当啷、乒零乓啷和噼里啪啦还像昨天那么吵，刷吧实在是忍无可忍了。

"哎呀呀！哎呀呀！"他叫着，"我受不了啦！刷吧的耳朵痛死啦！"

刷吧把擦石头的布，还有全部的石头都收拾起来，放进一个大大的口袋。他跟吵吵闹闹的兄弟们道别，离开了山洞里的家。他背着口袋，出发去找安静的新家。

从那以后，刷吧就自个儿住了。不过他的兄弟们经常到他安静的山洞里探望他，还带来新的石头给他擦拭，有时他也去那吵闹的山洞探望他的兄弟。

三个吵闹的兄弟看望刷吧的时候，总是很努力很努力地让自己安静下来，而刷吧去看望他的兄弟时，也会努力让自己喜欢那样的吵闹。不过他从来不会待得很长。

第十五章 吵闹或打扰他人 ─

吃不饱

作者：山德拉·弗雷恩

在加拿大的一个幼儿园里，一个被认为患有轻度自闭症的 5 岁男孩"大闹天宫"的时候，老师现编了这个故事。男孩的行为对其他孩子和老师造成了威胁，基本上主导了教室氛围。山德拉的同事说："我想他需要一个关于动物的故事。"

他们马上在房间中央把板凳摆成菱形——山德拉希望房间的布置和平时的故事时间不一样，因为这并不是常规的故事时间。她把男孩抱起来，搂在自己怀里，然后请其他孩子坐下来，她要给大家一个惊喜。一段飞快的默默祈祷之后，山德拉做了个深呼吸，开始了她的故事。她就那样讲着，心里并不知道从哪里开始——她只是让故事自己展开……孩子们安静极了，完全沉浸在故事里。那个男孩也柔和下来。两位老师都感觉到，对他来说，这是一次转折性的经历。

从那以后，山德拉多次使用过这个故事，有一次是在一个男孩咬其他孩子的时候，还有几次是在她觉得某个男孩或者整个班级需要"回到中心"时。

从前，有一只小狗和哥哥姐姐还有妈妈一起，住在一个狗窝里，它的名字叫"吃不饱"。"吃不饱"是这窝狗里出生最晚的，也是最瘦最小的。

毛茸茸、胖嘟嘟的哥哥姐姐们老是挤着压着"吃不饱"，"吃不饱"只能呜呜地哀叫着。哥哥姐姐们总是这个样子，不停地滚来滚去，咬着脖子了，你压着我，我压着你。

每次妈妈在他们中间躺下，哥哥姐姐们马上响亮地吠着，扑过去叼住奶头。"吃不饱"只能等到哪个哥哥或姐姐吃饱睡着了，才能挤进去喝到一点奶。它使劲地吸呀吸，可是那又暖又甜的奶还没有喝够呢，妈妈就已经站起来了。它只得又冷又饿地离开妈妈的肚子。

有一天,一位女士来看这窝狗。"我要找一只可爱的小狗。"她说。"吃不饱"抬头看着这位女士沿着墙走进狗窝。它的哥哥姐姐正忙着打滚,吵吵闹闹地吠啊叫啊。

这位满头银发的女士看着"吃不饱"的眼睛,把它抱起来,搂在怀里。

"我喜欢这只小狗。"她说着,把"吃不饱"放进胸前一个舒服的红口袋里。她温暖柔软的手轻轻摸着"吃不饱"的头。

"我喜欢这小狗的味道。"她把脸埋在"吃不饱"身上闻着。她把手指放进它的嘴巴里。"吃不饱"闭上眼睛,用它那小小的尖牙齿和湿湿的舌头绕着她的手指打着转转。

"我会好好照顾他。"她对狗妈妈说。"吃不饱"舒服地钻进袋子里,跟着银发女士回家了。它在袋子里晃过来晃过去,很快就进入了梦乡。

小鸟的花园

这个故事写给一位选修我的讲故事课程的大学生,在小组聊天室里,他总是非常"健谈",有学生抱怨他太强势,不给别人插嘴的余地。于是那位很能说的学生私底下给我发了一封邮件,希望我帮助他学会倾听。

对于班上 5 岁或 5 岁以上、总在说个不停的孩子,这个故事会很合适。

从前有一只鸟儿,她的歌声优美动听,花园里从早到晚都回荡着她悠扬的歌声。

花园里还住了许多鸟儿,不过他们的歌声都不如这美丽的歌手嘹亮。就算他们试着放开喉咙,声音也让歌手给盖住了,仿佛在空气里消失了似的。花园的空气里总是充满歌手那永不停息的歌声,其他鸟儿根本就没有插嘴的余地。如果他们想练习唱歌,就得飞出花园,飞到没有鸟儿和他们比赛的高山上。

有一天,美丽的歌手生病了,病得那么重,不能再唱歌了。她待在巢里休息,一天又一天。花园里变得很安静。其他鸟儿每天从山里回来,都觉得奇怪,不知道出了什么事。

渐渐地,其他鸟儿开始留在花园里,一只接一只地轮流唱起歌来。很快,花园里充满了各种不同的歌声。

生病的鸟儿听到百鸟的歌声,惊讶极了——每一只鸟儿的歌声都不一样,而且每种歌声都那么美妙,她以前可从来没有听到过。她待在鸟巢里,听着各种不同的歌声加入进来,身体慢慢变得健康起来。这些歌声能帮她治病呢!

很快,歌手的身体恢复了,又可以唱歌了。不过她决定,每次只唱一会儿就好,她不再唱个不停,那样她就能欣赏其他鸟儿的歌声了。欣赏其他鸟儿的歌声的时候,她也学到了许多新的曲调,渐渐地,她自己的歌也越来越丰富,越来越动听了。

日子一天天过去,这个花园因为充满了各种鸟儿婉转的啼鸣而变得家喻户晓。人们从很远的地方到这儿来,走一走,坐一坐,听一听。还有一些人,因为这地方如此美好,原来有病的,也痊愈了。

第十六章
掐人、伤害别人或喜欢打斗

张牙舞爪的小螃蟹

一位儿童治疗师曾用这个故事帮助一个经常掐人的 4 岁女孩。故事中的手套用的就是女孩最喜欢的颜色,加强了故事的效果。听过故事后,女孩想戴上手套,让她那喜欢掐人的手在手套里获得温暖和舒适。这个故事以有趣而充满想象力的方式,将一种正向的信息传递给孩子,问题慢慢获得了解决。

家长、治疗师和老师可以使用该故事的主题来帮助其他有攻击行为的孩子,也可以用其他动物(比如抓人的猫)来代替螃蟹。

在海滩上的一群伙伴里,小螃蟹可不那么讨人喜欢。

他总是张牙舞爪,动不动就伸出钳子使劲乱掐,大家都烦透了。

有一天,乌龟请大家一起来想办法,让小螃蟹不要再乱掐了。

八爪鱼、海星和海鸥都来出主意。

八爪鱼说:"我们要把他的爪子剪掉!"八爪鱼的一只触手上星期刚被钳

了一下，现在还没好呢。

海星说："也许我们应该拿胶水把螃蟹爪子粘起来。"他有两条星星腿特别短，就是因为小螃蟹不做好事。

"或者用特别结实的绳子，把他的爪子绑在背上！"海鸥说，她的脚这天早上刚被小螃蟹蛰了一口。

"我们不妨帮帮小螃蟹，让他学会不要伤害朋友。"乌龟说。海滩的伙伴里，小乌龟总是最能理解和体谅朋友的。

"乌龟，你这个主意很好。可是在他学会之前，我们怎么办？"朋友们齐声叫起来。他们实在受够了螃蟹的坏脾气，也不相信螃蟹能学会不伤害别人。

乌龟在沙滩上慢慢地来回爬啊爬，用他那乌龟的智慧思考着。忽然，他在一堆海草旁边停了下来。"我有办法了！"他向大伙儿宣布，"我要用海草织一副厚厚的手套，让小螃蟹戴在爪子上。这可以帮助他学会小心。"

乌龟为自己的办法而兴奋。他赶紧回到水洼边的岩洞里，去取那对用浮木做成的织针。朋友们也很不情愿地答应去收集长长的水草。等乌龟回来，已经有一大堆水草等着他了，他马上就为螃蟹织起手套来。

第二只手套刚织完，小螃蟹来了。"伙计们，你们在干吗？"他问。他确实很好奇大家一个上午都在忙什么。

乌龟赶紧说："小螃蟹，我们有一份礼物要送给你。"他拿出手套，让小螃蟹试一试。小螃蟹太惊讶了,他呆呆地站在那里,似乎一根小小的鱼鹰羽毛就能把他扫个大跟斗。他从来没有收到过礼物。他立刻把手套戴上,不大不小正正好!

那一天剩下的时间,沙滩上的朋友们一起玩耍着——没有掐,没有打,只是快快乐乐在一起。螃蟹的朋友们简直无法相信!螃蟹也觉得不可思议。对于螃蟹来说,那一天发生了一件奇怪的事情——有了手套之后,他的爪子温暖而又舒适地待在里面,他再也不像以前那样老想掐东西了。

当然,肚子饿的时候,螃蟹得把手套脱掉,去水洼里觅食。但每次去找朋友们玩耍之前,他都会小心地戴上手套,遮住自己锋利的钳子。手套似乎能帮他快乐起来,也帮他变得更加小心。

不过,水草手套总有烂掉的时候。有一天,那满是洞洞的手套从螃蟹的爪子上掉下来,被海浪卷走了。幸好这时候,螃蟹已经学会了只用爪子去觅食和吃东西。和朋友们玩耍的时候,他总是让钳子紧紧地合在一起。

乌龟的智慧给海滩上的朋友们留下了深刻的印象。从那以后,他们不管遇到什么问题都会去请教乌龟,而乌龟通常都能想出一个好主意。

很长很长的指甲

传统科萨族故事,经玛利亚·斯本兹收集,本书作者改写。适合7岁或更大的孩子。

从前有个小男孩名叫麦沙。他的指甲很长很长,谁都没有办法说服他把这长长的指甲剪掉。

麦沙想一直留着自己又大又长的指甲。他喜欢用指甲去掐人、去抓人。指甲就是他的武器!

为了这个,爸爸妈妈都烦透了,也很担心。他们让麦沙不要再伤害其他孩子,可麦沙根本就不听。

时间一天又一天、一个星期又一个星期地过去,麦沙继续用他的指甲掐人、抓人。最后,爸爸妈妈决定要采取措施了。他们一起想了一个计划。

在离村子很远的田野里,他们为麦沙建了一所茅屋。茅屋建好后,他们让麦沙待在那里看守谷物和蔬菜。麦沙很激动,他想自己巨大的指甲正好可以把活都干好,不愁没有东西吃。

爸爸妈妈才刚走,麦沙就来到菜园,用他又长又结实的指甲挖菜。他把菜拿回小屋,放进锅里,在炉子上煮。菜的香味很快吸引来一个过路的巨人。

麦沙听到门外传来粗哑的声音:"喂,麦沙,这是谁的食物?"

"是我的。"麦沙浑身发抖地说。

"你说这是我的?"巨人说着推门走进来,把所有的饭菜都吃光就走了。

那天晚上麦沙只好饿着肚皮去睡觉。

第二天早上,麦沙到菜园用他长长的指甲挖了一些蔬菜。他把菜拿回小屋,放进锅里,在炉子上煮。菜的香味很快又把那个巨人引来了。

麦沙听到门外传来粗哑的声音:"喂,麦沙,这是谁的食物?"

"是我的。"麦沙说。

"你说这是我的?"巨人说着就推开门走了进来。

这次麦沙可不想再让巨人把自己的菜给吃光了。他奋起反抗,想用自己又长又结实的指甲去掐巨人。可巨人的皮肤比石头还硬,把麦沙的指甲沿指头齐生生折断了!巨人吃光所有的食物,手里攥着断指甲,离开了麦沙的屋子。

那天晚上,在夜色的笼罩下,巨人把麦沙的断指甲送到麦沙父母的家里。第二天一早,妈妈发现儿子的指甲躺在门前台阶上。她赶紧穿过田野去看儿子,麦沙还在小茅屋里发抖呢。

麦沙的妈妈拥抱了儿子,把他带回家。从此以后,麦沙不再伤害别人,总是和朋友们一起快乐地玩耍。

杰米和魔法棒

在给一班淘气而喜欢打闹的8岁孩子上编织课之前,我写了这个故事。第三章介绍了这个故事的使用情况及效果。

杰米是个很不快乐的男孩。没有什么能让他高兴起来，也没有人能让他笑起来。他最喜欢的事情似乎就是闹脾气、搞破坏了。妈妈和老师只能摇头，实在是无法可想了，他们都不知道如何对付他，如何帮他学会合作。

今天杰米特别闷闷不乐。现在是假期，他整天一个人待在农场上。姐姐们和朋友一起去海边度假了，没有人可以给他捉弄，也没有什么事情可以做。妈妈忙着在菜地里摘菜，没有时间去管满肚子不高兴的杰米。

杰米在屋子里转来转去，使劲打墙，摔柜子门，又跑到外面走廊去拽狗尾巴。他在花园里用橡子砸鸡，又在车道上捡了满捧的石子，朝农场后的小溪边跑去。

杰米坐在一块高高的大石头上，用小石子去砸溪边的每一棵树，每一朵花。忽然，他发现一丛蕨草中间有一个小小的草房子。"也许是我那些傻气的姐姐造的。"他边想边笑起来——姐姐们真傻，居然造房子给仙女住！他挑了一块特别大的石子，使劲儿朝小房子扔过去。

万万没想到的是，就在石子打中房顶的一刹那，从里面跳出一个小人儿来，就跟杰米的手一样大。杰米吓得差点从石头上滚下来。更让他惊讶的是，小人儿穿过草丛向他走了过来。他看上去不太高兴——不，简直就是生气极了！有那么一小会儿，杰米着实有点害怕。

小人儿一直走到岩石前面，双手叉腰，气哼哼地说："谁敢把大石头扔到我的房子上来？"

杰米张开嘴想争辩说不是自己扔的，但他却不由自主地说："对不起，是我扔的。"

听到杰米的道歉，小人儿没那么生气了，他问杰米有时间干吗不做点更好的事情。"难道是你太无聊了？"他问这个不知所措的小男孩。

这对杰米来说可是一件新鲜事。人人都生他的气，不问他任何问题，他早已习惯了。事实上，杰米从没听过"无聊"这个词。杰米用一种很少见的礼貌音调回答："对不起，小人儿，什么是'无聊'？"

小人儿跳上石头，挨着杰米坐下来。"无聊嘛，"他说，"就是不知道该做什么……不知道该做什么是一件很可怕、很可怕的事情！要知道，如果我的手不能忙忙碌碌，做这个，修那个，手指也许就会变得冰凉凉的，然后掉下来！"

小人儿一边说，一边伸出手来。就在杰米的眼皮底下，他抓住一束透过岩石边的树枝射过来的金色阳光，用他灵巧的手指打着结、绕着圈，做成了一根长长的金色链条。"看，"他说，"白天我就这样忙着收集盛夏多余的阳光。看我怎么把它做成长长的金链子，储存起来，留到寒冷的冬夜使用。"

小人儿的手指在金色细线里穿梭飞舞，杰米看得入了迷。链条编好以后，小人儿把它放进口袋，抬起头，看着杰米说："年轻人，这正是你需要做的。如果你的手指像我的手指一样，忙着做手指该做的活儿，那它们就没有时间去扔石头了，对不对？让我看看你的手指能做什么吧。"

杰米做了一些好玩的手指动作，惹得小人儿哈哈大笑。他抓住另一束金色阳光，交给杰米。"让我看看你是怎么打结的。"他说。

杰米很自豪地用金线打了一个结。"做得很好！现在，在这根树枝上打一个结,我来教你怎么做长长的链条。"

他们就这样继续上课,直到小人让杰米回家,用妈妈毛线筐里的毛线来练习。

"明天再回到这块岩石上,我会教你用魔法棒做更多的东西。"说完这句话,小人消失在高高的草丛里,留下杰米回想着早晨发生的这些让人兴奋的事情。

杰米回到家,向妈妈要了一些毛线。不用说,看到儿子像换了个人似的,妈妈惊讶极了。尤其让她高兴的是,杰米整个晚上都在忙着用毛线编织链条。她拿出针线篮,帮杰米把链条卷起来,缝成一块小圆垫。杰米可自豪了,把那块螺旋形的新垫子放在床头柜上。那天晚上,杰米和他的妈妈都睡得很香。

第二天,杰米回到岩石上,小人儿给他上第二堂课。这一次,在上课之前,小人儿让他去找两根光滑的棍子。他找来棍子以后,小人儿帮他在粗糙的石头上把棍子的一头磨尖了,又找来两颗橡子,插在棍子的另一头。然后他从口袋里掏出自己的一对魔法棒,拿来一根长长的金线,开始表演最最神奇的工作。

这工作叫做"编织",小人一边编织,一边哼着歌:

插进去,绕一绕,勾出来,往上跳,
然后再来一遍,
哦,金色的魔法多么妙!

杰米等不及要用他的魔法棒了。他要再学好几节课才能织得像小人儿那么好,可是他每天都用妈妈的毛线不停地练习。很快,他就织得挺长的了,收针后缝成了一顶帽子。

姐姐们度假回来的时候，杰米已经为她们的娃娃织了两顶帽子，还为妈妈织了一条围巾。当然了，姐姐们也想学习用魔法棒做东西，杰米很自豪地答应做她们的编织老师。后来他再也没有见过那个小人儿，可是小人儿教的本领他一辈子都忘不了，那就是如何用双手做出美丽的东西。

杰米的妈妈和老师不知道小人的事情，她们想，那年肯定有一位天使到农场来过！

美丽的女王

有时候，如果父母或老师处在紧张、抑郁或焦虑的状态中，会直接导致孩子的攻击性行为。这个故事写给一位单亲母亲，她有三个脾气暴躁、整天打架的儿子。妈妈十分缺乏自我价值感，需要有人帮助她重新发现自己的美丽。这个故事不仅帮助妈妈恢复了良好的自我感觉，在读过多遍之后，她还决定把故事讲给孩子们听——三个孩子分别是13岁、9岁和5岁。他们喜欢这个故事，听了一遍又一遍。随着讲故事的新习惯的养成，和谐也重归这个家庭。

从前有一个女王跟她的许多孩子一起住在一个城堡里。女王很有智慧又非常美丽，把王国管理得井井有条。孩子们小的时候，喜欢坐在柔软的靠垫上，围在宝座旁，仰头看着她美丽的脸庞，听她唱动听的歌。

不过，孩子们渐渐长大，他们开始争吵、打架，城堡里充满了尖叫和吵闹。

可是美丽女王的耳朵只爱听动听的声音，吵闹的声音实在让她受不了。为了捂住耳朵，避开吵闹，她开始用一层又一层的彩色纱布，把自己满头满脑地裹起来。打斗和吵闹声越来越大了，女王只好用越来越多的面纱来保护自己的耳朵，隔开难听的声音。除了这个办法，她实在不知道该怎么做才好。打架和争吵一天天继续着，孩子们渐渐习惯了裹在五彩面纱里的妈妈，只有那双忧伤而美丽的眼睛从面纱后面看着他们。很多年过去了，孩子们忘记了妈妈真正的样子。

争吵和打闹越来越厉害了，女王再也无法忍受，她找到了逃避的办法。有时候，她会溜出城堡，走到花园深处，那里有一条很深的溪流。她踩着溪水里的踏脚石，穿过小溪，在对岸的森林里漫步。她知道孩子们无法跟随她进入森林，因为那些踏脚石是有魔法的，听到女王歌声才会出现，女王穿过溪流后，它们就消失了。

女王多么喜爱这片森林！她在浓密的树荫下，沿着小径，一小时一小时地漫步，享受着森林里的宁静，摘野花，看看小动物和小鸟。森林里有一道水花飞溅的瀑布，下面是碧绿的深潭，潭边岩石环绕，鲜花盛开。金色的阳光透过参天的树木，洒落在粉红和洁白的兰花上。那是她最心爱的地方，她总爱坐在石头上编花环。在炎热的日子里，她会揭掉所有的面纱，在清凉而碧绿的水中游泳。

有一天，女王在森林里漫步，孩子们在花园里玩他们的金球。有一个孩子把球踢得那么高，球落在花园深处，滚进了深深的溪流。急速的溪流卷着金球，拐了个弯，消失在森林里。孩子们马上就吵了起来，可是他们知道，除非有人去把球捡回来，否则不管怎么吵，怎么叫，球也不会回来。

金球是孩子们最心爱的玩具，大一点的孩子们会游泳，他们决定顺流而下，把球捡回来。他们一头扎入水中，很快就游到参天大树的树荫里，两岸是嶙峋的巨石，树枝低低垂下。金球在他们前面，一会儿沉一会儿浮的，蜿蜒穿过森林，最后溪水变成了瀑布，金球随着水流跌进了一个碧绿的深潭。孩子们攀住瀑布前的一块岩石，小心地探出头去，朝瀑布下张望。眼前的情景让他们屏住了呼吸。远远的瀑布下面，粉红和洁白的兰花摇曳，中间的岩石上坐着一位女士。他们从来没有见过这么美丽的女人。而这位美丽的女士正在玩他们的金球，把球抛到空中，然后接住。随后，她把金球抛入小溪，自己也跳入水中，嬉戏玩耍。

孩子们在瀑布顶的岩石上坐了很久，不敢弄出一点声音来，生怕吓跑那美丽的女士。那位女士游够了，从水里出来穿戴好。奇怪的是，她也像他们的母亲一样，用一层一层的面纱把自己裹起来。"也许她是一个女王——也许所有的女王都戴面纱吧。"他们不禁这样想。他们看着她捡起金球，沿着小路离开深潭，走进森林深处，很快就消失了。

回家的时间到了，他们幸运地找到了一条以前从来没有注意到的小路，沿着来时的溪流，穿过森林，回到自己的花园里。一路上没有人说话，孩子们心里都还在想着那位美丽的女士——她是谁？难道她是森林女王？如果是的话，她又住在哪里呢？大家都希望再见到她，因为她是那么美丽。

回到家里，他们把见到的一切告诉了弟弟妹妹，弟弟妹妹们当然也都很想看看这位美丽的森林女王。第二天，所有的孩子沿着那条新发现的小路，穿过森林，来到瀑布顶端。他们趴在岩石上，静静守候着，不断张望着碧绿的深潭。没过多久，美丽的女士来了，手里拿着他们的金球。她取下所有的面纱，在岩石上坐下来，轻轻嗅着周围的兰花。然后她跳进水里，与金球嬉戏。孩子们坐在瀑布边上，久久地看着那美丽的女士，现在他们认定她一定是森林女王。然后他们沿着小路静静地回家。

第十六章 掐人、伤害别人或喜欢打斗

一连几个星期,孩子们每天都去瀑布边,他们到森林深处的次数越多,回家后的争吵和打闹就越少。孩子们不光喜欢看到美丽的森林女王,也享受着森林里的宁静和所有那些美妙的声音。

有一天,他们在瀑布边等了很久,森林女王一直没有出现。整整一天过去了,天黑了,他们起身离开,满怀失望地沿着小路回家,刚好赶上吃晚饭。女王端坐在大大的餐桌尽头的宝座上——万一妈妈问起他们去了哪里可就糟了,幸好她什么也没有问。孩子们都坐下来吃晚饭,不知道该说什么,所以谁也没说话,那顿饭在沉默中吃完了。

吃过晚饭,女王问孩子们能不能和她玩球,孩子们都惊讶极了。可是他们拿不出球来,只能使劲找出各种各样的理由来。这时,女王从长袍的衣褶下面拿出一个美丽的金球,和他们的金球一模一样。然后她慢慢揭开一层又一层的彩色面纱,直到露出整张脸来。孩子们终于知道了,森林女王就是他们的妈妈!他们围在宝座周围,坐在柔软的垫子上。女王唱起歌来,歌声动听而温柔,就跟他们还是小宝宝的时候一样的动听。她一边唱,一边把金球轮流抛给每一个人:

球儿高飞直上天,
球儿轻落静如兰。
灿烂如太阳,轻盈如雨燕。
美丽金球,你回到我身边。

一袋钉子

这个故事是故事聊天小组的成员匿名发到我邮箱的,它实在是无名的珍宝。故事传达了强有力的信息,对于爱发脾气的小学生乃至成人都很有帮助,在班级或家庭讨论中,也可以用这个故事来开头。

从前有一个坏脾气的小男孩。爸爸给了他一袋钉子,让他每发一次脾气就往栅栏上钉一颗钉子。第一天,男孩就在栅栏上钉了三十九颗钉子。不过渐渐地,男孩每天钉的钉子越来越少了。他发现,管住自己的脾气要比往栅栏上钉钉子容易。

终于有一天,男孩整天都没有发脾气。他很自豪地告诉了爸爸。爸爸建议说,在每一个他能管住自己脾气的日子里,他都可以从篱笆上拔出一颗钉子。

日子一天天过去,男孩终于可以告诉爸爸说,所有的钉子都拔出来了。爸爸牵着男孩的手来到栅栏前面。

"你做得很好,我的儿子。不过你要看看栅栏上的这些洞。栅栏永远都不会跟以前一样了。当你怀着怒气说话时,它们会留下疤痕,就像栅栏上的疤痕一样。如果你扎了别人一刀,然后把刀拔出来,不管你说多少次'对不起'都没有用。伤口会留在那里。"

第十七章

害羞或内向

小男孩去航海

这个故事适合3～5岁的孩子,可以鼓励害羞或黏人的孩子在家里或幼儿园的院子里做更多探索。各家院子都不一样,所以大家可以根据自家或幼儿园院子的实际情况,对故事中的探险情节进行改编。

从前有一个小男孩,刚好就跟你一样大!他想要探险,于是他上了船,在波光粼粼的蔚蓝大海上扬帆起航。很快,他就来到一个满是巨石的小岛。他把船留在沙滩上,兴高采烈地在石头上爬上又爬下,爬上又爬下,到处爬!过了一会儿,他玩够了:

"爬大石头挺带劲的,可我还想在太阳底下继续探险。"他又上了船,继续在波光粼粼的蔚蓝大海上扬帆起航。

很快,他来到一个满是金色沙子的小岛。运气真好,他带着自己的红铲子呢!他把船留在沙滩上,开开心心地玩沙子——挖洞、开河、建隧道,他还修路,建城堡——过了一会儿,他玩够了:

"挖沙子很过瘾，爬大石头也挺带劲，可我还想在太阳底下继续探险。"他又上了船，继续在波光粼粼的蔚蓝大海上扬帆起航。

没一会，他就到了一个长满香蕉树的小岛。有一棵树上挂着一串黄澄澄的香蕉呢！这香蕉肯定已经熟透了！小男孩这时候刚好肚子饿了，这香蕉正对他的胃口！他把船留在沙滩上，走到树下摘了两根香蕉，舒舒服服地在树荫底下享受美味的香蕉。然后他说：

"吃香蕉是不错，挖沙子也很过瘾，爬大石头也挺带劲，可我还想在太阳底下继续探险。"于是他又上了船，继续在波光粼粼的蔚蓝大海上扬帆起航。

很快，他到了一个小岛，岛上有一潭碧绿的水，潭里的水清凉透亮。他把船留在沙滩上，一下子跳进去，又是泼水又是划水，畅畅快快地游泳。要知道，他正热着呢！过了一会儿，他玩够了：

"在清凉的水里玩是很有趣，吃香蕉是不错，挖沙子很过瘾，爬大石头也挺带劲，可我还想在太阳底下继续探险。"于是他又上了船，继续在波光粼粼的蔚蓝大海上扬帆起航。

很快，他来到一个满是大树的森林小岛。他把船留在沙滩上，踏着树影，沿着小路，来到一片空地。空地中间，是一座用木头和树枝搭起来的丛林宫殿，宫殿里有许多小房间和梯子，还有滑梯和秋千。小男孩就在丛林宫殿里美美地玩。他跑进小房间，沿着梯子爬上爬下，又"嗖"的一声从滑梯上滑下来，还荡来荡去地玩秋千。过了一会儿他说：

"在丛林宫殿里玩是很美,在清凉的水里玩是很有趣,吃香蕉是不错,挖沙子很过瘾,爬大石头也挺带劲,可是现在我好累啊(打个大哈欠)。我不想在太阳底下探险了。我累了,要休息了,现在,我最爱的是我的小船!"

于是他上了船,一路航行回家。妈妈正等着他呢!妈妈把他轻轻抱上小床,给他盖上柔软的蓝被子,唱起了摇篮曲:

小男孩出海去远航,
趣事多多,欢笑乐不完。
当一天过去,他一路回家心情多欢畅,
那温暖的小床,就像船儿带他到美妙的梦乡。

妈妈的歌刚唱完,小男孩已经睡着啦!

害羞小草莓和野生小树莓

这个故事是为了鼓励一个害羞的 8 岁女孩,希望她在沙滩上玩耍时不再躲在外套底下,而是穿上游泳衣,到太阳下来游泳、玩耍。虽然故事没有在女孩身上取得明显的效果(除了她非常喜欢这个故事),她的父母却对这个故事有正向的反馈。他们意识到,自己之前对女儿略微超重的身材作了太多负面的评价,有点小题大作了。

害羞小草莓可不是生来就害羞的,她的害羞是后来才有的。那时候,她刚刚从一颗小小的青草莓变成一颗不大不小的白草莓,她发现,其他草莓都带着一抹美丽的粉或红，只有她还整颗都是白的。

她想："我肯定是哪里不对劲了。"于是，她就躲进了绿绿的草莓叶下，不让别人看见。

其他草莓越长越红了，可她却一直躲在叶子底下，让她显得更白了。最后，春天来了，要摘草莓了！果园大婶在草莓地里来回走啊走，摘下红红的熟草莓放进篮子里。她的篮子很快就满了，草莓地里只剩下一片深深浅浅的绿，一颗草莓都看不到了。

可是，还有害羞的小草莓！她太害羞了，躲在绿绿的草莓叶里，还是不敢把头探出来。她悄悄地看着，直到大婶把篮子搬回农场小屋，剩下她孤零零地待在草莓地里。

可她不用孤单很久！一棵野生的小树莓穿过篱笆，把头探进了草莓地里。树莓枝头上挂着一颗最红的小树莓。她正使劲地吸收着春日的阳光，尽情享受着每一分钟的光和热。

树莓的枝条每天都在长，野生小树莓一点点地向害羞小草莓这边靠近。有一天，她低头看见一片大大的绿叶底下，躲着一颗害羞的小草莓！"我的天哪！"野生小树莓说，"你为啥躲在草莓叶子下？"

"我不好意思探出头来。我没有其他姐妹那么漂亮的红外套，所以只好躲在这里。"害羞小草莓低声说。"可是，"野生小树莓说，"难道你不知道，有了金色阳光的帮助，你才能变成熟透的红草莓吗！"话音刚落，"呼"的一阵风吹来，帮她把小白草莓头顶的叶子掀开了，小白草莓终于回到了阳光下！

过了几天，在春日温暖明媚的阳光下，害羞小草莓脱掉了她的白外套，变成熟透的红草莓。她很快就跟野生小树莓一样漂亮了，虽然野生小树莓总觉得自己红得更耀眼。不过，她们可没有时间去争吵。果园大婶回来，找她落在这里的园艺手套，发现这两颗红红的莓子正在阳光下等着她来摘呢！

那天晚上，果园大婶用害羞小草莓和野生小树莓来装饰自己的生日蛋糕。参加生日会的人都说，他们从来没有见过那么红那么漂亮的莓子。

南瓜小小

这个故事最初不是针对内向的行为创作的。但这是幼儿园里4～5岁孩子最喜欢的一个故事，也正因为如此，大家决定以南瓜为主题在学校里搞一次义卖——有南瓜的故事、南瓜的游戏、南瓜娃娃，还有卖南瓜汤、南瓜饼和南瓜面包的南瓜小吃铺。

一位帮忙组织义卖的家长带来了很有意思的反馈。她觉得"南瓜小小"这个故事的主题很积极，于是把它讲给家人听。显然，故事帮助这位母亲走出了沮丧。而且她感觉那金色的主题和故事中的成就感帮助全家人从悲观气氛中摆脱出来。因此，我把这个故事放在"害羞与内向"这一章，作为一种正向的鼓励，让人看到从没有可能中也能生出可能来。

从前，在一片广阔的田野里住着一个小精灵，她的名字呀，就叫小小。田野上，一丛丛竹子随着风摇啊摇，轻轻地唱着歌谣，路边茂密的小草弯腰向人们问好。整个夏天,小小都在忙啊忙,忙着做她小小的小精灵工作。她帮大自然妈妈照顾孩子,总有忙不完的活儿。蝴蝶的翅膀勾在刺丛里了,小小帮她来脱身。壁虎弄断了尾巴,小小用特别的线帮他把尾巴缝回去。田野里那一丛丛的野花需要小小帮她们拂去身上的露珠,好在清晨把花瓣张开。

晚上,小小把自己裹在一片叶子里,在夏天灿烂的星空下甜甜入睡。她是多么喜欢这广阔田野上、夏日天空下的生活啊。

可是,夏天马上要过去了,秋风已经吹起,天气越来越冷,夜晚越来越长。风绕着小小轻轻吹,对她低语:

夏天走了,秋天来了,
寒冷的冬日离我们不远了。
找个温暖明亮的家把寒风挡门外,
屋里金色的光芒日夜放光彩。

"可我到哪儿去找一个温暖明亮的家,能把寒风挡门外,屋里有金色的光芒日夜放光彩?"小小不明白。

"跟着太阳走,跟着太阳走。"风轻轻地说。

于是,小小就跟着太阳一路在田野穿行。没走多远,她遇到了一只银闪闪的蜗牛,稳稳把房子扛背上。

"你好,银闪闪的蜗牛,请帮帮忙吧——我要找个温暖明亮的家把寒风挡门外，屋里金色的光芒日夜放光彩。"

"哦，哦，"银闪闪的蜗牛说，"这是我的家，我自个的家，多了谁都住不下——继续跟着太阳走吧。"

于是小小继续走，跟着太阳穿行在田野上。没走多远，她遇到一只棕色的蜘蛛，端端正正坐在网上。

"你好，棕蜘蛛，请帮帮忙吧——我要找个温暖明亮的家把寒风挡门外，屋里金色的光芒日夜放光彩。"

"哦，哦，"蜘蛛说，"这是我的家，我自个的家，多了谁都住不下——继续跟着太阳走吧。"

于是小小继续走，跟着太阳穿行在田野上。没走多远，就有一块茂密的菜地。她爬上菜地边的岩石，忽然，一道灿烂的金光，就像太阳一样闪耀。小小抬起头，看见向日葵之王正在放光彩。

"噢，向日葵之王，请帮帮忙吧——我要找个温暖明亮的家把寒风挡门外，屋里金色的光芒日夜放光彩。"

向日葵之王微笑着，金色的头点啊点，好像在说：

"向前看，在地上。"

小小向前看，就在前面，又大又绿的叶子中间，有一个圆圆的、黄澄澄的南瓜。她觉得非常惊讶！

"难道这就是我温暖明亮的家，能把寒风挡门外，屋里有金色的光芒日夜放光彩？"

小小走到南瓜面前，想找到一扇小小的门。她这儿敲敲，那儿敲敲，可是哪里都没有开口。她绕着南瓜走了好几圈，这里敲敲，那里敲敲，可是不管她找得多么仔细，就是找不到那扇小小的门。

现在，小小已经很累了，夜幕也已经笼罩大地。她把自己裹在一片南瓜叶里睡着了，靠着大大的南瓜墙，她睡得又香又甜，舒舒服服的。

//

小小做了一个梦，梦里呀，一颗金色的星星从夜空中飞落，穿过摇曳的竹林，越过田野，经过向日葵之王，刚好落在黄澄澄的南瓜里，在南瓜顶上留下一扇星星门。

第二天早上，小小一觉醒来，那个梦还清清楚楚地在她心里。她爬到南瓜顶上，在那里，就跟梦里一样，有一扇星星门。她把门打开，向里一瞧，里面是一个亮堂堂、金光四射的小房间。

小小开开心心地爬进去，安躺在温暖又明亮的南瓜新家里，屋里金色的光芒日夜放光彩。我知道，直到现在，她还住在里面。

每天早晨，她都去广阔的田野帮忙照顾自然妈妈的孩子，每天晚上，她都回到温暖舒服的南瓜家。从那以后，大家都叫她"南瓜小小"。

最小的水泡

这是一个生日故事，写给幼儿园里最小最害羞的孩子，希望可以给他带来信心和鼓励。后来，有一年春天，我们在森林里一条泛着水泡的溪边举行"泡泡"节的时候，也讲了这个故事。故事之后，孩子们和他们的爸爸妈妈以及爷爷奶奶在树下用大、中、小各号吸管吹泡泡。那些最小的泡泡给孩子们留下了深刻的记忆，因为它们可以轻松从指缝间溜走，不会被抓破。

这故事说的是一个泡泡，一个很小很小的泡泡，它是世界上最小的小泡泡，小得只有仙女的眼睛才能看到。

"这不公平，谁都不在乎我。"小泡泡轻声叹息着，和其他泡泡挤在一起，顺着溪水漂啊漂。"我怎么就这么小呢，这不公平，不公平，一点也不公平！看那些大哥哥，他们那么大，看他们的彩虹梦多美呀！我的彩虹梦小得几乎看不到！"

泡泡们——许多大大的彩虹泡泡和一个伤心的小泡泡——顺着乡间小溪漂了很久，远远离开了咕嘟咕嘟翻腾着泡沫的瀑布妈妈。他们从碧绿的柳树底下、青青的草丛边流过，看见棕色的大水牛穿过缓缓的斜坡来岸边喝水，路过了黑乎乎的鸭嘴兽洞和兔子窝，绕过了小山，穿过了低谷。

泡泡们一路向前，最后来到一大片碧绿的青草地。他们听到一阵阵的欢笑，一群快乐的孩子正在凉快的树荫底下野餐。

"看！"一个小男孩大声说，"好多泡泡！我们来抓泡泡吧！"

"泡泡！"所有的孩子都叫起来，他们跳起来，跑到小溪边。"泡泡，泡泡，最最漂亮的泡泡。泡泡，泡泡，快来抓彩虹梦泡泡。"

有些孩子蹚进了水里，有些孩子趴在岸边把手伸得老长。他们都喜欢抓泡泡，抓泡泡上的彩虹梦。很快，所有的大泡泡都消失了，他们化为孩子手中的愿望，化为他们梦乡里的彩虹。

可是最小的泡泡呢？孩子们没有发现他，没有抓住他的彩虹梦。看，他就在那！最小的小泡泡自个儿在溪流上缓缓地漂。

"天哪，"他想，"幸亏我小，才逃了出来。"

他继续漂啊，漂啊，觉得自己勇敢又快乐。他漂啊，漂啊，直到小溪与大海汇合。海浪把这最小的泡泡卷入雾气笼罩的大海深处，来到海仙子们跳舞玩耍的地方。

最小的小泡泡在一位海仙子身边漂过，她正忙着在搅一罐珍珠。仙女的眼睛能看到这最小的泡泡，她一下子就发现了他那最小的彩虹梦。

"我罐里的珍珠正需要这些颜色。"她说着，把小泡泡捧起来，放入罐子里。她这边搅一下，那边搅一下，满罐的珍珠都带上了美丽的彩虹颜色。这都多亏了小泡泡那最最小的彩虹梦！

第十七章 害羞或内向 一

第十八章

嘲弄或欺负

光之公主

这个故事写给一个8岁的自卑女孩。她班里的女孩子很多,大多数都比她聪明漂亮,总是嘲笑她,这种情况已经开始影响她每天的生活。与此形成鲜明对比的是,两年前她在幼儿园里曾是最快乐、最受欢迎的孩子,所有人都喜欢她那美丽的笑容。

她最喜欢的动物——海豚,在故事里扮演了一个充满智慧的帮助者的角色。他的哥哥姐姐把《光之公主》的故事做成了绘本,作为圣诞礼物送给小女孩。女孩很喜欢这个故事,听了一遍又一遍。这个故事以及这本书的制作也让家人更加明了小女孩的困境。

从前有一位公主,住在森林的一座大城堡里。城堡周围是美丽的花园,花园里有各种颜色的鸟和花,彩虹的每一种颜色都可以在这里找到。许多朋友还有小猫、小马每天跟公主一起游戏玩耍。

这位公主笑起来非常美丽,所以远远近近的人都知道她。家里人也对她疼爱有加,他们知道,她美丽的笑容来自她内心的光芒。所以大家叫她"光之公主"。光之公主在花园里游戏、跳舞的时候,连花儿都转过头来,以为是太阳在发出灿烂的微笑。

光之公主长大了,开始到这个国度的各个地方旅行。她最喜欢的朋友是住在海边沙丘城堡里的一位公主。光之公主喜欢在海边度过夏日的时光,在沙滩上玩耍、跳舞,在清澈蔚蓝的大海里和海豚一起游泳。

很多年过去了,两位公主一直是好朋友,非常快乐地一起玩耍。可是慢慢地,光之公主发现她的朋友——"聪明公主"——很多事情都比她做得好。聪明公主跑步比她快,画画比她美,游泳也比她好。

光之公主越想越难过,有时甚至生起气来。她难过生气的时候,心里的光芒就很难焕发,她笑不起来了。可是光之公主不笑的时候,她就什么都做不好了。不笑、不开心的时候,她跑步跑不好,游泳游不好,画画也画不好。

这一天天气非常热,光之公主找聪明公主到清凉的大海里游泳。她们顺着水游出去很远,穿过暗礁,来到海豚跳舞玩耍的深海。整个上午,她们都和海豚一起玩耍,非常开心。但是现在该上岸了,聪明公主说:"我们比赛吧。"于是她带头飞快地游起来,留下光之公主孤零零一个人待在深海。

看到自己的朋友又聪明又快,比自己强多了,光之公主又难过又生气。她越难过,越生气,游得就越慢,后来她的胳膊和腿简直就不动了。于是可怕的事情发生了,要知道,在水里待着不动是会沉下去的。

沉呀,沉呀,光之公主一直往下沉,离开了被阳光照亮的清澈水面,沉向黑暗的海底。直到最后,脚下和周围都是坚硬的石头了。她朝左看,朝右看,朝上看，可是什么也看不见，她陷入一个深深的黑洞里了！

这时她听到一个声音，接着看见一条尾巴银光一闪。那是她的一个海豚朋友，一定是一路跟随她来到了这里。"抓住我的尾巴，"海豚轻声地说，"我要试试看能不能把你带回海面上去。但是你得蹬脚，跟我一起努力，不然咱俩肯定上不去！"

于是光之公主抓住海豚银色的尾巴，慢慢蹬起她的双腿，向前蹬，向后蹬，再向前，再向后，直到她感觉自己从黑黑的岩洞里浮了起来。她蹬得越来越快，她一直往上浮，向上，向上，前面就是清澈的海面。最后她冲出水面，重新沐浴在阳光下，她深深吸了一口气，给了海豚一个美丽的微笑，比从前的微笑更灿烂，更美。

"爬到我的背上，"银海豚说，看到光之公主又笑了，他非常高兴，"爬上来，抓紧了，我们要乘着海浪穿过暗礁。"光之公主爬上海豚背，乘风破浪，一路回到岸边，这次航行她一辈子也忘不了。聪明公主正在沙滩上等着，她简直不敢相信自己的眼睛——她的朋友坐在海豚背上穿过了环礁湖！

把光之公主安全送回岸边后，海豚悄悄告诉了她一个秘密：

当你难过或生气，不要失望也不要躲藏，
闪耀的光芒就在你心房，
闪耀的光芒让你微笑又健康，
不管夜色多苍茫，乌云压头上，你都勇敢向前不彷徨。

这个暑假接下来的日子,光之公主和她的朋友都在海边玩得很开心。她再也没有见过银海豚,但每次看到聪明公主比她跑得快、画得美或游得好的时候,她都想起那个秘密,于是她一直带着美丽的微笑,尽自己最大的努力去做事。

夏天结束的时候,光之公主回到森林的城堡里。她把银色海豚说的话放在心里,每当遇到困难,这个秘密总能帮助她顺利渡过难关。长大以后,她依然在花园里玩耍、跳舞,而花儿也总会转过头来,以为是太阳在发出灿烂的微笑。

湖中的羽毛

这个故事源自东非吉库尤人,适合5岁及更大的孩子。它可以把力量和智慧带给那些受到嘲笑和捉弄的孩子。经作者凯瑟琳·卡如同意后收入本书。

从前有一个叫木吉的酋长,他的女儿叫莫莫。莫莫美得像一弯新月,人人都爱她。

酋长家附近有一个大湖,湖水清澈得像水晶一样。最特别的景象在湖中心,那里,一根奇妙的羽毛从水中升起,飘在上空。

有一天,酋长宣布:"谁想和我的女儿结婚,得先从湖里把这根羽毛取来。"很多人跑来尝试,但是都失败了。湖水太深了,羽毛也太远,根本游不过去。

酋长的村子里有一个年轻人叫佳克。他很穷,大家都瞧不起他,笑话他。佳克听说了酋长的承诺,马上就想去碰碰运气。妈妈劝他不要去:"我们这样的穷人怎么配和莫莫结婚呢?"

虽然妈妈不赞成,佳克却觉得,起码要去试一试呀。他去求见酋长,对他鞠了一躬说:"尊敬的酋长,我来向您的女儿求婚。"

"哦,"酋长说,"从湖里取来羽毛,我们再谈求婚的事吧。"他边说边离开了房间。

佳克上路了,走到湖边的时候,太阳快要落山了。他慢慢走进水里,一边向湖心的羽毛游去,一边唱:

湖中美丽的羽毛,请你过来,到我身边来。

他向前游着,湖水慢慢淹到他的腰、他的胸口、他的肩膀和脖子。他又唱起来:

湖中美丽的羽毛,请你过来,到我身边来。

慢慢地,羽毛朝着他漂过来。他越唱,羽毛就越靠近,最后,他一伸手就够着了羽毛。他把美丽的羽毛拿在手里高高举起,转身向岸边游去。他一边在清澈的湖水里游,一边唱:

湖中美丽的羽毛,跟我来,
尊敬的酋长要为你把门开。

佳克上岸的时候，听到身后有声音响起。他回头一看，发现一群牛、一群山羊、一群绵羊和一群鸟正跟着他从湖水里走出来。"哦，"他想，"如果这些都是我的，那么我肯定就是莫莫要嫁的那个人。"

酋长看见佳克手里拿着羽毛，身后跟着成群的牲畜和鸟儿。他把村里的长老都召集到一起，开了一次大会讨论这件事情。

第二天，他们为佳克和莫莫举行了婚礼，从此佳克和莫莫幸福地生活在一起。

隐形的猎人

这是美国印第安人的民间传说，由作者改写后收录在此。这是版本众多的"灰姑娘"故事中，我最喜爱的一个。对于6～8岁的孩子，无论他们出现恃强凌弱还是被欺负的情况，这个故事都很合适。

很久以前，在宽阔的海湾旁，一个印第安村庄边上，住着一个年老的印第安勇士。他的妻子早已去世，三个女儿和他一起住在一间茅屋里。白天的时候，他在外头打猎，三个女儿在家里做饭，打扫屋子，用兽皮做衣服。

两个大女儿又骄傲又懒惰，她们觉得做这些家务活儿太委屈自己了。等爸爸一出门，她们就对小妹又是打又是骂，百般地欺负她，逼着她把所有的活儿都做了。

爸爸管小女儿叫红日，可是现在，她已经不再像初升的红日那样，充满喜悦和光彩了。她瘦瘦的,眼睛里流露着悲伤,她每天从早忙到晚,活儿怎么也干不完,她总是很累,总想倒头就睡。有时候,她趴在火炉旁就睡着了,炉灰蹭到她脸上。她长长的黑发上也全是灰,跟姐姐们油亮顺滑的头发根本没法比。她们的爸爸打猎得来的兽皮又好像总是不够给全家人做衣服,所以红日只能用一些边边角角的兽皮把自己裹起来。

一天晚上,爸爸让三个女儿围着火堆坐下,听他讲一个特别的故事——隐形人铁安的故事。铁安跟他的母亲住在村子尽头的猎人小屋里。他是一个非凡的勇士和猎人,伟大的"赤弩"赐给他神奇的法力,让他可以不被人看见。因为他能隐身,所以村里的姑娘谁都没有见过他。听说他长得非常英俊,而且他的小屋里总是有足够的食物和柔软的皮毛。

父亲继续说:"隐形人铁安的母亲最近宣布,铁安想要结婚了。他会娶第一个真正看到他的姑娘为妻。已经有很多女孩去过他的小屋,但是谁也看不到他。现在,我的女儿们,轮到你们去试试了。"

两个大女儿非常兴奋,整晚谈着这件事情,一心想着该怎么打扮自己,根本没法入睡。第二天早上,大女儿穿着她最漂亮的长袍,脖子上戴着贝壳项链,穿过村庄,来到隐形人铁安的小屋。

铁安妈妈在门口招呼她说:"我的儿子隐形人铁安打猎去了。我们沿着湖边走过去迎接他吧,这样他一下山我们就能看见他。"

于是,大女儿就和铁安妈妈一起去迎接铁安。铁安妈妈带了一个小鼓,没走多远,她就敲起小鼓,唱起歌来:

猎人来了，翻过山坡走来了，
伟大的猎人走来了，你看见了吗？你看见了吗？

大女儿朝前看，她什么也没看见，却假装自己看见了："是的，是的，我看见了。"

"如果你真能看见他，"铁安妈妈说，"那么，他那伟大的弓是用什么做的呢？"

"是白桦木做的。"大女儿这么一说，铁安妈妈就知道她看不到铁安。

铁安走过来，把狩猎袋递给妈妈。狩猎袋一到铁安妈妈手上，大女儿就看见那袋子了，可她却看不到铁安，她知道自己失败了，伤心地转身回村里去了。

第二天早晨，二女儿穿着她最美的长袍，脖子上戴着贝壳项链，穿过村庄，来到隐形人铁安的小屋。

铁安妈妈在门口招呼她说："我的儿子隐形人铁安打猎去了。我们沿着湖边走过去迎接他吧，这样他一下山我们就能看见他。"

于是，二女儿就和铁安妈妈一起去迎接铁安。铁安妈妈带了一个小鼓，没走多远，她就敲起小鼓，唱起歌来：

猎人来了，翻过山坡走来了，
伟大的猎人走来了，你看见了吗？你看见了吗？

二女儿朝前看,她什么也没看见,却假装自己看见了:"是的,是的,我看见了。"

"如果你真能看见他,"铁安妈妈说,"那么,他那伟大的弓是用什么做的呢?"

"是桦木做的。"二女儿这么一说,铁安妈妈就知道她看不到铁安。

铁安走过来,把狩猎袋递给妈妈。狩猎袋一到铁安妈妈手上,二女儿就看见那袋子了,可她却看不到铁安,她知道自己失败了,伤心地转身回村里去了。

第三天,红日早早起床,她给自己裹上白桦树皮,穿上父亲的旧鹿皮鞋。出门的时候,两个姐姐都取笑她,可是她不在意,只是在心里想着:"我当然没可能见到铁安,可光是见见他的妈妈,看看他的猎人小屋就够我开心了。"

就这样,她来到隐形人铁安的猎人小屋。

铁安妈妈在门口招呼她说:"我的儿子隐形人铁安打猎去了。我们一起沿着湖边走过去迎接他吧,这样他一下山我们就能看见他。"

于是,红日就和铁安妈妈一起去迎接铁安。铁安妈妈带了一个小鼓,没走多远,她就敲起小鼓,唱起歌来:

猎人来了,翻过山坡走来了,
伟大的猎人走来了,你看见了吗?你看见了吗?

— 故事知道怎么办

红日眼睛睁得大大地向前看,眼里满是惊奇。

"是的,是的,我看见他了。"她轻轻地说。

"如果你真能看见他,"铁安妈妈说,"那么,他那伟大的弓是用什么做的呢?"

"天哪,那是彩虹做的呀!"红日说。

"啊,你真能看见我儿子——来,我们快回家,准备好迎接他。"

进屋以后,铁安妈妈打了一脸盆水,水里加了香喷喷的面油。她为红日洗去脸上手上的炉灰,红日的脸颊泛起了柔柔的红光。然后又让红日穿上一件用柔软的白鹿皮做的精致长袍,袍子上装饰着美丽的贝壳和珠子。最后,她帮红日把头发梳得柔柔顺顺的,又帮她把辫子编好,装饰上丝带和小贝壳。

红日准备好了,铁安妈妈请她坐到火堆旁的垫子上。红日刚刚坐下,铁安就进门了,他向红日走来,微笑着说:"我们找到了彼此,是吗?"红日微微地笑着。铁安请她住到小屋来,做他的妻子。铁安妈妈赶快开始准备婚礼。

这时候,红日爸爸打猎回家,发现小女儿不在家。两个姐姐都说不知道红日的去向。于是爸爸就出去找红日。

红日爸爸走遍了整条村子,最后来到铁安的小屋,他听到欢乐喜庆的声音从屋里传来,就从门口向里面张望。开始的时候,他没有认出那个美丽的姑娘来。但是红日看到爸爸了,赶紧跑过来拥抱他,把这美妙的一天所发生的事情全都告诉了他。大家请红日爸爸留下来参加婚礼宴席。爸爸又让红日请两个姐姐来参加庆祝。那天晚上,红日和铁安结婚了,他们从此幸福地生活在一起。

杜鹃的故事

这是一个埃及童话,由作者改写后收录在此。这是版本众多的"灰姑娘"故事中最古老的一个。对于6~8岁的孩子,无论他们出现恃强凌弱还是被欺负的情况,这个故事都很合适。如果用戏剧或手偶来演绎的话会更生动。

很久很久以前,在一条清澈的河与蓝蓝大海相会的地方,住着一位叫杜鹃的女孩。她是一个卑微的女佣,很小的时候就被人俘虏,从河上游很远的地方一直带到这远离家乡的海边来。她的主人年纪大了,整天躺在树荫下睡觉。他这样没日没夜地睡,所以一直不知道女佣们总是欺负和捉弄杜鹃。

女佣们欺负杜鹃,全为了杜鹃的样子和她们长得不一样。她们的头发又黑又直,杜鹃的头发却是金黄卷曲的。她们的眼睛是棕色的,杜鹃的眼睛却是美丽的绿色。她们的皮肤又粗又黑,杜鹃棕色的皮肤又柔又滑,嘴唇像玫瑰一样红,所以其他女孩都叫她玫瑰杜鹃。那些女佣总是不停地让她做事,还整天对她大吼大叫:

洗,洗,洗衣服;
补,补,补袍子;
放鹅回来别忘把地板洗;
烤面包呀顺带把门擦。

除了鸟儿和小动物，杜鹃一个朋友都没有。她教鸟儿在她手上吃东西，还有一只猴子喜欢蹲在她的肩膀上。她每天早上洗衣服的时候，有一只老河马会从河里钻出来，到岸上跟她亲近。

对杜鹃来说，每天都是一个样，反正其他女孩总是从早到晚对着她大吼：

洗，洗，洗衣服；
补，补，补袍子；
放鹅回来别忘把地板洗；
烤面包呀顺带把门擦。

每一天结束的时候，如果杜鹃不是太累的话，她会回到河边跟她的动物朋友亲近亲近。如果万一还有一点力气的话，还会为它们唱歌和跳舞。有一天晚上，她赤着脚轻盈地打着转，脚几乎不用着地。老人从梦里醒来，看到她动人的舞蹈。他惊叹于她的美丽，又为她的舞姿心醉，心想，像她这样有天赋的女孩起码应该有一双鞋子。

于是老人为杜鹃订了一双鞋子——鞋面镶嵌着玫瑰红的金子，鞋底是柔软的皮子。女佣非常嫉妒杜鹃美丽的鞋子，更不喜欢杜鹃了。

有一天，有消息传来，国王要邀请王国里所有的人参加一个盛大的宴会。国王要找最美丽的姑娘做王后。噢，杜鹃知道宴会上可以唱歌跳舞，还有许多美味的食物，杜鹃多想跟其她女佣一起去啊！可是，女佣们穿着她们最漂亮的衣服准备出发的时候，又派了许多活给杜鹃，她们不在的时候，杜鹃也得干活！

女佣们上了木筏顺流而下，参加国王的宴会去了，岸上只留下伤心的杜鹃。她在河边一边洗衣服一边伤心地唱着歌。没一会儿，河马就听腻了，"哗"地钻回河里，溅起一阵水花。杜鹃的鞋子被水花打湿了，她赶紧脱下鞋子擦干水，放在太阳底下晒。杜鹃继续洗着衣服，头上的天空忽然掠过一个影子。她抬起头来看，一只猎鹰正俯冲而下，抓起一只鞋子飞走了。杜鹃惊讶极了，因为她知道，拿走鞋子的是一只有魔力的鸟。她把剩下的那只鞋子放进口袋里。

这时候，国王高高坐在宝座上，看着下面所有的人，觉得无聊透了。说实话，他倒更愿意去驾驶战车。忽然，猎鹰俯冲而下，抛下鞋子就飞走了。国王非常惊讶，可他知道这是一个征兆，他宣布，全国的姑娘都得试穿这只鞋子，鞋子的主人会成为他的王后。女佣们来到的时候，国王已经去找玫瑰金色鞋子的主人了。她们掉转木筏，跟着国王的船往回走。

杜鹃听到敲锣打鼓和吹喇叭的声音，又看到国王船上紫色的丝绸船帆。她赶紧跑到灯芯草后面躲起来，悄悄地张望。船靠岸了，女佣们从木筏上跑下来试鞋子。她们一看就知道，那是杜鹃的鞋子，可她们都不愿说，只是使劲把自己的脚往鞋里挤。

国王发现了灯芯草后面的杜鹃，让她也去试鞋。杜鹃轻轻地把鞋子穿到小巧的脚上，又从口袋里拿出另一只鞋子穿上，跳起舞来。国王为她的美丽和优美的舞姿倾慕不已，请求她做自己的王后。

其他女孩都叫起来，说她一点都不漂亮，不过是个跟她们一样的女佣，根本不配做国王的妻子。国王说："她是王国里最美的女孩——她的眼睛跟河水一样绿得清澈，她的头发如同莎草一般柔软，而她的嘴唇就如莲花般粉红。"

杜鹃和国王举行了盛大的婚礼，婚礼的宴会从清早开到深夜，一直到第二天都没有结束。他们一起幸福地生活了很久，很久。

甲壳虫的颜色从哪里来

这是一个来自巴西的民间故事，经作者改写后收录在此，这个故事强调要尊重他人，不能对人妄加评判，同时也给出了应对欺负的方法，适合6岁或更大的孩子。

很久很久以前，在一个很遥远的地方，甲壳虫身上还只有棕色。甲壳虫安安静静地在雨林里生活，默默地做着自己的事情，从来不去打扰别人。

雨林里还住着一只老鼠，她总爱取笑其他小动物和小虫子。老鼠觉得自己灵敏迅速，其他动物都没法跟她比。她最喜欢取笑和作弄甲壳虫了，后面还有一群跟屁虫，老是跟她一起开些刻薄的玩笑。

雨林里一根高高的树枝上，住着一只鹦鹉。这只鹦鹉羽毛鲜艳美丽，非常聪明而且还拥有神奇的魔力！

鹦鹉一直留意着老鼠，知道她对甲壳虫既刻薄又没礼貌。鹦鹉想，现在该给她一个教训了。

鹦鹉告诉老鼠，自己已经在树上看到她的所作所为了。

"你总是取笑甲壳虫和其他动物，就好像你比谁都好似的。我们应该来个比试，把问题一次解决。"鹦鹉说，"我要为你和甲壳虫安排一次比赛。最快的那位可以得到一件新外套，还可以选择自己喜欢的图案和花纹。"

老鼠可喜欢这样的比赛了！这真是一次大好的机会——大家都能看到我速度飞快，我轻轻松松就能赢得比赛！我的腿强壮有力，跑起来比风还快，甲壳虫那皮包骨的瘦腿怎么能跟我比！

第二天，动物们都来到老无花果树下，鹦鹉指着小路尽头的一个老树桩说："谁先到达那里，就可以赢到一件新外套。"

鹦鹉一声令下，比赛开始了。老鼠向前飞奔。她一边跑一边想着自己穿上新外套的样子，想着该选什么颜色和花纹。她一次次地回头，甲壳虫无影无踪，可她一点都不担心。她想："甲壳虫还在起跑线上呢。"可是，等老鼠跑到老树桩的时候，甲壳虫早就到了，正坐在小路边上等着呢。"你怎么这么久才来呀，老鼠？我一直在等你呢。"

老鼠惊讶得大叫起来："你怎么这么快！"

"噢，你不知道我会飞吗？"甲壳虫安静地说。

"飞？我不知道你会飞。"老鼠说着，实在是想不透。

鹦鹉飞下来停在老树桩上。"还有很多事情是你不知道的呢，我亲爱的老鼠。如果你肯花时间去了解其他动物，你学到的一定会很多。你总是凭着外表去判断，所以你永远不知道真正的他们是怎样的。有句老话说'不要以貌取人'啊。"

老鼠嘟嘟嚷嚷地回森林去了。而甲壳虫呢？她赢得了比赛，选了一件蓝绿色的外套——天空的蓝加上雨后新叶的绿，她还为自己的翅膀选了闪闪的光，就跟湖面上反射的阳光一样。

直到今天，甲壳虫还穿着她色彩鲜艳的外套，而老鼠却就只有单调的棕色或者灰色。

三只山羊

这是一个经典的挪威故事，作者在重新编写时加入了押韵和重复的元素，让故事更适合3～5岁的年幼孩子。面对嘲弄和欺负的行为，用这个故事就很合适。它传达了一个简单清晰的信息——欺负别人会得到相应的惩罚，年纪较长的家人和朋友会给年幼的孩子带来保护。我发现，用戏剧的方式演绎这个故事可以获得很好的治疗效果，如果让一个很害羞的"受害"孩子来演绎大公羊，同时让一个比较专横的、总爱欺负别人的孩子来扮演魔鬼的话效果会更好（第二天可以交换角色）。

从前有三只山羊，第一只山羊有一撮小小的胡子，还有一对小小的角。第二只山羊有一撮不大不小的胡子和一对不大不小的角。第三只山羊有一撮大大的胡子和一对大大的山羊角。

三只山羊要到山上去吃香香甜甜的草。上山要经过一座桥，可这桥下有一只大魔鬼。魔鬼的眼睛又圆又大像铜盘，鼻子又长又硬像耙子柄。谁要从魔鬼这里经过都会惹怒他。

最先过桥的是最小的小山羊。

踢踏，踢踏，过桥的脚步踢踢踏，
是谁？谁敢从我的桥上过？
是谁？是谁走路踢踢踏？
谁敢踢踢踏踏连我都不怕？

"是我，最小的小山羊，我要到山上吃又香又甜的山草。"

"我这就上来把你抓！"魔鬼吼叫着，长鼻子一伸就伸到桥边上来。

"噢，请不要吃我吧——我那么瘦，简直就是皮包骨头。我的二哥马上来，你要吃他才叫香。"

"很好。"贪婪的魔鬼说着就回它桥下的家。小山羊继续向前走，踢踏、踢踏地一路上山，去吃又香又甜的草去了。

接下来过桥的是不大不小的山羊。

蹦跶，蹦跶，过桥的脚步蹦蹦跶，
是谁？谁敢从我的桥上过？
是谁？是谁走路蹦蹦跶？
谁敢蹦蹦跶跶连我都不怕？

"是我，不大不小的山羊，我要到山上吃又香又甜的山草。"

"我这就上来把你抓！"魔鬼吼叫着，长鼻子一伸就伸到桥边上来。

"噢，请不要吃我吧——我那么瘦，简直就是皮包骨头。我的大哥马上来，你要吃他才叫香。"

"很好。"贪婪的魔鬼说着就回它桥下的家。不大不小的山羊继续向前走，蹦跶、蹦跶地一路上山，去吃又香又甜的草去了。

接下来过桥的是最最大的大山羊。

砰嗵，砰嗵，过桥的脚步砰砰嗵，
是谁？谁敢从我的桥上过？
是谁？是谁走路砰砰嗵？
谁敢砰砰嗵嗵连我都不怕？？

"是我，最大的大山羊，我要到山上吃又香又甜的山草。"

"我这就上来把你抓！"魔鬼吼叫着，长鼻子一伸就伸到桥边上来。

"太好了，快上来，我等你很久了。"大山羊说。

魔鬼爬上了桥，大山羊用它的大角一顶，一下就把魔鬼推下了桥。魔鬼一直往下掉呀，掉呀，掉到了水底下——掉到魔鬼应该待的地方去了，从此再没有出现！大山羊继续向前走，砰嗵、砰嗵地一路上山，去吃又香又甜的草去了。

你知道吗？这三只山羊吃了很多很多草，长得胖胖的，胖得几乎都没有办法走回家了。据我所知，他们现在还是那么胖。

红卡车的故事

这是一个 8 岁女孩写的故事，那时候她刚刚转校，受到班上同学的欺负。在老师的鼓励下，她把自己在第一个学期的经历编成故事。第二个学期，老师发现故事让女孩有了很大的转变，她对自己和其他人的态度变得很不一样。这是一个很棒的例子，说明大一点的孩子可以通过创造性的写作来解决他们自己的问题。

一辆卡车刚来到一个停车场的时候，其他车总是嘲笑、戏弄它。有一天晚上，在夜色的掩护下，卡车用油漆把自己本来老旧破烂的车厢涂成了鲜艳的红色。第二天，其他车全都认不出它来了，变得很尊重它。过了一段时间，雨水洗掉了红色的油漆，其他车发现，原来油漆下面的它就是那辆老旧的卡车。但是谁也不再欺负它了，卡车在车场里过得很好。

第十九章

不合作

毛巾的故事

这是参加我们的"创造性规则"课程的一位妈妈所创作的故事。作者艾米丽·司徒博同意我把这个故事编入本书,并在故事后面附上了重要的说明。在参加课程的第一个晚上,她曾与大家分享了给3岁半的女儿洗澡时所遇到的头痛问题,而后她发挥自己的创造力,解决了这个问题,欣喜地体会到了自己的力量。作者轻轻哼着朗朗上口的童谣,以简单的偶戏形式给孩子讲了这个故事。

从前,在一间可爱的房子里面,有一个大大的木头柜子,里面装满了床单、毯子和毛巾。在那些旧旧软软,舒舒服服的旧毛巾中间,一个新来的家伙刚刚落了脚。就在没一会儿之前,一双手打开了柜门,把这条蓝色的新毛巾放了进来。它年轻,又有活力,渴望着去探险——非常希望能派上用场。

第二天,柜门又打开了,这间房子的妈妈伸手进来,拿走了那条松软的老爷爷毛巾。这一天来,老爷爷毛巾一直陪着新来的年轻毛巾呢。

第二天早上,老爷爷毛巾又回到了柜子里,刚刚好,还是在蓝色新毛巾身旁。年轻的毛巾着急地问老爷爷:"快告诉我,您都干什么去了?"

老爷爷说："我给一个刚刚洗完澡,香喷喷的小男孩擦身去了,从头一直擦到小脚丫。我给他擦脸,擦手臂,擦手指头和小脚丫,还给他擦背,擦下巴底下……擦了好多地方,一直把他全身都擦得干透了,可以穿衣服为止。"

蓝色毛巾兴奋得拧啊拧:"哇,这听来好棒啊!毛巾可以做的事情真多!您从来不会忘记毛巾该做的事吗?"

"噢,不会。"老爷爷说,"我有一首小曲,它可以帮我记得自己该做的事。我可以唱给你听。你想听吗?"

"噢,当然了,请唱给我听吧。"蓝色的新毛巾说。于是爷爷就唱了起来:

轻轻,轻轻,
轻轻裹起他,脸上,头上好好擦。
轻轻拍呀处处揉,前胸后背手臂下,
还能找到哪?
是的——左手,右手,小鼻头!
最后,可别漏了脚趾头!

新毛巾可喜欢这首歌了,特意跟老爷爷学会了这首歌。

第二天,柜门又打开了,老爷爷毛巾又被拿到柜子外面去了。新毛巾看着他离开,心里又是兴奋又是失望。他多想能派上用场啊!

第二天早上,老爷爷毛巾回来了。新毛巾跳起来跟他打招呼:"怎么样?

怎么样？"他使劲地问。

"开心！"老爷爷一边说一边轻轻地笑。

"什么时候才轮到我呀！我好想去呀。"新毛巾使劲地恳求着，"不过，我怕自己忘了该做的事！"

"噢，不会的。"老爷爷毛巾说，"你可以做好的。你是一条很好的毛巾，那么柔软。只要你唱着那首歌，你就忘不了。我们现在来练习练习吧。"老爷爷毛巾就跟蓝色的新毛巾一起唱了起来：

轻轻，轻轻，
轻轻裹起他，脸上，头上好好擦。
轻轻拍呀处处揉，前胸后背手臂下，
还能找到哪？
是的——左手，右手，小鼻头！
最后，可别漏了脚趾头！

第二天，妈妈打开柜门的时候，有一个小男孩站在旁边。"妈妈，"他说，"我以前没有见过那条蓝色的新毛巾。待会洗完澡，我可以用那条毛巾吗？"

"当然可以。"妈妈说，"这条新毛巾正等着我们用它呢。"

拿出衣柜的时候，蓝色的新毛巾兴奋得叫了起来！男孩子舒舒服服地洗着澡，他就静静地在毛巾架上耐心地等着。男孩子洗完澡，妈妈把毛巾递给小男孩。毛巾就唱了起来：

轻轻，轻轻，
轻轻裹起他，脸上，头上好好擦。
轻轻拍呀处处揉，前胸后背手臂下，
还能找到哪？
是的——左手，右手，小鼻头！
最后，可别漏了脚趾头！

帮小男孩擦好了身，蓝色毛巾就不再是崭新的毛巾啦。能够派上用场，他的心里甜丝丝的。他那么柔软舒服，小男孩第二天晚上还要用他。蓝色毛巾一次又一次地练习着毛巾的小曲，从来没有忘记毛巾该做的事！

作者的笔记：

我的孩子洗完澡后讨厌擦身，"毛巾的故事"就是为此而写的。那种讨厌似乎源自一种很深的恐惧。只有几个星期大的时候，擦身的时候她就会叫，甚至号啕大哭。她越是长大，活动能力越强，就叫得越响，还会尖叫，就好像有谁要谋杀她似的，而且会跑掉，总之就是不肯擦身。不论是哄还是讲道理都没有一点用——总得硬把她捉住才能帮她擦身。

我女儿知道我一直在想一个故事。第一次听的时候她非常专注。整整一个星期，每天晚上都要听，洗完澡还让我们给她唱"擦身"歌。这首歌吸引着她，一边擦一边随着歌词指着身体的部分，她对擦身的抗拒就此烟消云散。

现在我女儿和丈夫都很熟悉这首歌。她喜欢这种韵律，重复而押韵的歌词对她而言极为有效。我发现只要我唱歌或童谣，她总是可以跟我合作，几乎做什么事情都愿意……吃早饭，梳头，等等。活泼生动的语言已经成为了她日常生活中的一部分。

现在她4岁了，总是喜欢押韵的话，不管是帮她擦身或者自己擦身的时候，或者做其他事情的时候她都喜欢自己编出许多的歌和游戏来。

我想，故事给我的女儿带来了很大的帮助，而我丈夫和我自己也变得更关注事情积极的一面。故事使我们有了努力的方向，而不是互相传递着挫败的感觉，为孩子干着急。

鸽子和猎人

一个传统的印第安故事，故事蕴涵合作的主题和"人多力量大"的道理。适合6岁或者更大的孩子，在小学里，可以把这个故事作为讨论的引子。

从前有一群鸽子，他们飞呀飞呀，想在地上找点吃的。忽然，领头鸽发现一棵榕树下，零零碎碎的有一些白色的米。他带着整群的鸽子飞过去。这飞来的好运让他们喜出望外，一直飞到了地上。

饥饿的鸽子啄着米粒吃起来，可是没过几分钟，他们的爪子就被猎人抛出来的网给缠住了。紧接着，透过网，他们看到猎人拿着大棍子，一步一步向他们走来。鸽子们心想，自己的小命肯定难保了。

可是领头鸽聪明又勇敢。他跟鸽群说："听我说，我的鸽子伙伴们。我们现在可真是遇上大麻烦了，可是我们也不用失去希望。我有一个主意，如果我们带着网一起向上飞，我们还是可以毫发无损地离开的。我们那么小，分开单独干，干不了什么。可是如果我们一起出力，就可以轻而易举地把网拉起，然后带着它飞走。"

鸽子们不知道这个办法是不是真的管用,可是也实在没有其他办法了。于是每一只鸽子都啄住网的一个地方,一起拍着翅膀飞了起来,从树下飞上了高高的天空。猎人眼睁睁地看着鸽子逃走,却一点办法都没有。

鸽子们飞了好一阵,领头鸽跟其他鸽子说:"我们的麻烦已经去掉一半了,可还没有脱离危险呢。我们的脚上还缠着网。我有一个朋友,他是一只小老鼠,住在前面一座小山下的地洞里。也许他能用尖尖的小牙齿把网啃破,让我们重获自由。"

领头鸽这个新主意,让鸽子们非常高兴。于是他们一起出发,飞到老鼠住的地方。落在老鼠洞前面的地上。"有什么事吗?我的朋友?你看来忧心忡忡的。"小老鼠问领头鸽,"我能帮上忙吗?"

"你看,我们被这张网缠住了。"领头鸽说,"我们一起努力带着这网飞到这里。现在你能帮个忙,把我们解救出来吗?""当然没有问题。"小老鼠说着马上就忙活起来。他用尖尖的牙齿一点一点地咬着网,把那张网咬成了碎片。鸽子们一只接一只地重新获得了自由。

鸽群感谢老鼠给他们帮了大忙,感谢领头鸽把他们从必死无疑的境地中救了出来。他们都为聪明的领头鸽而自豪,他教会他们要团结一致地面对困难。他们的心中洋溢着喜悦的歌,一起展翅回到广阔的蓝天上。

嘉嘉和大萝卜

这个故事的构思来自伊莎贝·惠特（Isabel Wyatt）所著的《7岁孩子的好奇之书》（The Seven-Year-old Wonder Book）中"荷金与萝卜"的故事。作者将故事重新编写，让故事更简单而短小。故事传达了合作的主题，很适合4岁或更大的孩子。

从前有一个小男孩叫嘉嘉。在这广大的世界里，嘉嘉最最盼望的，就是一个冬至晚会用的萝卜灯笼。嘉嘉在花园种下了一颗萝卜种子，他跟萝卜说：

萝卜，萝卜，长啊长不停，
长得越大越来劲。
冬至夜里路上行，
萝卜装上蜡烛，温暖又光明，
我的萝卜灯笼，明亮如星星！

太阳照耀着萝卜种子，雨水浇灌着萝卜种子，萝卜种子发芽了。它长啊长啊，长啊长啊，长成了一个最最大、最最圆、又最最多汁的大萝卜。萝卜熟了，是时候把萝卜拔起来了。嘉嘉走进花园，抓住萝卜顶上的叶子就拔……他拔呀，拔呀拔……可萝卜牢牢在土里，一动不动！

"拔萝卜，拔萝卜！
妈妈，妈妈，跟我一起来拔萝卜！"

于是妈妈拉住嘉嘉，嘉嘉拉住萝卜叶子……他们拔呀，拔呀拔……可萝卜牢牢在土里，一动不动！刚好就在这时候，爷爷走进了花园。"嘉嘉啊，你在干吗？"

"拔萝卜，拔萝卜！
爷爷，爷爷，跟我一起来拔萝卜！"

于是爷爷拉住妈妈，妈妈拉住嘉嘉，嘉嘉拉住萝卜叶子……他们拔呀，拔呀拔……可萝卜牢牢在土里，一动不动！刚好就在这时候，花园里来了一只兔子。"嘉嘉啊，你在干吗？"

"拔萝卜，拔萝卜！
兔子，兔子，跟我一起来拔萝卜！"

于是兔子拉住爷爷，爷爷拉住妈妈，妈妈拉住嘉嘉，嘉嘉拉住萝卜叶子……他们拔呀，拔呀拔……可萝卜牢牢在土里，一动不动！刚好就在这时候，花园里来了一只老鼠。"嘉嘉啊，你在干吗？"

"拔萝卜，拔萝卜！
老鼠，老鼠，跟我一起来拔萝卜！"

于是老鼠拉住兔子，兔子拉住爷爷，爷爷拉住妈妈，妈妈拉住嘉嘉，嘉嘉拉住萝卜叶子……他们拔呀，拔呀拔……可萝卜牢牢在土里，一动不动！刚好就在这时候，花园来了一条毛毛虫。"嘉嘉啊，你在干吗？"

"我想把萝卜拔起来。"

"可是,"毛毛虫说,"难道你真的不懂怎么拔萝卜?你有没有先问问根矮人,能不能把萝卜拔?"

哎哟,嘉嘉没有想起要问根矮人呢。于是他弯下腰来喊:

小矮人,小矮人,我的好根矮人,
我想把你的大萝卜带回家。
冬至夜里我在路上行,
萝卜装上蜡烛,温暖又光明,
我的萝卜灯笼,明亮如星星!

忽然,大萝卜旁边的地里,"噗"地跳出来一个顶小顶小的小人儿。

"我的天哪,嘉嘉好乖乖!"根矮人说,"你干吗不早说呢。我一直在往另一边拉呢!在一个小矮人的大萝卜里点上蜡烛,那可真够美的!现在你问过我了,再拔一次吧。"然后他小小的头一下子钻进地里,又不见了。

于是毛毛虫拉住老鼠,老鼠拉住兔子,兔子拉住爷爷,爷爷拉住妈妈,妈妈拉住嘉嘉,嘉嘉拉住萝卜——他们拔呀,拔呀,拔,他们使劲地拔!忽然,老鼠"嘭"地一下摔倒在毛毛虫身上,兔子"嘭"地一下摔倒在老鼠身上,爷爷"嘭"地一下摔倒在兔子身上,妈妈"嘭"地一下摔倒在爷爷身上,嘉嘉"嘭"地一下摔倒在妈妈身上——嘉嘉手里捧着的,是最最大、最最圆、最最多汁的萝卜!

于是嘉嘉站起来跟妈妈说:"对不起",妈妈站起来跟爷爷说:"对不起",

爷爷站起来跟兔子说："对不起"，兔子站起来跟老鼠说："对不起"，老鼠站起来跟已经压得有点扁的毛毛虫说："对不起"！不过说老实话，每个人都不怎么痛，大家乐呵呵地笑了起来，嘉嘉把大萝卜带回家，"装上蜡烛，温暖又光明"！

（嘉嘉还帮妈妈用大萝卜里面的肉做了萝卜汤。）

第二十章
粗野或躁动

乱跑乱跳没个停的小红马

这故事写给一个在幼儿园行为粗野的 4 岁男孩,他总是乱跑,对其他孩子又踢又打,没有办法安静下来。老师们为了班上孩子的安全,只好一对一地看护他。

这孩子很喜欢马,他沉浸在这个故事里。老师一次又一次地讲着这个故事,每次讲完故事,都让围圈而坐的孩子们轮流来到圆圈中间,接受其他孩子的轻轻抚摸,享受刷毛——就跟马儿一样!

4～6 岁的孩子喧闹不安的时候,家长和老师通常都可以使用这个故事。

从前有一匹小红马:

得儿得……喽喂,得儿得……喽嘿!
小红马整天乱跑乱跳没个停喽喂!
得儿得……喽喂,得儿得……喽嘿!

每天一大早,小红马就在马房里跳开了,打着响鼻,腿踢得老高,他就是不喜欢关在屋子里！农夫带来新鲜的干草给他当早点，可吃草的时候，他也不停地又踢又跳。直到最后，农夫把马房门打开，让他跑到外面去。

一跑到牧场上，他就四处乱跑，跑足一整天。

得儿得……喽喂，得儿得……喽嘿！

长长的一年里，小红马总想待在外头。夏天火热的太阳把草烤得棕黄，牧场上飞扬的尘土扑面而来，弄得他又痒又不舒服。所以，在火热的夏天，小红马的外衣总是又热又痒，每到晚上他总是睡不好。他扭啊，滚啊，还又踢又跳，不停地弄出各种声音来。其他小马都埋怨他闹得大家不得安生。"但愿小红马能安静下来就好了，要是小红马知道怎么好好睡觉就好了！"他们都互相嘀咕着这事。

最后，一个很特别的朋友来帮忙了——他是住在马房里的毛刷子。每天傍晚，农夫都用这把刷子给马房里的马刷毛。刷子知道农夫很想照顾小红马，给他刷毛，就像照顾其他马一样。可是，小红马不是踢就是跳，弄得农夫没法靠近他的马槽。

有一天晚上，刷子决定把这一切告诉小红马。他从架子上探出头来，轻轻地说：

小红马，请你安静耐心听，我有个秘密告诉你，
傍晚静静待在马房里，
农夫会给你刷毛，照顾你。

开始的时候，小红马又是踢又是扭，吵得厉害，根本听不到那个秘密。于是，毛刷子更响亮地说：

小红马，请你安静耐心听，我有个秘密告诉你，
傍晚静静待在马房里，
农夫会给你刷毛，照顾你。

这一次，小红马听到秘密了，可高兴了！他多想每天晚上都美美地睡一觉啊！第二天傍晚，小红马早早地从牧场回来，在马房里努力静静地待着。可是，让四条腿都静静不动实在太难了。要知道，他的腿爱跳，爱踢又爱跑，喜欢动呀动不停。有好几次，他只好跟腿说——"请安静，请静一静"！

很快，他就听到农夫往自己的马槽这边来了。农夫发现小红马静静地站着，非常惊讶。他马上就用毛刷子给小红马刷了起来——刷马背，刷脖子，还给他刷腿。这边刷刷，那边刷刷。噢，好舒服啊——每一下，每一秒都让小红马好享受，好享受。

终于刷好了，所有的痒呀，不舒服呀，全都不见了！那天晚上，小红马睡得好香，从来没睡过那么香。小红马整个晚上都安安静静的，马房里其他马都高高兴兴地谢谢毛刷子，谢谢他把秘密告诉了小红马。

从此以后，每一天的傍晚，小红马总是早早地从牧场回来。他静静地等着，直到农夫来帮他把外套刷，一直刷得他舒舒服服为止。现在，他比以前快活多了，每天晚上他都能睡得又香又甜。而且，多数的日子里，他还是可以在牧场上奔驰——

得儿得……喽喂，得儿得……喽嘿!

当然咯，毛刷子也非常开心，能给整个马房的马刷毛，那是一把毛刷子最喜欢的事情了。

蜗牛和南瓜

铺一块类似于大地颜色的布，上面放一个小贝壳做蜗牛，再放一个南瓜，用偶戏的方式展现这个故事是最好不过的。这个故事缓慢而简单，具有疗愈的品质，可以营造出平和的氛围。我曾经给3～4岁的孩子们讲这个故事，听过故事后，总能看到他们在自由玩耍的时候，像蜗牛一样留心着自己的行动。

（歌：慢慢地，慢慢地，噢，好慢好慢，蜗牛就是这样慢，慢，慢……）

从前，有一只小小的小蜗牛，
草地上周游乐悠悠。
她爬得呀，那样，那样慢，
背上小小房，银光闪呀闪。

她发现一个南瓜，
一个好大好大的大南瓜。
她想，在我的土地里，
没有别的山能跟你比。

她爬得呀，噢，那么那么慢，
她从边边往上爬，
努力努力往上爬，
爬得轻松又优雅。

原来，她边爬边把歌儿唱，
时间更悠然，笑声轻飘荡。

（歌：慢慢地，慢慢地，噢，好慢好慢，蜗牛就是这样慢，慢，慢……）
慢慢爬上南瓜顶，她歇歇又停停，

然后继续向前行，轻唱歌儿更带劲。

（歌：慢慢地，慢慢地，噢，好慢好慢，蜗牛就是这样慢，慢，慢……）

她开始从另一边往下爬，
就算是累，也不声张。
她一路爬一路轻轻唱，
直到她又回到大地上。

（歌：慢慢地，慢慢地，噢，好慢好慢，蜗牛就是这样慢，慢，慢……）
她还是悠悠然，爬得缓又慢——

沿着草丛，背着房子把风景看，
歌儿一遍一遍唱得欢。

［结束的时候唱几次］

（歌：慢慢地，慢慢地，噢，好慢好慢，蜗牛就是这样慢，慢，慢……）

星星草人

这个欢快的故事让我们体会到躁动可以如何转化为宁静。澳大利亚初夏时节，星星草[1]从沙里被风吹出来，然后沿着沙滩一路向前滚，有时候好几百团草聚在一起。这个故事所具有的重复和节奏性，让它很容易被3～5岁的孩子接受，6～8岁的孩子也很能享受其中。

从前有一个老妇人，她沿着沙丘走啊走，沙丘边上长满了又高又密的草。忽然，她看到一丛草里露出一个圆滚滚、像草球一样的东西。她弯腰想把那球捡起来，可是里面突然蹦出了一个小小的草头来，还有草的手和脚，最后，一个小小的星星草人从她的手里滚出来，沿着沙滩噗噜噗噜一直向前。

"停下来，小小的星星草人，我想跟你玩。"老妇人使劲叫。可是星星草人说：

玩，玩——不，不，我才不！
太阳把我声声唤，
我急急忙忙正往天上赶！

---

[1] 即风滚草，在旱季来临的时候，会从土里将根收起来，团成一团随风四处滚动，好像会走路一样。滚动的时候，风滚草的枝条都向内弯曲，卷成一个圆球。风一吹，"圆球"就脱离根部，拔地而起，在地上打起滚来，一直能滚几十里地。即使在冬天，大雪覆盖了草原，也根本阻挡不了风滚草的脚步，它们照样可以在地上滚来滚去，继续旅行，直到春暖花开，才停止漂泊，扎根安家。——译者注

你追呀，追呀，追着我使劲跑，
你跑了也是白跑——我是星星草！

他说着又沿着沙地继续滚——噗噜，噗噜，滚呀滚呀滚，后面跟着老妇人追呀追呀追。

没一会儿，他遇到了一条正赶着海鸥使劲跑的狗。狗看到星星草人，叫了起来：

"停下来，小小的星星草人，我想跟你玩。"可是星星草人说：

玩，玩——不，不，我才不！
太阳把我声声唤，
我急急忙忙正往天上赶！
我从老妇人那里跑走了，
我也能躲开你继续跑，跑，跑！
你追呀，追呀，追着我使劲跑，
你跑了也是白跑——我是星星草！

他说着又沿着沙地继续滚——噗噜，噗噜，滚呀滚呀滚，身后老妇人追呀追，狗赶呀赶。

没一会儿，他遇到了一只刚刚从沙洞里爬出来的螃蟹。螃蟹看到星星草人，叫了起来：

"停下来，小小的星星草人，我想跟你玩。"可是星星草人说：

玩，玩——不，不，我才不！
太阳把我声声唤，
我急急忙忙正往天上赶！
我从老妇人和狗那里跑走了，
我也能躲开你继续跑，跑，跑！
你追呀，追呀，追着我使劲跑，
你跑了也是白跑——我是星星草！

他说着又沿着沙地继续滚——噗噜，噗噜，滚呀滚呀滚，身后老妇人追呀追，狗赶呀赶，螃蟹爬呀爬。

没一会儿，他遇到了在海边打渔的一群渔夫。渔夫们看到星星草人叫了起来：

"停下来，小小的星星草人，我们想跟你玩。"可是星星草人说：

玩，玩——不，不，我才不！
太阳把我声声唤，
我急急忙忙正往天上赶！
我从老妇人和狗，还有螃蟹那里跑走了，
我也能躲开你继续跑，跑，跑！
你追呀，追呀，追着我使劲跑，
你跑了也是白跑——我是星星草！

他说着又沿着沙地继续滚——噗噜，噗噜，滚呀滚呀滚，身后老妇人追呀追，狗赶呀赶，螃蟹爬呀爬，渔夫跑呀跑。

就在这时候,金光四射的太阳爸爸从一扇云窗户里探出头来,金色的阳光越过天空,在沙滩上舞动。星星草人头上,也有一缕阳光在飞舞,他全身都沐浴在金色的阳光里。

星星草人不再滚了,他坐下来,欣赏着自己崭新的金外套。"怎么会这样呢,"他自豪地想,"我一定非常重要,看,我不用去拜访太阳——太阳来拜访我了!"

他坐在那里,自豪地欣赏着自己金灿灿的外套,老妇人赶上来了。"你愿意跟我来吗?"老妇人说,"我想把你挂在我的房子里,做我的圣诞之光。"

"噢,好啊。"星星草人说,"我愿意来——穿着这崭新的金外套,我会像太阳那么明亮闪耀。"

老妇人从口袋里拿出一根绳子来,把绳子的一头拴在手指上,另一头绕着星星草人的金外套缠了一圈,带着他回家去了。她把闪亮星星草人挂在自己的房间里,做她的圣诞之光。

而那狗呢——他又追海鸥去了。螃蟹一路爬回沙子里的洞洞,甜甜地睡了。而渔夫呢……嗯,如果你走到沙滩上,你会看到他们静静地在钓鱼,就在大海边上。

小佳和仙蛋

这故事是从"敲门树"那首诗发展而来的(请见第三章),那是我刚刚当老师的第一年,散步的时候,孩子们总是在森林里乱跑,于是我用这个故事帮助孩子们安定下来。很快,在森林小路路口的"敲门树"周围等待,礼貌地敲门再进森林就成了孩子们的一个"传统"。孩子们轻轻地踮着脚走进森林,让感官全然打开,全身心地体味着森林中的所见所闻。诗歌和故事完全改变了孩子们森林散步的氛围,之前乱跑乱动的孩子们变得平和安静。

小佳住在一条弯弯曲曲的小路尽头的小镇上。他的家紧挨着一个公园,公园边上有一片森林。小佳喜欢去森林里玩,他给这片森林起了个名字——"敲门树"森林。因为,就在进森林的小路边上,有一棵"敲门树"。他想:"森林的守门仙子肯定住在这里!"他是个有礼貌的孩子,所以总会先敲敲门,然后再沿着小路走进森林。

森林里,还有很多树上都有门,小佳所有的仙子朋友都住在里头。是的,小佳从来没有亲眼见过他们,可小佳知道,他们就住在那里面,小佳还经常听到他们玩耍欢笑的声音。有时候他分明看到了,树荫底下那跳跃的阳光里有舞动的身影!有时候,他会发现仙子们修的仙子小路。有时候又会看到,树荫下的草地有一圈跳舞踩出来的小小脚印。"而且,"小佳想,"要不然,那些树为什么都有门呢?"

眼看复活节就要到了,小佳可兴奋了。他还记得,去年复活节早上起来,在后门台阶上,他找到了一个小小的篮子,里面装满了闪闪发光的彩蛋。

"我想知道复活节早上,仙子宝宝们会找到什么。"有一天,他问妈妈。妈妈笑着说:"如果你起得比他们早,你就可以自己出去看看,那不就明白了!"

"好啊,"小佳想,"我正想这么做!"他一心就想着要在复活节那天起个大早,拜访"敲门树"森林。你看他心里尽想着这事,连找自己的复活节彩蛋这么开心的事,都忘得一干二净了。

复活节前的那个星期五,小佳忙着烤十字面包。他烤呀烤,烤了一整天,然后把面包放进一个漂亮的碟子里,送给邻居们分享。

复活节前的那个星期六,小佳就开始等了。他等啊等啊,觉得那天特别特别的长。好不容易等到晚上,小佳早早上了床。"我怎样才能知道,仙子宝宝什么时候起床呢?"他问妈妈。"阳光会叫醒他们,"她说,"你得在第一缕阳光洒落大地之前,笑翠鸟叫第一声的时候,就赶到他们那里。"

第二天早上,笑翠鸟叫第一声的时候,小佳就醒了,他看了看窗外,天还黑乎乎的。他静静地穿好衣服出门,穿过公园的时候,天空才露出淡淡的晨光,草上的露珠晶莹透亮。他静悄悄地向森林走去,他可不想仙子宝宝们被自己的脚步声吵醒。

来到"敲门树"边的时候,小佳停下来四处看看。可是,除了旁边草丛里的几只小蚂蚁,他什么也没有看到,他有点失望了。"也许仙子宝宝们根本就没有复活节礼物?又或者,是我来得太晚了?或者……也许只是因为森林的守门仙子没有宝宝?"

这念头鼓励了他，他想再找找看。于是，他慢慢地沿着森林小路，来到另一棵有小门的树前。那里，他惊讶地发现，有一个很小很小的小篮子，端端正正地放在门阶上。小佳弯腰看看篮子里面，看到了他从没见过的，最最小的蛋，比他帮妈妈种在花园里的胡萝卜种子还要小。

小佳沿着小路继续走，从一扇小门走到另一扇小门。在下一扇小门外面，有三个小篮子，再下一扇小门外——两个，再下一扇小门外——没有，再再下一扇小门外——一个，他就这样一路走，一直走到小路的另一头，走出了森林。他转身静静地往回走——要是能拿一个篮子去给妈妈看，那该多好啊！可他知道，他决不能这样做！想想看，如果一个仙子宝宝一觉睡醒，看到一个空空的门阶，该有多失望啊！

这时，他想起来了，自己一大早就去拜访"敲门树"森林，都忘了看看自己家后门的台阶了！他飞快地跑过花园，跑进自己家的后门。阳光照耀着草地，洒落在门阶上，那里，他那装满了彩蛋的复活节篮子，正在清晨的阳光下闪耀。他把篮子提进去，放在厨房的桌上，把蛋从草窝里取出来。

他拿起最下面的一个蛋，可草里还藏着一个很小很小的仙子篮——跟他在"敲门树"森林里看到的一模一样。小篮子里放着的，是一些小小的蛋，蛋上还有一张小小的字条：

> 为了一个好心又聪明的男孩，
> 仙蛋焕发复活节的光彩。
> 请在秋天的花园里播种吧，
> 春天到来，鲜花绽放等你采。

第四部分

针对挑战情境的故事

孩子在长大的过程中会经历一些困难的处境,有些处境一目了然,例如搬家或转校,有的则要复杂一些,例如面对恐惧、疾病以及亲人去世的悲伤。本部分针对这些处境,用一些故事来帮助孩子面对新的挑战。我并不认为仅靠故事就能"治愈"这些困境,但故事可以给孩子带来勇气以及富有想象力的解决方案,从而帮助他们化解焦虑和恐惧,这是毋庸置疑的。

第二十一章

环境变动或过渡期

新的世界

这是一个关于搬家或转校的故事。读者可以根据孩子生活中的不同变动来调整故事情节。这个故事适合4岁或更大的孩子,也可以用其他袋类动物(比如负鼠或袋鼠)来代替故事中的袋熊。

给学龄孩子讲这个故事时,为了让他们更好地融入故事,可以让他们画出或者表演出故事中的场景,让他们谈一谈搬家或转校后的感受。之后可以以此为主题进行创造性的写作练习。

小袋熊不喜欢新鲜事。

他的家在妈妈暖洋洋、毛茸茸的袋子里,那是他最喜欢的地方。妈妈的袋子又舒服又温暖,他哪也不想去!

有时候,小袋熊会爬出来,喝点泉水或者嚼点甜甜的苔藓,可他从不在妈妈的口袋外面待很久。如果风吹过,哪怕只是轻轻吹动了他的毛,他也会马上"刷"地一下跳回妈妈的口袋。

小袋熊不喜欢新鲜事!

要是雨点在他的头上洒落,他也会"刷"地一下跳回妈妈的口袋。

小袋熊不喜欢新鲜事!

看,有另一只袋熊向他走来了,他还是马上"刷"地一下跳回妈妈的口袋里。

小袋熊不喜欢新鲜事!

妈妈的口袋就是他的家,他唯一的家。可是,小袋熊的身体一天天长大,妈妈的袋子却只有那么大。

有一天清晨,小袋熊喝了很多很多的水,又吃了很多很多甜甜的苔藓。他想爬回妈妈的袋子。可是这一回,只有他的头能伸进妈妈的袋子,身子却卡在外面进不去了。他又试着把肚子先放进去,可身子还是卡在外面。他又试着先把脚塞进去,可是身子照样进不去。

小袋熊该怎么办呢?他忽然发现,自己置身于外面这个广阔的世界,每一样东西都是既新鲜又陌生的。小袋熊不喜欢新鲜事!

小袋熊四处张望,看到一丛高大的灌木。他爬到灌木下,在沙地里挖了一个洞,让自己蜷缩在里面。这不是妈妈的袋子,可现在他只有这个洞了。他想睡觉,可是所有的东西都那么陌生。

突然，灌木上传来了一种小袋熊从来没有听过的很吵、很奇怪的声音。

"呵呵，哈哈，呵呵，哈哈哈哈！"

小袋熊抬头一看，一只很大的鸟就在他头顶的树枝上。

"你是谁？为什么那么吵？"小袋熊问。

"我是笑翠鸟，我就是这样笑的。我在笑你啦，小袋熊！呵呵，哈哈，呵呵，哈哈哈哈！"

"有什么好笑的吗？"小袋熊问。

"呵呵，哈哈，呵呵，哈哈哈哈。小袋熊，你可真好玩，居然不喜欢新鲜事。你不知道新鲜事很有趣吗？"

小袋熊听到这儿，惊讶极了："在这冰凉凉的沙洞里躺着，怎么会有趣？"

"那你跟我来。"笑翠鸟说着就沿着路飞出灌木丛，一路飞一路笑："呵呵，哈哈，呵呵，哈哈哈哈！"

小袋熊爬起来，小心翼翼地跟着笑翠鸟。月亮刚刚升起，在远远的山那边散发着柔和的光。路边的小野花可爱地点着头，好像在说："欢迎你来到这广阔的新世界！"蜻蜓在灌木间飞来飞去，青蛙在四处鸣唱。小袋熊惊讶地发现，原来外面的世界是如此美好。

前面的小路上有一个泉口，是一泓新的泉水，妈妈还没带他来过呢。泉水边上，很多小袋熊正在洗澡和玩水，他们看到小袋熊，就喊了起来："嘿，来跟我们玩儿呀。"

于是，小袋熊就跟他们玩儿了起来。第二天早上，袋熊爸爸妈妈找他们的小宝宝来了。他们一起在树下软软的泥土里挖了很多洞，然后躺在洞里睡觉，就这样度过了整整一天。又跟爸爸妈妈在一起了，小袋熊觉得又温暖又舒服。

一觉睡醒，小袋熊又迫不及待地跟朋友们玩了起来。这可真有趣！每一天晚上，小袋熊的朋友都带他做一些新鲜事，教他一些新东西。奇怪的是，小袋熊现在喜欢上新鲜事了。

傍晚或者清晨的时候，他还是经常听到笑翠鸟在树上笑："呵呵，哈哈，呵呵，哈哈哈哈！"

可是小袋熊知道，这不是在笑他。笑翠鸟啊，只是在自己找乐子！

变色龙的故事

在内罗毕的家长学习班上，有一个妈妈请大家为她6岁的儿子编一个故事。她的儿子很难从正在做的事情顺利地转入另一件事情。不论在家里还是在学校，从正在做的事转入下一件事的时候，小男孩都很别扭，不管是玩耍之后要吃点心，还是室外活动结束后要讲故事，又或者是洗完澡需要上床……

他们家的花园里经常有变色龙出没，妈妈发现儿子对变色龙挺着迷的。因此我们以变色龙的特质为故事的核心，想出了一些办法。这个故事让不同颜色的卡片与各个转换时间之间建立起一种有趣的联系。

变色龙是一种独特的生物。它们以会变色而广为人知，它们可以变出不同的保护色，包括棕、绿、蓝、黄、红、黑或白。这个故事讲到了这七种颜色，并用七张变色龙形状的色卡，对应七种不同的活动——游戏时间、整理时间、用餐时间、工作时间、洗澡时间、故事时间和上床时间。听过这个故事后，跟着卡片转换日程的办法显然让小男孩好过多了。

故事简单叙述了小变色龙一天的生活，它的生活节奏就跟小男孩的生活节奏一样。故事是这样开始的（可以根据各个家庭不同的生活节奏对故事作相应的调整）：

从前，有一只变色龙宝宝，他跟爸爸妈妈一起，住在花园的一根空心木头里。每天早上起来，他都穿上棕色的外套，吃棕色的虫子做早饭。然后他穿上绿外套，到外面长满绿色苔藓的石头上玩。收拾的时间一到他就穿上……外套（等等，等等）。晚上的时候，天空变得黑乎乎的，就该穿黑外套了（卡片上有一些闪亮的小星星）。

注：转换的时候，唱一首歌或童谣，可以更好地强化故事的作用——

来，哼一曲变色歌，
颜色跟着时间转，心里乐呵呵！

正好大婶

家里有 4～7 岁孩子的父母，可以在过渡时间里给孩子讲这个故事，它可以带来稳定的感觉。在正好大婶的农场里，每一样东西都有它自己的位置和用处。有一位妈妈对这个故事做了延伸，幽默地给5岁的儿子呈现了他老是躲在衣柜里大小便的事情。在"正好"大婶的农场里，那当然是在厕所里解决的。故事里开心的泥巴游戏，可以帮助怕脏的孩子稍稍玩脏一点点——故事鼓励玩泥巴，并且让孩子知道，玩脏以后，还能洗干净。

从前，有一只小白鸭，她不像其他小白鸭那样爱待在池塘里。她呀，喜欢在池塘边上的泥坑里玩。所以，这小白鸭看起来一点都不白，身上整天泥乎乎的，其他鸭子都管她叫"泥鸭鸭"。她整天自个儿待在泥坑里，直到玩累了或者饿了，就到池塘里把泥巴洗掉，然后游回去，跟妈妈在一起。她喜欢钻进妈妈软软的绒毛里，香香地睡到大天亮，然后又回到泥坑里啪嗒啪嗒地玩。

这个池塘的主人是"正好"大婶，她喜欢农场里每样东西都井井有条。"每样东西都有自己的家，每样东西都在自己的家。"她喜欢一边哼着这首歌一边做家务。从窗户看出去的时候，她喜欢看到白鸭子在池塘里，牛在地里，母鸡在院子里啄呀啄个够，猪在猪圈的泥巴里滚呀滚不停。

有一天，正好大婶走到池塘边上，一低头，有个圆滚滚、泥乎乎的东西在泥坑里玩泥巴！"天哪！"正好大婶说，"肯定是有一头小猪从猪圈里爬出来了。"她没费啥劲，就把那圆滚滚、泥乎乎的东西捡了起来，带回猪圈去了。她一边小心地把那东西放下，一边哼着歌："每样东西都有自己的家，每样东西都在自己的家。"嗯，帮小猪回家了，这多好！她心满意足地做自己的家务去了。

可那圆滚滚、泥乎乎的东西根本就不是什么小猪。那其实是"泥鸭鸭"！开始的时候她挺高兴，因为，猪舍里有好多可爱的泥巴。她跟其他猪一起滚，滚得浑身都是泥，大家都没发现她不是猪。她就那样，滚呀，玩呀，过了大半天。可是现在，太阳下山了，天渐渐黑了，她可就犯起了嘀咕，这该是自己待的地方吗？其他小猪都窝到泥乎乎的猪妈妈身旁睡觉了。可是泥鸭鸭想着鸭妈妈柔软的绒毛，哪里睡得着！

泥鸭鸭不光睡不着，肚子还饿得咕噜咕噜直叫。正好大婶放进猪舍的猪食一点都不对她的胃口，她只爱吃妈妈捉的小肉虫和鼻涕虫！所以泥鸭鸭想，现在真得要回家了，得找到路出去。她啪嗒啪嗒地走到猪舍围栏边，想爬出去，可她浑身都是滑溜溜的泥巴，一爬上去，就滑了下来。看来得要在围栏底下挖出一条路来，那真不容易，幸好她有一张硬硬的鸭嘴巴。

泥鸭鸭费尽力气挖了很久，终于在篱笆底下挖出了一条隧道。她使劲地从隧道里钻出来，身上的泥更多了。眼睛、耳朵、鼻子都是泥巴，身上裹了这么多泥巴，泥鸭鸭也觉得难受起来。

如果这天晚上，正好大婶从窗户里看过来的话，她就会看到一团泥乎乎的东西，从猪舍那里摇摇摆摆地走进了池塘。不过，正好大婶已经忙了一整天，忙着让她农场里的东西都好好地待在自己的位置上，所以她已经很累了，睡了。泥鸭鸭啪嗒啪嗒慢慢走回池塘，一头扎进清爽凉快的水里。她好不容易才把身上的泥巴洗干净——猪舍的泥巴比泥坑的稠多了，也黏乎多了——不过最后，她终于还是把自己洗得干干净净，白白亮亮，可以游回妈妈那里去了。

在银色的月光下，鸭妈妈满心欢喜地看着她那走丢了的小鸭子慢慢地从湖那边游回来了。妈妈早就给自己的宝贝留好了小肉虫和鼻涕虫，泥鸭鸭不愁饿肚子了。吃饱了，她一句话都没有说，就钻回妈妈软软的绒毛中间，甜甜地睡了。鸭妈妈始终都不知道，泥鸭鸭这一整天去了哪里。正好大婶也一直没有发现，原来她放回猪舍的不是小猪而是小鸭。

从这天起，正好大婶就没有在池塘边的泥坑里发现圆滚滚、泥乎乎的东西了。泥鸭鸭还是很喜欢玩泥巴，可她不再去碍事了。每次正好大婶从窗户看出去的时候，总是看到白鸭子在池塘里，牛在地里，母鸡在院子里啄呀啄个够，猪在猪圈的泥巴里滚呀滚不停。"每样东西都有自己的家，每样东西都在自己的家。"她开心地哼着这首歌，继续忙她的家务活。

小贝壳

这个故事写给三四岁的孩子，最适合用来做简单的偶戏表演。用它来安抚新入园的孩子总是很有效。故事的主题温暖，带着家的气息，让孩子学会在自主游戏时间用简单的材料来玩耍，即便是一篮贝壳也可以玩出很多花样来。

蓝蓝的大海里，一只小白贝壳独自漂啊漂。它惊叹着："我会到哪儿去呢？我可以做些什么呢？"忽然，一个波浪涌来，"噗噜"一下，就把小贝壳裹进去了：

噗噜噗噜滚呀滚……

小贝壳翻了个身，刚刚落下来，另一个浪又"噗噜"一下，把它裹进去了：

噗噜噗噜滚呀滚……

小贝壳还没来得及猜自己会不会肚子朝天掉下来，又一个大浪"噗噜"一

下,把它裹住了:

噗噜噗噜滚呀滚……

这个浪把小贝壳抛到了金色的沙滩上。

小贝壳躺在沙子上,它那粉红粉白的美丽花纹在晨光中闪闪亮。它问自己:"我会到哪儿去呢?我可以做些什么呢?"

这时候,一个老奶奶正沿着沙滩散步。她在沙滩上走着,看到了小贝壳,它那粉红粉白的美丽花纹在晨光中闪闪亮。她捡起贝壳,看着它说:"我认识一个小女孩,她一定喜欢跟你玩。"说着,她就把小贝壳装进口袋,回家去了。

回到家,她踮着脚尖,轻轻地走进小孙女的房间,小孙女还没醒呢。老奶奶把小贝壳放在床边的桌子上,小贝壳那粉红粉白的美丽花纹在晨光中闪闪亮。老奶奶就到厨房,煮麦片做早饭了。桌子上的贝壳惊叹着:"我会到哪儿去呢?我可以做些什么呢?"

小孙女一觉醒来,看到桌子上美丽的贝壳,拿起贝壳玩了起来。娃娃们开茶话会的时候,贝壳刚好可以当盘子。后来,小贝壳又成了玩具小熊的电话。

很快,奶奶就喊小女孩吃早饭了。小女孩吃麦片的时候,小贝壳就躺在桌子上。等小女孩吃过早饭,她把贝壳拿到家门口的沙地里玩呀玩——挖沙子,建沙堡,在沙子上画画。

奶奶坐在阳台的椅子上,看着孙女玩。小女孩说:"奶奶,谢谢你——它真是一个可爱的玩具。"

小贝壳终于找到了一个朋友和一个家。它知道,这就是自己想来的地方,这就是自己想做的事。

第二十二章
收拾时间

收拾小熊

这是一个鼓励孩子和家长收拾玩具和房间的故事，适合4～8岁的孩子。可以请孩子为故事配画，画出乱糟糟的房间（玩具乱摆乱塞，个个东倒西歪，上下颠倒，不分里外，让人一刻都不想待），然后再画上收拾小熊、台灯娃娃和收拾整齐的房间（玩具整整齐齐，全都稳稳站立，上下分明，里外分清，真真让人高兴），做成绘本。

泰迪小熊跟许多玩具一起，住在房间角落的玩具箱里。玩具箱子又宽又大，可还是总有玩具从箱子掉到地板上。

这房间的主人是一个小女孩，她叫安安。安安不喜欢收拾玩具。你倒也不能说她懒——因为平时，爸爸妈妈都帮她收拾好了，她哪有机会发现收拾玩具的乐趣呢！爸爸妈妈几乎每天都到安安的房间，他们总是抱怨："玩具乱摆乱塞，个个东倒西歪，上下颠倒，不分里外，让人一刻都不想待！"

泰迪小熊非常享受收拾整齐的美好时刻——那让他的心里平静而安宁。可是只要安安在房间里玩几小时，一切就又变得乱糟糟了——玩具乱摆乱塞，个个东倒西歪，上下颠倒，不分里外。

有一天，房间里加入了新的一员。从此，这一切就改变了。安安收到了一盏很美丽的台灯，那是她的生日礼物。这可不是一盏普通的台灯，这台灯的支架是一个金色的娃娃，灯罩是一把印着花儿的雨伞。台灯高高地放在安安的梳妆台上，台灯娃娃在这里可以看到房间的每一个角落。

房间里的玩具，不论是地板上的，还是玩具箱里的，都能看到台灯娃娃。每一个玩具都夸她漂亮，而泰迪小熊呢，他喜欢得根本就没法让自己的眼睛从她身上移开！泰迪小熊从没见过如此美丽的景象，特别是夜晚，当台灯娃娃亮起，散发出金色明亮的光的时候。

不过，台灯娃娃在这个房间刚过了几个晚上，就不亮了。不管安安按多少次按钮，它就是不亮。爸爸妈妈检查了灯泡，还请懂电路的邻居叔叔帮忙检查了，可是谁都不知道，为什么这盏灯现在不亮了。

小熊觉得很难过，可他又能干什么呢？他只是一个玩具呀！他四处看看，房间里乱糟糟的，觉得更难受了。安安的爸爸妈妈一直忙着修台灯，已经顾不上收拾房间了。

小熊觉得自己很不耐烦，还很难过。为什么安安就不收拾房间呢？难道她不明白，整洁的房间可以让大家都感觉好一点，平静一点，快乐一点吗？忽然，他有了一个有趣的想法——也许就是因为这个，台灯娃娃才不亮呢。一盏如此美好的台灯，怎么会希望把她的光洒在如此凌乱的房间呢？

面对这一片凌乱,小熊想他得要干点什么了。也许他只是一个玩具,但他可以试着做一个会收拾的玩具。他动起手来了——捡起一片片的拼图,把书整齐地放回玩具箱上的书架,把玩具和车小心地放回车库和玩具的家——差不多所有东西都放回了本来该放的地方了。

最后,所有乱摆乱塞,个个东倒西歪,上下颠倒,不分里外的玩具都收拾好了,所有的玩具整整齐齐,全都稳稳站立,上下分明,里外分清,真真让人高兴。小熊站在那儿欣赏着自己的工作成果。这时,台灯娃娃把她自己点亮了,金色的光洒满了整个房间。就在亮灯的一刹那,小熊听到梳妆台上轻轻地传来一声低语——"谢谢你,我的收拾小熊!"是金色的台灯娃娃在跟他说话呢!

小熊的心里满是喜悦和自豪。他回到玩具箱,久久地躺在那里,看着美丽的台灯娃娃,直到后来,他睡着了,做了一个最美的梦。

安安看到台灯又亮了,非常高兴。她的爸爸妈妈当然更高兴,看,不用他们帮忙,房间也可以变得整整齐齐!

从那一天开始,小熊就负责起整理玩具的工作了。只要美丽的台灯娃娃每天把金色的光洒到房间的每一个角落,多做一些事儿对他来说一点问题都没有。他一边工作一边唱:

收拾小熊总是努力做呀,做到最好,
把乱糟糟赶跑,把玩具全都收拾好。

没过多久,小熊发现安安也稍稍留心起自己的玩具来了——也许她也能听到那首歌？很快，虽然他们没有预先商量，却已经可以互相帮忙，把玩具全都收拾好了。

当然，小熊得很小心，不让自己总是拾掇不停——安安玩耍的时候，总得要把玩具从玩具箱和架子上拿出来吧。那可不是收拾的时间！小熊得学会耐心地对待这一切，很快，整理的时间就变成每天一次了。晚上，只要玩具们都整整齐齐，全都稳稳站立，上下分明，里外分清，台灯娃娃就会把她金色的光洒满整个房间。

小扫帚

这故事和诗是为了提高"小帮手们"的工作热情而编写的。曾经有不同年龄的孩子和成人听过这个故事——看来它拒绝被限定在一个年龄组里。很多时候，这个故事都会以手偶剧的方式演绎，分别戴着蓝、红、黄色小毡帽的三个小娃娃代表故事里的三个人。可以用松针做一把小小的扫帚，房子可以用木头或树根来做。用戏剧把这个故事表演出来也非常有效，每个演员戴一顶小毡帽，准备一把扫帚就好了。

蓝帽儿小人和红帽儿小人一起，住在凤凰木和山楂树的树根底下。可是，你知道吗？他们的家，可是你见过的最脏最乱的家了！

到处是，到处是——面包屑，面包屑。
桌子底下是面包屑，
椅子底下是面包屑。

垫子上是面包屑，
床底下是面包屑，
小人儿睡觉的枕头下，
也全是面包屑。

是的，他们有一把小小的稻草扫帚——就在房间的一个角落里。可是蓝帽儿和红帽儿不晓得怎样用他们的扫帚。

这小小的稻草扫帚，看着房间就叹气——"只要有人会用我，我可以一眨眼就把房间扫得干干净净"。

蓝帽儿和红帽儿倒也打扫房间。可是每次轮到蓝帽儿，他都嫌麻烦。他拽着扫帚，慢吞吞地在房间里打转，唱着他的"麻烦歌"：

少烦我，少烦我，
顶讨厌的就是要干活；
一天那么长，我全想用来玩——
打扫实在太麻烦。

所以，蓝帽儿弄完以后，还是像原来一样，到处都是面包屑：

到处是，到处是——面包屑，面包屑。
桌子底下是面包屑，
椅子底下是面包屑。
垫子上是面包屑，

床底下是面包屑，

小人儿睡觉的枕头下

也全是面包屑。

而轮到红帽儿的时候，红帽儿总是匆匆又忙忙。他拿着小小的稻草扫帚飞快地扫，唱着他的"嗖嗖嗖嗖飞快扫"歌：

嗖嗖嗖嗖，飞快扫，嗖嗖嗖嗖，飞快扫，

东扫扫，西扫扫，到处扫一扫。

嗖嗖嗖嗖飞快扫，嗖嗖嗖嗖飞快扫，

东扫扫，西扫扫，到处扫一扫。

等红帽儿扫完，本来没有面包屑的地方都沾上面包屑啦。

到处是，到处是——面包屑，面包屑。

桌子底下是面包屑，

椅子底下是面包屑。

垫子上是面包屑，

床底下是面包屑，

小人儿睡觉的枕头下，

也全是面包屑。

有一天，金帽儿小人到他们家来做客。他一进门，就看见到处都是面包屑。"我的天哪，"他说，"扫帚在哪？我得把这个房间好好来打扫。"

金帽儿小人走到房间的角落，拿起了小扫帚，唱着他的"统统扫干净"歌，扫了起来：

统统扫干净，统统扫干净，
顶顶能干的金帽儿小人，把房子扫干净，
打扫面包屑，我手不停，笑吟吟，
金帽儿小人打扫房子——开心又带劲！

金帽儿小人打扫了所有地方。他打扫桌子下面，还有椅子下面。垫子上扫过了，又扫了床底下。他连小人儿睡觉的枕头下，都扫得干干净净。

等金帽儿小人打扫完，面包屑在屋子中间堆成了一座小山。他把小扫帚放回房间角落，小扫帚好累啊，一下子就睡着了。

金帽儿、红帽儿和蓝帽儿一起围着桌子坐下，分享葡萄干面包和茶。

三个小人儿，三顶小帽儿，
三个小人儿排排坐，
蓝帽儿、红帽儿和金帽儿，
家务一起做，共享安乐窝。

第二十三章
害怕或噩梦

上帝的花园

我的儿子们4～8岁的时候,如果他们睡不着或做噩梦,我就会给他们讲这个故事。故事让他们平静下来,安然入睡。故事里有经典的送子鹳鸟,其中带出的图景可以帮助害怕的孩子回到"甜蜜的梦乡"。

你想过上帝住的地方吗?想象一下吧,他不像我们这样住在房子里,他的家是一个美丽的花园。上帝管这美丽的花园叫"天堂"。天堂里所有的叶子都是银子做的,就像黑漆漆大海上的月光,摇曳生辉银闪闪。天堂里所有花瓣都是金的,就像阳光一样金灿灿,放光芒。天堂上有许多白云岛,岛上是鲜花盛放的花园,一道道彩虹桥飞架,让座座白云岛相连。上帝花园里美好的东西那么多,怎么讲也讲不完。

可是,有一件事情,我特别想告诉你。在长满了金花银草的花园之间,有一条活泼泼的小溪在流淌。我们这儿的小溪里流的都是水,可天堂小溪里流淌的,是千千万万的小小星光。他们簇拥在一起,奔跑着,跳跃着,一路收集着新的星光,蜿蜒流过遥远夜空中的每个角落,向着上帝的花园而来。小溪流啊流,流进了花园中间,也就是天堂的正中央,一道巨大的瀑布在翻涌,小溪勇敢地一跃而下。就这样,他们来到了星光闪烁的光之湖,满湖的星星都在闪耀,闪闪的星光聚在一起如太阳般灿烂——在那份辉煌面前,人的眼睛几乎什么都看不见了。

你可以想象,星光们翻过瀑布以后是多么自豪和喜悦!能够成为伟大的光之湖的一分子,他们都备感光荣。星星妈妈给他们讲过一次又一次的故事,终于成真了。他们就是从这些故事里知道,只有经过长长的旅行,他们才能来到这重要的地方。小小星光们还知道,在这里,巨大的白色天使鸟在湖面翱翔,用爱心护佑光之湖。现在,小小的星光见到这些鸟了——它们就在光之湖岸边,展开闪亮的白翅膀,雄伟而壮丽,一只连着一只把光之湖围绕。你能想象这美丽的一幕吗?

终于来到光之湖了,崭新的旅程已经在面前展现,小小的星光是那样的兴奋。它们知道,白色的天使鸟是上帝的特别信使。天使鸟在湖边静静等待,等着地球上新宝宝出生的消息。消息传来,就会有一只天使鸟飞入光之湖,选出一颗小小的美丽星光。她把这小小的星光放在一个柔软的摇篮,飞出上帝的花园,越过夜空,一路飞啊飞啊,飞到地球上。

这星光,是上帝送给每一位地球孩子的礼物,是一份来自天堂的礼物。那白色的天使鸟,经过长久的飞行,从天堂花园来到地球,把这美妙的礼物送给新生的婴孩。它把星光深深放入宝宝的心中,星光就一直留在那里,温暖而明亮。

陪伴新生婴孩的星光里,有一份祝福:

小星星,亮晶晶,为我引路伴我行,

小星星,笑吟吟,好像夜里烛光,
宁静温暖又光明。

你出生的时候,不知道天使鸟为你选的是哪颗星光?

我猜,上帝想跟我们分享他的花园,他的家,他为每个人都选了一颗星光,一颗来自上帝花园里光之湖的星光。所以,也许你不知道上帝的家是怎样的,可是,他的家并不遥远:就在我们心里,就在地球上的这里,我们一起共享他的家。

羚羊、蝴蝶和变色龙

这是来自东非的基库由人的故事,征得作者露西·玖贵娜的同意后,收录进本书。这是极好的非洲传统故事,帮助孩子面对黑暗和未知的恐惧。适合5岁或更大的孩子。

从前,有一只羚羊总是在森林里游荡,总有敌人追赶他。有一天,他想,最好是给自己建一所大房子,一间比森林里所有的树都大的房子。房子建好以后,他在里面隔出很多小房间,那样万一有其他动物来,他就可以往里面深一点的地方躲。

羚羊总在白天出去找食物和水,还会去找朋友聊一聊自己建房子的事情。可是有一天,出门的时候他忘了关门。没一会儿,一只在花丛翻飞的蝴蝶发现门没锁,拍着翅膀飞了进去,飞到黑乎乎的角落里休息。

羚羊回家，发现门大开着，吓坏了，根本不敢进去。他大声喊："是谁待在羚羊的屋子里？"蝴蝶说：

是能飞高又飞低的我

(Ninii Kibutabuti na Iguru, ninii Kiminja Muinge)

羚羊一听，吓得赶紧跑进森林找帮手。他在路上遇到大象。大象问："羚羊先生，你见到什么了？为什么跑得那么快？"羚羊说："不知道是谁进了我的家，吓得我都不敢回去了。"

"走，"大象说，"我来帮你赶走他。"

他们来到羚羊的家，大象高声喊："是谁待在羚羊的屋子里？"蝴蝶说：

是能飞高又飞低的我

(Ninii Kibutabuti na Iguru, ninii Kiminja Muinge)

大象一听，吓得掉头就往森林跑。

于是，羚羊又赶快找别的动物来帮忙。一只又一只动物来到他家，可他们都跟大象一样，不敢进屋，更不敢把蝴蝶赶跑。

羚羊在门口呆呆坐着，一点办法都没有。忽然，他想起自己还没有请变色龙呢！于是，他又跑进森林去找变色龙。

变色龙问他:"羚羊先生,你见到什么了?为什么跑得那么快?"羚羊说:"不知道是谁进了我的家,吓得我都不敢回去了。"

"走,"变色龙说,"我来帮你赶走他。"

他们来到羚羊的家,变色龙大声地问:"是谁待在羚羊的屋子里?"蝴蝶说:

是能飞高又飞低的我
(Ninii Kibutabuti na Iguru, ninii Kiminja Muinge)

变色龙听了,就往里面走。其他动物只是围拢在门口,害怕地看着。可是他们等啊等,看啊看,却什么事情都没有发生。

变色龙每走进一间房,都问着同样的问题:"是谁待在羚羊的屋子里?"

是能飞高又飞低的我
(Ninii Kibutabuti na Iguru, ninii Kiminja Muinge)

蝴蝶一次又一次地应着。

最后,变色龙来到了蝴蝶躲藏的那个黑乎乎的角落。他一下子就捉住了蝴蝶,把它带出去给大家看。大家一看,噢,竟然只有这么一丁点儿小啊!他们好难为情呀,赶紧都跑回森林去了。

从那天起,羚羊跟变色龙就成了好朋友。

精灵和鞋匠

这是一个深受人们喜爱的童话故事,经过作者改写后收入本书。故事带出一份信任,信任任何的"不可能"里都藏着希望,冥冥中自有帮助来到身旁。这是一个很好的睡前故事,适合5岁或更大的孩子。

从前有一个鞋匠,和妻子一起住在小镇边上的一间小屋里。鞋匠没有做错什么事,却过得很穷。到后来,他剩下的钱只够买一张小小的皮了,这么小的皮,只够做一双鞋子。

那天晚上,他在作坊的工作台上把皮料铺开、切好——这样,第二天早上一起来就可以缝鞋子了。等一切准备好,他就跟妻子一起睡觉去了。

可是,他们睡觉的时候,却发生了一些事情!

紧拉线,把鞋子缝,
紧紧拉呀正正好。
仙子的小手巧又巧,
针脚缝得细又好。

第二天早上,鞋匠一觉醒来,走进作坊打算缝鞋子。可是,端端正正放在工作台上的,不已经是一双做工精致的鞋子了吗?他拿起鞋子里里外外地看——针脚细密又整齐,做工精致巧又好——他从来没见过这么漂亮的鞋子!鞋子放到橱窗里没多久,就来了一个顾客,用很高的价钱把鞋子买下,带回家去了。

现在，鞋匠的钱可以买一张更大、够做两双鞋子的皮料了。那天晚上，他在作坊的工作台上把皮料铺开、切好——这样，第二天早上一起来就可以缝鞋子了。等一切准备好，他就跟妻子一起睡觉去了。

可是，他们睡觉的时候，却发生了一些事情！

紧拉线，把鞋子缝，
紧紧拉呀正正好。
仙子的小手巧又巧，
针脚缝得细又好。

第二天早上，鞋匠一觉醒来，走进作坊打算缝鞋子。可是，端端正正放在工作台上的，不已经是两双做工精致的鞋子了吗？他拿起鞋子里里外外地看——针脚细密又整齐，做工精致巧又好——他从来没见过这么漂亮的鞋子！鞋子放到橱窗里没多久，就来了两个顾客，用很多的钱把鞋子买下，带回家去了。

现在，鞋匠的钱可以买一张更大的、够做四双鞋子的皮料了。

然后一切就这样继续着——每天晚上，鞋匠都会在工作台上把皮料铺开、切好，准备第二天早上起来缝。可是每天早上，鞋子都已经做好，就在作坊里等着他。

有一天晚上，鞋匠在作坊里准备皮料，妻子说："都这么久了，是谁每天晚上拜访我们，为我们做着特别的工作呢？——今天晚上，我们干脆不要睡觉了，躲在帘子后面看看到底是谁，好吗？"

鞋匠觉得这是个好主意。于是他们让灯继续点着，自己悄悄躲到帘子后面，一直等啊等，看啊看……直到半夜的时候，两个身上啥都没穿的小小人儿跳着舞进了屋。他们跳到工作台上，用小小的锤子和仙子的针忙了起来——锤呀缝，缝呀锤——他们一边忙，一边唱着工作的歌。

紧拉线，把鞋子缝，
紧紧拉呀正正好。
仙子的小手巧又巧，
针脚缝得细又好。

小人儿忙了整整一个晚上，把所有鞋子都漂亮地缝好，整齐地放在工作台上。然后，从工作台上下来，跳着舞走了。

妻子跟鞋匠说："我想，小人儿对我们这么好，我们应该给他们一些礼物——要不，我们做些衣服送给他们？"

鞋匠觉得这是个好主意。他把两块小小的皮料在工作台上铺开、切好，然后就不停地锤呀缝，缝呀锤，直到做出两双小小的鞋子来。

鞋匠忙的时候，妻子拿出针线篮，用针和线缝了两件顶小顶小的衬衣，和两条顶小顶小的裤子。然后，她又用毛线和织针织了两顶小小的帽子。一切都做好以后，她把衣服和鞋子都整齐地放到工作台上。他们让灯继续亮着，自己悄悄躲到帘子后面静静地等着，张望着……半夜的时候，两个小人儿跳着舞进了屋。他们跳到桌上，打算干活。可是，桌上等着他们的不是皮料，桌上这些东西是干吗的？

他们试着穿上小小的衬衣,嗯,刚刚好!那就试试小小的裤子吧,噢,刚刚好!小小的鞋子又怎么样?哇,也是刚刚好!最后戴上小小的帽子吧,哇塞!还是刚刚好!

快乐的小人儿试衣裳,

穿衣戴帽喜洋洋,

不再是鞋匠乐逍遥!

小人儿穿着他们的新衣服、新鞋子,绕着屋子又是唱又是跳,一直跳着舞从门口出去了——从此就没有再出现。鞋匠和他的妻子,因为知道感恩图报,一生都过得很好。

天空的蓝斗篷

这个故事,是苏珊·哈里斯送给我儿子的6岁生日礼物(手写在一张美丽的天蓝色图画的背面),用来帮助他克服对黑暗的恐惧。经过作者的同意,我将故事收入书中。虽然故事的主题是圣诞,但故事所传达的美丽信息,已经超越了宗教的范围。

很久很久以前,一个冷得结冰的半夜里,圣婴耶稣降生在遥远的伯利恒大地。圣母玛利亚穿着一件美丽的红色长袍,身上披着一件深蓝色的斗篷。她把孩子裹在斗篷里抱着,让他安全又暖和。

那天晚上,天空没有云,满天都是闪烁的星星。圣婴出生的那片天空,有一颗金闪闪、明亮亮的星星在照耀。以后，孩子害怕或是不开心的时候，圣母玛利亚都会把他抱起来，裹进深蓝色的斗篷里，让他仰望夜空闪亮的星星。

时间一个星期又一个星期，一个月又一个月地过去了。有一天，圣婴正在花园里跟一个伙伴玩耍，天上忽然哗啦啦地下起了暴雨。一时间电闪雷鸣的，两个孩子吓坏了。他们浑身颤抖地跑回家找圣母玛利亚，圣母玛利亚温柔地把他们裹进深蓝色的斗篷里。孩子不再颤抖了，安全、温暖、舒服的感觉又回来了。

时间一年一年地过去了，有一天，圣婴到离家很远的地方玩耍。他跟许多男孩子、女孩子一起到森林里玩，他们开心地唱呀，跳呀，笑呀，舞呀。忽然，他们听到了一阵可怕的吼叫。那声音越来越近，越来越响。那是什么呢？该不会是狼吧？又或者会不会是狮子？他们吓得浑身冰凉。有一个孩子捡起了一根棍子，另一个孩子赶紧溜到旁边的树上去。还有一个孩子，浑身发抖地躲进了灌木丛。可是圣婴说："来呀，大家来！我们飞快地跑到我妈妈那里。她会把我们裹进她深蓝色的斗篷里，这样，在这广阔的世界里，就没有任何东西可以吓倒我们了。"

"可是，你妈妈的斗篷又怎么能把我们都裹起来？我们有那么多人呀！"有一个女孩子问。

"别担心。"圣婴说，"我妈妈深蓝色的斗篷可以一直地铺开，再铺开，再铺开，在整个世界铺展开来，把每一个孩子都温暖舒适地裹进她的蔚蓝里。"

于是，孩子们都跑出了森林，去找圣母玛利亚，就像圣婴刚刚出生的时候一样，圣母玛利亚把她的斗篷铺开，把所有的男孩和女孩都裹了起来，让他们又温暖，又舒适，又安全。

兔子妈妈和大火

这个故事是写给一个曾经受火灾惊吓的 4 岁孩子的。相对于理性的解释，故事展示了想象的力量。故事的背景请参考第三章。

从前，在一片绿油油的草地中间，有一个舒舒服服的兔子洞。兔子妈妈和她的许多兔宝宝一起住在那里。兔子宝宝每天都在高高的草丛里玩啊，跑啊，跳啊，日子过得非常快乐。

有一天，兔子妈妈要离开家一小会儿。她出门的时候，宝宝们在兔子洞里睡得香喷喷的，安全又舒服。兔子妈妈放心地穿过草地，在尘土飞扬的小路上越走越远。可是兔子妈妈才走了一会儿，草地附近有一道土沟着火了，夏天热乎乎的风使劲地吹啊吹，火越吹越旺，一路沿着绿油油的草地烧了过来。

等兔子妈妈回家来，一场可怕的火灾已经过去了。绿油油的草地现在只剩下熏得黑乎乎的草根了，草地上还是滚烫的，兔子妈妈想走却走不过去。"我的宝宝怎么样了？他们还能好好地在家里睡觉吗？"她又是着急又是担心。

兔子妈妈一直等到天都黑下来，地上才凉快了一点点。于是，在闪烁的星光下，兔子妈妈小心翼翼地跳到兔子洞边，仔细地看啊看。噢，她终于松了一口气，兔子宝宝还是睡得香香甜甜的，在他们的家里又舒服又安全。兔子妈妈开心地进了兔子洞，美美地跟她的兔宝宝一起睡了，一直睡到第二天天大亮。

时间一天一天地过去，小兔子看到，那绿油油的草地一点一点，慢慢地回来了。先是从熏得黑乎乎的地里钻出了小小的绿芽芽，然后这些绿芽芽一点一点地长啊长，越长越高，直到地上又长满了茂密的绿草。于是，小兔子又可以像以前那样，在高高的草丛里开心地玩啊，跑啊，跳啊。

生而为王

这个故事写给一位 6 岁的非洲男孩（他在 3 岁时受到性侵犯），帮助疗愈他对上洗手间的恐惧。关于故事背景的更多细节请参考第一章。

从前有一个小男孩，他一出生就注定要成为国王。从小大家就叫他"小王子"，还给他一顶金灿灿的皇冠，让他戴在头上。

小王子跟别的男孩子一样喜欢探险，喜欢爬高爬低到处跑，跳上跳下找乐子。他整天跟伙伴们一起，在皇宫的花园和森林里玩耍。他的皇冠在阳光下闪闪发光，伙伴们都喜欢这闪闪的金光陪着他们嬉戏玩耍。

不过有一天，王子跟他的伙伴在皇宫的围墙玩耍的时候，有一个大孩子越玩越粗野。忽然，他使劲地推了王子一下，王子从高高的围墙上掉了下来，撞到了地上的石头。他身上很多骨头都断了——手和腿上都有骨折。

仆人们救起了王子，把他带回王宫深处，他的房间里。医生用绷带帮他把手和腿包扎起来，那些绷带缠得那么厚，他根本就动不了，只能躺在床上等骨头愈合，他那样等了很久。是的，他等得真是够久的，所以，等他的骨头好了以后，已经忘记怎么走路了。他只想继续躺在床上，不管爸爸妈妈怎么请他起来，他却连动都不想动。

有一天，奶奶想到了一个办法。她带了一个大大的手捧镜到小王子的房间，坐在小王子的床上。她把镜子举起来给他看。"你一出生就注定要成为国王的。"她说，"你的头上有像阳光一样闪着金光的皇冠。可是现在，你看！"

小王子看看镜子，他吃惊地看到，在黑乎乎的睡房里，他的金皇冠是如此的暗淡。"请带我到外面去，"他叫了起来，"那样，我的皇冠就可以在阳光下闪耀了。"

"不，你不需要人带你出去。"奶奶说，"你得要自己走出去……不过如果你伸出手来的话，我可以扶着你走。"

小王子伸出手来，奶奶帮他慢慢把腿从床上挪到了地上。他们一起缓缓地走出黑黑的房间，沿着皇宫的走廊走到了外面，走进了阳光灿烂的花园。

过了好几个星期，小王子才能像以前那样，爬高爬低到处跑，跳上跳下找乐子。可是每一天，小伙伴们都牵着他的手帮他走。在花园里走动得越多，他的皇冠就越闪耀，越能反射出太阳金灿灿的光。很快，他就可以像以前一样每天都去玩耍了。奶奶就坐在御花园的一个角落里，看着他跟伙伴们一起玩耍嬉戏。她真为自己的孙子自豪！因为，小王子知道，他生而为王！

男孩母亲后来发邮件说："我儿子很喜欢这个故事，特别是这个故事讲的是一个王子！（在我的建议下妈妈帮他的儿子编了一顶皇冠，是用金色的线编的——请见"写治疗性的故事"一节中关于道具的使用）他在睡觉前听这个故事，因为那是我夜大放学后唯一的时间了。现在他上洗手间不用我帮忙了。每次，我能听到的都只是冲水到马桶里的声音。他以前在洗手间的紧张情形很快就成为过去了。看着他终于克服了恐惧，我是那样的兴奋。我希望着、祈祷着他能顺利地从日托转入小学的学习。这个故事为我带来了很大的帮助，特别是让我体验到，想象是可以帮助孩子情绪发展的。"

第二十四章
疾病、悲痛或死亡

蚕的故事

这个故事可以帮助孩子以一种充满想象力的方式来看待绝症或家人、朋友的死亡。在征得作者苏珊·哈里斯的同意后,作者将这个故事收入本书。

从前,在一座小小的山脚下,有一个小小的村庄,小小的村庄里有一间小小的白房子,小小的白房子里住着个小小的女孩。小小的女孩喜欢养蚕,她的蚕宝宝住在一个没盖子的大盒子里。那盒子呀,是她的"蚕宝宝宫殿"。

每天清早,太阳才刚刚爬上山,小女孩就跑到小溪旁边的桑树下。

"亲爱的桑树,我能摘一些嫩嫩的桑叶给我的蚕宝宝吗?"

老桑树说:"当然可以,我很乐意帮助你的蚕宝宝,让它们长得又白又胖。"

每一天,小女孩都会谢过桑树,然后摘下桑叶带回家,放进蚕宝宝的宫殿。蚕宝宝总是"沙沙沙"地把大大的桑叶一片接一片啃掉。它们在宫殿里快乐地蠕动着,在一片片桑叶上爬来爬去,吃啊吃个不停,长得圆滚滚,胖乎乎的。

小女孩看着，乐着，咯咯地笑着——她喜欢看着它们一天接一天地吃啊吃，长啊长，爬啊爬。

小女孩最心爱的蚕宝宝叫"如丝"。每一天，她都把如丝从宫殿里捧出来，让它在自己的手上爬，跟它玩呀乐呀，又是说又是笑的。

可是有一天，小女孩发现她的如丝在宫殿里一动不动的！"这是怎么了？"小女孩问自己，"难道如丝死了吗？"

不，如丝没有死！它吐出长长的、美丽的丝把自己裹了起来，最后织成了一个很漂亮的茧。不光是如丝，所有的蚕宝宝都吐丝了。它们整天不停地织啊织，慢慢地，所有蚕宝宝都变成了安静而美丽的蚕茧，一动不动地躺在盒子里。

小女孩很伤心。她想念如丝和所有的蚕宝宝。看着蚕宝宝爬呀爬、长呀长是多么好玩！而现在，一切都静悄悄的。

有一天，小女孩向着盒子喊了起来："亲爱的如丝，我想念你和你的朋友。我多么喜欢看着你们爬呀爬，长呀长！可现在你们静静的，一动不动，我很难过。"

小女孩的话刚说完，如丝的蚕茧忽然动了，一只飞蛾钻出来，飞到盒子边停下了。小女孩简直不能相信自己的眼睛！看，飞蛾的翅膀是如此精致，隐隐透出色彩和花纹来。

飞蛾绕着小女孩飞了三圈，停在她的手上，用很清楚的声音说："你知道吗？我在茧里开始觉得不舒服了。这个茧现在太紧了，我在里面就好像被关住了似的。看，我冲出来了，可以离开它了。我开心又自由，可以飞到高高的天上，一直到金色的太阳那里去，那比我以前做蚕宝宝的时候只是蠕动和爬有趣多了。再见了，小女孩，谢谢你喂给我的那些美味的桑叶。现在我不需要它们了，我自由了！"

美丽的飞蛾飞出窗外，一直飞上高高的天空，向着金色的太阳而去。

注意：讲述这种关于死亡的故事时，如果讲故事的人怀着这样的想法，即死亡不是最后的终结，而是一种彻底的转换，那么故事就能起作用。否则孩子会非常直接地感觉到讲故事人的疑惑，并吸收这样的疑惑。

翱翔吧，老鹰

20世纪90年代末我在南非工作的时候，曾听过当地电台对开普敦市特北湾教区的主教所作的一个访谈。主教提到一个故事，是他给已步入癌症晚期的8岁女儿讲过的。故事来自加纳的民间传说，主题是"复活"，主教觉得这个故事给他的女儿和家人提供了真正的帮助，让他们可以更好地面对即将到来的死亡。

从前，有一只在鸡窝里出生的雏鹰。一个农夫上山的时候，在地上发现了一只蛋，他把蛋带回家，让母鸡把蛋孵了出来。

雏鹰跟其他小鸡一起长大，却总觉得自己可以飞得很高，可是没有人教他怎样飞……

农夫的儿子想帮助它——先是把它带到梯子上，然后是屋顶上。可是这两个地方都不够高，不能让鹰真正感觉到自己的双翅。

于是，孩子和农夫一起把鹰带回发现它的山上，把它放在高高的悬崖边。这一次，雏鹰从悬崖边上起飞，它感觉到空气在它的翅膀下流动，阳光洒在它的翎毛之上，它越飞越高，越飞越高。

很快，鹰飞上了高高的天空，回到了属于它的广阔天地，一直向着太阳飞去。

小溪，沙漠，风

这是一个关于改变和转化的美丽故事。它像一颗无名的珍珠，出处已无从考证，经作者修改后收入本书。故事适合8岁或更大的孩子和成人。讲故事的时候，也可以用湿水彩或者蜡块画出小溪一路上所见到的景物。

跟"翱翔吧，老鹰"以及"蚕的故事"一样，这也是一个关于死亡和转化的故事。有一些事物死亡了，然后以不同的方式重生。

从前，有一条小溪，它从高高的山上奔流而下，在石头之间激荡，跳下瀑布，越过田野，穿过森林和山谷。最后，它来到一片巨大的沙漠前，它努力地想让水在沙子上继续向前流。可是，水消失了。就在这一刻之前，小溪对它的生活还是充满信心的。此时此刻，它实在没有办法相信眼前发生的事情。"我的水正在消失——我怎么越过这一片沙漠？"

小溪听到了一阵低语。那似乎是来自沙子的声音："问风吧——它知道越过沙漠的路在哪里。"

"风可以飞。"小溪想，"而我能做的，却只是在沙子里消失。我没有办法越过沙漠。"

"允许风承载你。"那声音继续低语。

"可是那样我就得变。我不想变，我想做我自己。"

"如果你继续流进沙漠，你也会变——也许你会消失，也许你会变成一片沼泽。"

"可是我想做我自己。"小溪说，"我怎样才能继续做我自己，让自己去到沙漠的另一边？"

"如果你记得真正的自己，你就会知道，真正的你是永远都不会改变的。"那个声音低语着。

于是，小溪记起了一个久已遗忘的梦，在梦里，风的臂弯将它揽在怀里。它放开了脚下的大地，让自己变成了蒸汽，一直升啊，升啊，升了起来。风带着它，飞越了广阔的沙漠，一直去到山的另一边。最后，风把它放了下来，让它变成了山顶上蒙蒙的细雨。

就这样，小溪又一次重生了。它在石头间激荡，跳下瀑布，越过田野，穿过森林和山谷。随着一路的奔流，小溪对自己的本源越来越清楚，它拥有了许多真正属于自己的记忆。

青蛙和一桶奶油

作者改写的这个故事来自俄罗斯，是一个帮助人们焕发力量、坚定信心的童话。这个故事既适合孩子也适合成人。

从前，有一只青蛙跳进了一桶奶油。他在奶油里打着转，使劲地游呀，踢呀，使劲把奶油溅起来，想要找到出路。他不时地停下来歇一会儿，暗暗地担心着，不知道自己是不是真的能找到出路，摆脱困境。

后来，他一边游一边唱起了歌。他发现，唱歌可以给他带来力量。

我是一只小青蛙，如果我坚强使劲划，我很快就能找到好办法！

青蛙拒绝放弃。

他一边用力地游，一边大声地唱，就这样努力地坚持着。他没有意识到，他那小小的腿，已经在不知不觉间把奶油搅成了黄油。

终于，他踩在黄油上跳出去了——就在挤奶女工回来拿桶的那一刻！

泥娃娃

作者改写的这个故事来自坦桑尼亚，是关于死亡和转化的故事。适合6岁或更大的孩子。

从前，有一个人，他和妻子一起，住在森林边上的一间小房子里，一条小河从家门前蜿蜒而过。白天的时候，他总是很忙，忙着把河边挖回来的泥做成美妙的东西——罐子啦，碟子啦，还有杯子和碗。他的妻子每天都忙着在院子里种菜——玉米、卷心菜、南瓜，还有豆子。每到星期六，他们在篮子里装满各种泥做的东西和蔬菜，带到市场上卖。

他们对自己的生活非常满意，可就除了一件事——他们很想要一个孩子，但他们的屋子里却没有孩子的笑声。

有一天，男人正在用泥巴做东西，他边做边唱：

是游戏也是工作，是工作也是游戏，泥巴活儿让我着迷！

干活的时候，阳光灿烂，小鸟在歌唱，他的心里满是喜悦和快乐。忽然，他冒出了一个特别的想法：

我要用我的泥巴做一个小小孩！

他灵巧的双手忙了起来，只一阵子的工夫，他就做了一个美丽的泥巴女孩，她有棕色的鬈发，棕色的脸蛋透着光彩。做好以后，他给小女孩裹上一块布做衣裳，抱着她到院子里给妻子看。走进院子的时候，小女孩忽然从他的手里跳到地上，欢快地跳起舞来。

妻子听到声音赶紧跑过来，一眼就看到了小泥娃娃，她弯下腰把她的宝贝抱起来："终于有一个孩子给我们家带来欢笑和舞蹈了。"

从那天起，这小小的泥巴女孩就跟这对夫妻一起生活，做他们的小帮手——有时候跟男人一起做泥罐、碟子、杯子还有碗，有时候跟妻子在花园里种玉米、卷心菜、南瓜和豆子。男人和妻子都很高兴，自己家里终于有孩子了！

每到星期六，男人和妻子到市场卖东西的时候，泥巴小女孩就留下看家。他们生怕走到半路下起雨来，雨水会把他们刚得来的孩子又变成一团泥巴。

"别离开家太远，我们的泥巴女儿。"他们去市场的时候会嘱咐，"要是下雨，你一定要留在屋里等我们回来。"

泥巴女孩总是听他们的话，每个星期，男人和妻子从市场回来，她都好好地在屋子里等着。

不过，有一个星期六，泥巴女孩一个人在家的时候，她听到屋外有一群孩子又笑又跳地走过。孩子们正要到森林里摘新鲜的野莓呢！泥巴女孩不由自主地跟着他们的笑声和歌声一路走，一直走进森林里。她跟孩子们一起跳舞、摘野莓。篮子装满了，孩子们要回家了，泥巴女孩一路蹦蹦跳跳地跟着他们走。可是走到半路的时候，雨云飘来了，大雨倾盆而下，就像是上帝拿着桶，站在云上往下泼水似的。

男人和妻子从市场回来,发现屋里空落落的,找遍了整间屋子也看不到泥巴小女孩。雨已经停了,可路上到处都是水坑。他们向森林望去,看到树下草地上有一团泥巴。他们马上就明白发生什么事了!

男人小心地把泥巴捡起来带回家,放进他最喜欢的泥罐里。

妻子把罐子放在门前,每一天,他们都会在罐子里洒几滴水,纪念他们的小女孩。

有一天,他们发现一片小小的绿芽从泥巴里冒出来了,他们看着这绿芽一天又一天地长大。它长啊长,长出小小的叶子来,长出小小的美丽花苞来。有一天,这美丽的花苞开出了一朵最最美丽的玫瑰来。

从此以后,玫瑰树每天都开出一朵新的玫瑰来,男人继续做着罐子、盘子、杯子还有碗,一边做一边唱:

是游戏也是工作,是工作也是游戏,泥巴活儿让我着迷!

他的妻子继续种玉米、卷心菜、南瓜还有豆子,她一边在花园里挖土一边唱:

是游戏也是工作,是工作也是游戏,泥巴活儿让我着迷!

以后的每个星期六,他们都在篮子里装上各种泥做的东西和蔬菜,再加上一把玫瑰,一起带到市场上去卖。

给秀雅的娃娃

秀雅是一个孤儿,在她5岁的时候,她的村庄被抢劫一空,全家人都被杀死了——现在,奈诺比的SOS儿童之村收养了她,她将在那里生活,直到18岁。她的主课老师给她讲了这个故事,第二天早上,秀雅在她床上发现了一个特别的娃娃,穿着金线和银线绣的衣服。她新家的"妈妈"注意到,听过故事之后,游戏的时候她有了很大的改变,并且也显得愿意跟其他人配合了。关于这个故事的更多背景请参考第五章。

秀雅的爸爸妈妈都好好地在天堂里,跟他们所有的孩子在一起,只有秀雅留在了地球上。

每天晚上,借着闪烁的星光,他们看着亲爱的小女儿在床上睡得香香的。他们高兴地看到,她有了一个安全的新家,还有新的妈妈照顾她。不过,他们也看到秀雅有时候很难过,也很孤独。所以,爸爸妈妈想从天堂带一件礼物给她——一个小小的伙伴,白天的时候陪秀雅玩,晚上的时候陪秀雅睡觉。

天堂的天使,帮他们从太阳那里采来了金线,又从月亮那里采来了银线,他们用天堂的织布机织了一块特别的布,做了一个小娃娃。

娃娃做好以后,天堂的天使抱着娃娃从星光闪烁的天空来到地球。她从窗户飞进秀雅的新家,把娃娃放在秀雅的床上,就在秀雅睡得香香的小脑袋旁边!

第二天早上,秀雅一觉醒来,发现这份礼物正等着她,要跟她打招呼呢。娃娃的衣服在晨光下闪着金色和银色的光,秀雅好开心。她知道,这是一份天堂的礼物。她给她取名叫……于是,娃娃成了她的好朋友。

闪翼

作者：山德拉·费恩

离 4 岁生日还差几个月的时候，莎乐因为被蛇咬伤而去世了。作者为了纪念她而写了这个故事，在她的葬礼上讲述。

关于更详细的写作背景，请参考第三十二章，第 337 页。

以下是山德拉所描述的情景：2007 年 2 月 18 日，周日，下午 4 点，我们聚集在一条宽阔的潮汐河岸的沙滩上，那是莎乐生前经常玩耍和游泳的地方。

海潮渐渐退去，潮汐河越来越浅，露出中央的河床。大家抬来了图腾柱，庄重地树立在河中央。图腾柱是莎乐的爸爸、妈妈和亲友一起做的。图腾柱四分之三高的位置刻着天使的翅膀，还有一只猫头鹰、几条海豚、一条鲸鱼，还有一只乌龟，整条柱子上环绕着一条刻得很精美的蛇。图腾柱的中间刻了一个心形，莎乐的照片就放在上面。

在图腾柱底部附近，人们设了一个小小的祭坛，上面放着莎乐的骨灰坛子，还有送给莎乐的礼物。绕着图腾柱，人们在沙地上画了一个螺旋形，上面放了五颜六色的花朵，各种小石子和贝壳。火盆里升起了火，祭奉用的香草和松香也点燃了。

孩子们在沙地上玩耍，把湿湿的沙子堆成城堡。莎乐的家人感谢大家来到这里，纪念莎乐美好的一生，并向大家介绍我——她的幼儿园老师。我走上前，给大家讲了我写的故事。

故事讲完后，人们分享了莎乐生前的点点滴滴，唱着专门献给她的歌，弹奏起音乐。每个人都把写着祝福、扎着缎带的卡片放入火中。太平洋的海浪渐渐升起，莎乐的父母洒下莎乐的骨灰，图腾柱也随着潮水，像十字架一样渐去渐远。摆放成螺旋形的各色花朵和石头，随着涨起的潮水，渐渐浮满整个湖面。许愿蜡烛向着大海漂流而去。

每位亲友都带着一根蝶藤回家，种在自家的花园里（这个故事里，主人公最好的朋友——黄色的铃兰就是长在蝶藤上的）。

从前，在一个湿润的热带雨林里，住着很多很多朋友，他们多得你怎么数也数不完。他们一起聊天、游戏，也一起工作，有时候啊，还会打起架来，就跟你认识的其他好朋友一样！

在这群朋友里，有一只翅膀蓝得闪亮的蝴蝶，她叫"闪翼"。闪翼喜欢玩躲猫猫的游戏。你看她那蓝色的翅膀一扇一扇的，这会儿还在这，那会儿却到那边去了，可是，咦？呼的一下，她就不见了。如果你仔细找一找，就会发现，原来她把自己翅膀蓝色的那一面收起来了，现在她看起来就像挂在树枝上的一片棕色树叶。她真是够顽皮的。听，这是她的歌：

嘿，我是闪翼呀，你好吗？
看到我了吗？哈！你找不到我啦！可我看到你啦！
（山德拉扬起一条蓝色的丝巾轻轻一挥，又把丝巾藏到身后去了）

闪翼最好的伙伴是黄色铃兰。一看到它那黄色的花朵，闪翼就知道，铃兰又为她准备好了美味的花蜜。瞧，闪翼停在黄色铃兰的花瓣上，用小小的蝴蝶腿轻轻地挠了她一下，和她打招呼，然后伸出长长的舌头，使劲地吸着花蜜。嗯，味道真好呀！（闪翼身体里小小的蝴蝶卵啊，又长大了一点点。）

在这湿润的热带雨林里，黄色铃兰住在一丛灌木旁边，灌木下是一只园丁鸟的家。园丁鸟巢里放着许许多多蓝蓝的东西——一根蓝色的大头针，一条蓝色的细绳，亮蓝的棒棒糖纸，还有她自己的蓝色羽毛呢。巢里放这么多蓝蓝的东西，真是交朋友的好办法！飞过她的"闺房"时，闪翼喜欢逗她玩，一边欣赏她收藏的宝贝，一边扇动着自己闪亮的翅膀，让她也看得眼花缭乱。

园丁鸟的蓝色宝藏上面真是个产卵的好地方！馋嘴的小幼虫孵化出来不愁没有叶子吃呢！而且，闪翼最好的朋友黄色铃兰就在近旁，宝宝们有了翅膀就可以拜访她了！

有一天晚上，闪翼看到天空中划过一道特别的光。这光跟她的星星朋友很不一样，就好像是一个大大的星星球，后面还有一条壮丽的光尾巴。这尾巴比琴鸟的尾巴还要大——琴鸟是闪翼的邻居，她总是吵吵闹闹的，老爱模仿其他鸟儿和动物。

闪翼飞到树熊爷爷那儿，他坐在一棵老桉树最高的树枝上。"树熊爷爷，天上那道光芒是什么？"

树熊爷爷嚼着他的桉树叶，没有马上回答。他在老桉树上挪了挪他的大屁股，就像其他爷爷那样清了清嗓子说："那就像一把巨大的扫帚，它打扫天堂，收集美好的东西，还把礼物洒入地球妈妈的怀抱。"

"都有些什么礼物呀？"闪翼问。

树熊爷爷说："比如五彩的颜色，明亮的光，美德。"树熊爷爷又清了一下喉咙——"还有给我们吃的食物，让我们可以攀爬玩耍的森林，让我们呼吸的空气。而且，"他又说，"它也从地球妈妈这里收集礼物。"

第二十四章 疾病、悲痛或死亡 一

"噢。"闪翼明白了。她飞入藏着园丁鸟"闺房"的茂密灌木丛,在一片大大的叶子下面,产下了她的卵。刚刚产完卵,她就听到了"吁吁吁"的嘶叫声。那是她的朋友,鸡蛋花独角兽来了。

闪翼在鸡蛋花独角兽长长的白耳朵旁上下翻飞:"鸡蛋花独角兽,你可以带我去拜访那道光芒吗?"鸡蛋花独角兽友善、温柔又强壮,如果她愿意,她能跳过彩虹呢。

鸡蛋花独角兽闭上了眼睛,想象着自己跳起来,跳起来,再跳起来,一直跳到天空中那明亮的光里。

"我可以试试看。"鸡蛋花独角兽轻轻地嘶叫着。她让闪翼藏在她长长的白耳朵里,一阵小跑之后,她越跑越快,向着天空升腾而起。她们越飞越高,越飞越高,一直飞到高高的天上,飞到柔软的白云跟彗星捉迷藏的地方。

"我爱你。"闪翼扇动着她的翅膀,向独角兽翩翩起舞。独角兽穿过白云和繁星点点的天空,重新投入大地妈妈的怀抱,回到自己的家。

晨间的雨林一片宁静。棕榈树优雅地摆动着叶子;晶莹剔透的晨露仙子在石头和叶子上闪着光;光芒四射的太阳和滴滴答答的雨点仙子一起,在很多地方造出了绚丽的彩虹。鸡蛋独角兽穿梭在无数的彩虹之间,练习从彩虹上跳过去又钻回来,还试着从正中间穿过彩虹呢。

树熊爷爷坐在桉树上,嚼着桉树叶,琢磨着彗星明亮的光芒和它壮丽的尾巴,他觉得自己更聪明了。

园丁鸟在她的"闺房"前发现了美丽的蓝色天使翅膀！黄色铃兰的花瓣闪着光，散发出比从前更醉人的清香。

闪翼所有的朋友都比以前更明亮，更美丽了。闪翼所有的朋友心中都充满着闪翼带来的亮光，直到永远……

第二十五章
迎接新宝宝

魔法棒

这个故事写给一个5岁的小女孩,她家很快就要添一个小弟弟了。可是父母担心自己的独生女儿也许会嫉妒、不愿意接受这新弟弟。故事给了她很多鼓励,帮她接受弟弟,更多地参与其中。妈妈帮女儿用各色的毛线,还有羽毛和贝壳做了一根魔法棒,让小女孩更好地进入故事。

从前,有一个小女孩觉得很无聊,什么游戏呀、玩具呀都没有办法让她提起劲来。这天,她正坐在花园里一棵大树底下的时候,忽然,树上一根小小的树枝断了,掉到地上来。树枝不偏不倚,就落在她面前,而且很奇怪的是,树枝竟然向着她唱起了歌:

请帮我穿上缤纷的新衣;请照顾我保护我好好把我爱惜——
等到魔法充满了空气,我会引你领你带你找到美妙珍奇!

小女孩听到小树枝的歌唱,非常兴奋。她想:"这一定是魔法棒!"于是她把魔法棒捡起来带回家。一到家她就走进客厅,来到妈妈放毛线篮的地方,毛线篮里装得满满的都是五颜六色的毛线。她给魔法棒缠上漂亮的毛线衣服,然后带回房间,放在床头柜上,那是最最安全的地方了。

第二天早上起来,她听到魔法棒唱起歌来。

魔法充满今日的空气,我要引你领你带你找到美妙珍奇!

小女孩拿起魔法棒,噢,魔法棒在抖呢,好像在说:"请跟我来!"她跟着魔法棒走啊走,走进了花园,一直走到一丛草的跟前。草丛上,是她从来没有见过的美丽的羽毛!"哇,这一定就是美妙珍奇!"小女孩一边想,一边把这些美丽的羽毛绑到她的魔法棒上,魔法棒就更漂亮了。

第二天早上起来,她又听到魔法棒唱起歌来。

魔法充满了今日的空气,我要引你领你带你找到美妙珍奇!

她跟着魔法棒走出了家门,一直走到海滩上。海滩上,金黄的沙子里,是粉红的、白的还有带花纹的各种漂亮贝壳!"哇,这一定就是美妙珍奇!"小女孩一边想,一边把这些美丽的贝壳绑到她的魔法棒上,魔法棒就更漂亮了。

第二天早上起来,她又听到魔法棒唱起歌来。

魔法充满了今日的空气,我要引你领你带你找到美妙珍奇!

可是这一次,魔法棒没有带她离开家。魔法棒一路唱着歌,引着她走进了爸爸妈妈的房间。在床上,一个小小的,刚刚出生的宝宝躺在爸爸妈妈中间。

第二十五章 迎接新宝宝

小宝宝暖暖和和地裹在毯子里。"这是真正的美妙珍奇！"小女孩想，她把她的魔法棒举起来让小宝宝看，魔法棒上五颜六色的毛线，美丽的羽毛和贝壳逗得小宝宝微微地笑了。小女孩好开心啊，她的心里满满的都是喜悦。

以后，魔法棒带小女孩做了很多探险，找到了很多美妙珍奇。可是她最最喜欢，最最爱的"美妙珍奇"，是那裹在暖暖的毛毯里、躺在她爸爸妈妈床上的小宝宝。

水孩子

这个故事写给一个 4 岁的男孩，作者想以故事的形式告诉孩子，他马上就要添一个新生的小妹妹了。作者创作故事的时候特意选择了水的主题，配合他的妈妈在家里作水中分娩的计划。

从前有一个小男孩，他有一个特别要好的朋友。这个朋友非常特别，跟其他朋友都不一样。她呀，住得很远很远，住在高高的天上，白云上的天堂里。

小男孩在花园里玩耍的时候，有时候会听到他的朋友跟他说悄悄话。有时候在夜里，在梦里面，小男孩会到白云上的天堂去看望他的朋友，他们俩一起开心地玩啊玩，在软软的白云上打滚、翻身，从一朵云跳到另一朵云上。

有一天，他的朋友觉得自己该离开天上云朵的家，到地球上跟小男孩一家人一起生活了。

这好朋友，跟白云天堂里的每一个朋友道别。雨水阿姨将她裹在一个紫色斗篷里，洒下一场新雨，把她从天空中带下来，轻柔地放入尘世，让她落入一池清凉的水中。

男孩的爸爸、妈妈正等着她呢。他们把她从水里抱起来，让小男孩来看她。"这是你的新妹妹。"他们说，"她的名字叫乐蓝。她到这来，跟我们一起生活。她要慢慢适应这个世界，得过一阵子才能长大，很快她就可以跟你一起玩了。"

那真是最最美丽的一天，小男孩一家好开心啊，现在有一个新的宝宝住到他们家来了。小男孩画了一些画，挂在宝宝的房间里，还捡来各种颜色的叶子和花儿做成挂饰，挂在宝宝的床上让她玩。有时候，他还会抱着他的新妹妹，哼着歌儿哄她睡觉呢。

很快，乐蓝就长大了，可以到处爬了，后来她还学会了走路和跑步。

没过多久，他们就迎来了乐蓝的第一个生日，小男孩帮妹妹打开了她的第一份生日礼物。

那是一个美丽的金色球！

小男孩把球放在地上滚过去，妹妹就把它滚回来。小男孩笑了，他的妹妹也笑了。他们一起玩着金色的球，笑呀，乐呀，就好像他们在天堂上玩的时候一样。

第二十六章
分离焦虑

猴子树

"猴子树"的故事是一个家庭式幼儿园的老师吉利·诺日士写给一个4岁女孩的,她的父母刚刚离婚,现在轮流带孩子,小女孩很难适应这样的新安排。她家有三兄妹,家里很多时候都是吵吵嚷嚷,有点乱乱的(也就是由于这个原因,吉利选择了猴子为主角)。读者可以调整故事的内容以配合不同年龄的需要,也可以根据不同的分离情况或分离焦虑去调整故事的内容。(关于故事的更多细节或故事的效果请参考第三十二章。)

从前,在一片森林中间有一棵猴子树,上面住着一大家子吵吵嚷嚷的猴子,他们在猴子树上呀……

忙忙碌碌吵吵闹闹没个停,
讲讲笑笑说说跳跳欢乐如影随形,
吊着尾巴荡秋千呀抓蚤子忙不停,
猴子树上开心日子真带劲。

有一只小小的猴子,她叫玛莉,她跟着哥哥姐姐学会了在猴子树上做晚上睡觉的窝，她把树枝和树叶折一折，卷一卷，一张舒服的床就做好了。做那样的床可不容易，做得不对的话，玛莉还会从窝里掉下来呢。不过练啊练，练习了很多次以后，玛莉终于学会了做床，她躺在自己做的床里，睡得舒舒服服。

玛莉舒舒服服床上躺，
爸爸妈妈哥哥姐姐的床……
一张接一张围绕在身旁。

有一天早上，玛莉跟哥哥姐姐还有表哥表姐正玩得开心，天上忽然响起了一阵闷雷。玛莉一点都没有在意，可是哥哥姐姐和表哥表姐却吵吵嚷嚷地聊了起来，聊得比什么时候都响，还爬到猴子树顶上去看，想发现点什么。

黑黑的雨云在天上开始聚拢到一起，刺啦啦的闪电、轰隆隆的雷声来了。雨噼噼啪啪地打下来，风呼啦啦地吹啊吹。猴子们吓得在猴子树中间挤成一团，盼望着雷雨快点过去。他们一片安静地等啊等，非常非常的安静……忽然，一声巨响，又是一声巨响，咔……咔……咔嚓，一根大树枝断了，从他们的猴子树上直往下掉，轰隆一下掉到了地上！

终于，雨停了，风也止住了，黑黑的乌云消散了，猴子们看到暖暖的红日又在天边挂。

树上断了一根大树枝，有一些猴子得搬到旁边的树上，在那里做晚上睡觉的窝了。所以，猴子们现在都很忙很忙。

玛莉觉得，去另一棵树上走亲戚挺好玩的。她也在那棵树上做了一个窝，这样，她有时候也可以在那棵树上过夜……

现在猴子一家住在两棵猴子树上，他们在这两棵猴子树上的日子呀……

忙忙碌碌吵吵闹闹没个停，
讲讲笑笑说说跳跳欢乐如影随形，
吊着尾巴荡秋千呀抓虱子忙不停，
两棵猴子树上，开心日子真带劲。

而玛莉呢，她在两棵树上都有窝，所以……

玛莉舒舒服服床上躺，
爸爸妈妈哥哥姐姐的床……
一张接一张围绕在身旁。

月亮妈妈

这故事是写给一个5岁孩子的，他的妈妈把孩子托付给亲戚后，突然离开了家（过了五个月以后，妈妈回来了）。故事不光给孩子带来了力量，同时也帮助了他的家人。经过作者埃里森·伯柯的同意后，收入本书。

从前有一个星星小孩，他在天上跟其他星星一起开心地玩耍。他总是闪闪发亮，晚上，他的月亮妈妈出来的时候，地球上的孩子都能在夜空中见到他。就算是在白天，他也散发出光芒，只是谁也看不到，因为太阳爸爸是那么大，那么亮,他的光芒盖过了所有的星光。

太阳爸爸睡觉的时候,月亮妈妈就升起来,提醒她的星星孩子,要整晚整晚地把亮光送给地球,帮助地球上的孩子。月亮妈妈会照顾星星孩子,把他们擦得闪闪发亮的,跟他们一起把银光送到大地。这样,所有的小动物在夜里都能看到它们的食物,所有的植物都能生长。星星小孩喜欢待在月亮妈妈身边,让妈妈的月光柔柔地洒在自己身上。

有一天晚上,当太阳的最后一抹余光温柔地抚摸着大地的时候,星星小孩想,月亮妈妈马上就要来了。可是,他跟伙伴们在天上等了很久很久,月亮妈妈却一直都没有来。所有的星星都在等啊等,到处都黑乎乎,冷清清的,星星小孩心里难过起来。"如果月亮妈妈没有把她银色的月光洒落大地,那地上的负鼠呀、猫头鹰呀,还有孩子们一定都觉得很黑吧!"他想,"地上那么黑,如果我能把自己擦亮,让自己变得明亮起来,月亮妈妈一定会很喜欢的。"于是他勇敢地自己擦呀,搓呀,直到自己变得闪闪发亮,然后,他又请哥哥姐姐们也像他一样把自己擦亮。

地球上,有一个小女孩靠着窗户,看着外面黑漆漆的夜晚,等着月亮升起来。今天晚上,她已经坐了很久,身上冰凉冰凉的,可是她想看到闪闪的星星,希望能感觉到月光洒在脸庞上的温柔。每天晚上,爸爸妈妈给她唱过晚安歌以后,她就会从床上下来,踮起脚走到窗边坐下,抬起头来看着夜空,那是她最喜欢做的事情。可是现在,她等了那么久,使劲地打着呵欠,又使劲地揉着眼睛,周围还是黑咕隆咚的没有一点星光。她已经困得要睡着了,就在恍惚中,她看到有一颗星星自己闪呀闪地亮了起来。那星星变得越来越大,越来越大,仿佛就在她头顶上照耀。那不就是星星小孩吗!然后,一颗,又一颗的星星都亮起来了，直到最后，天空中繁星点点，他们看来都如此的快乐，仿佛在相互说着话呢！小女孩心里也装满了快乐，甜甜地睡了。

第二天早上，当太阳爸爸把他温暖的阳光洒落到无边的大海和崇山峻岭之间的时候，星星小孩睡着了，经过漫长一夜的工作，他已经很累了。他还从来没有试过靠自己发出那么亮的光来呢！他梦到亲爱的月亮妈妈，妈妈在梦里跟他说："你变成了一颗又勇敢、又明亮的星星，我为你自豪，我的星星小孩！我很快就会回来，再次在天空中闪耀，可是在我回来之前，你得跟你的朋友一起，每天晚上互相帮忙，把自己擦亮。那样，你就可以把光亮送给大地。太阳爸爸傍晚下山的时候，你可以留下几缕温暖的阳光，那样你就更明亮了。如果你能小心地用，太阳爸爸会教你怎样用阳光的。我爱你，我的星星小孩，我会一直都想着你。晚安，我的星星小孩。"

那天晚上，星星小孩一觉睡醒，听到了妈妈在他心里说的话。他知道，他一点都不孤单，他也不需要难过。妈妈说过的话他都放在心里。接下来的夜晚，星星小孩没有使劲地只靠自己发光，他请太阳爸爸将最后几缕余晖送给他收藏，就这样，他成了天空中最明亮的星星。

树熊宝宝

一个针对"分离焦虑"的治疗性故事。故事写给一个4岁的小男孩，他上幼儿园的时候总是不愿意跟他妈妈道别。关于本故事出人意料的效果请参考第四章。

树熊妈妈和她的宝宝住在森林里最高的桉树上。树熊妈妈整天都忙着从这根树枝爬到那根树枝，采来最最多汁的叶子去喂她的宝宝。一根树枝上最好的叶子摘完了，就找另一根，树熊宝宝紧紧地趴在妈妈的背上跟着一起去。

树熊妈妈树上坐，
树熊宝宝老喊"饿！饿！饿！"
采来嫩叶做早餐，采来嫩叶做午饭，
嫩嫩的叶子一口口嚼，咔兹咔兹味道好，
嫩叶午饭不一般，嫩叶茶点味道甜，
嫩嫩的叶子一口口嚼，咔兹咔兹味道好。

等这根树枝上的好叶子都吃完了，树熊妈妈就背着宝宝，到另一根树枝上。

树熊妈妈树上坐，
树熊宝宝老喊"饿！饿！饿！"
采来嫩叶做早餐，采来嫩叶做午饭，
嫩嫩的叶子一口口嚼，咔兹咔兹味道好，
嫩叶午饭不一般，嫩叶茶点味道甜，
嫩嫩的叶子一口口嚼，咔兹咔兹味道好。

桉树的树枝很多很多。每一天，树熊妈妈都会到一根新的树枝上，去摘又嫩又新鲜的树叶给宝宝吃。每一天，她都背着树熊宝宝上上下下地爬着。没有办法，树熊宝宝总是"饿！饿！饿！"

每一天，树熊宝宝都在长大，越长越大，他早餐吃桉树叶，午餐吃桉树叶，晚餐和下午茶也要吃桉树叶——他长得越来越大,越来越大!还越来越重,越来越重……他那么重,光是背他,妈妈已经很吃力了,更不用说还要爬上爬下。

可是你看,树熊妈妈还是整天背着树熊宝宝,在树上到处爬,早已经累得不行了。有一天,树熊妈妈坐在一根树杈上,树熊宝宝大叫着:"我饿!饿!饿!"可是这一次,树熊妈妈太累了,她竟然就在树杈上睡着了!她睡得那么沉,树熊宝宝怎么喊,喊多响,都没有用,妈妈还是不醒。

最后,树熊宝宝从妈妈的背上爬了下来,坐在睡着的妈妈旁边的树枝上。他看到,头顶上有一些美味的叶子可以吃——他太饿了!真想把这些嫩嫩的叶子摘下来做午饭。要是把这些叶子放到嘴里咬一咬,咔兹咔兹味道一定好!

于是树熊宝宝想——也许我已经长得够大了,大得可以自己去摘那些嫩嫩的叶子了。他坐了一会儿——那些叶子可真让他口水直流。

于是,他开始在树干上爬了起来——有点心惊胆战的,不过真的爬起来,还是比他想象的要容易多了。他的小爪子已经长得又长又锋利,而且还很强壮,深深地扎进树干里,让他不会从树干上滑下来。

他一直向上爬呀爬,越爬越高,直到最后,他爬到了另一根树枝上。树熊宝宝沿着树枝慢慢地爬了一小会儿,小心翼翼地。低下头来,他看到妈妈正在下面的树杈上睡觉呢。看,树熊宝宝多勇敢啊,可以自己爬那么高!有一些嫩嫩的叶子就在他面前,他摘了一些来做午饭,他自己高高地坐在树上,吃着鲜嫩多汁的叶子,咔兹咔兹直响。

等到树熊妈妈睡醒,她到处地看。宝宝呢?宝宝在哪?她低下头去找——宝宝该不是从自己背上滑了下来,掉到树底下去了吧?可是到处都没有树熊宝宝呀!这时候,妈妈听到了咔兹咔兹的声音,她抬头一看,宝宝就在那!在高高的树枝上——他不再是宝宝了,他已经长成了一只小树熊,靠自己就能吃到午饭了!

树熊妈妈心里乐开了花,从心底一直笑出来。她爬到树上,坐在小树熊旁边。他们一起摘嫩绿多汁的叶子做午餐,做茶点,他们一起吃嫩绿多汁的叶子,咬得咔兹咔兹直响。

第五部分

讲故事的艺术

故事要讲出来才有生命力！在这一部分，我们将关注讲故事的技巧以及故事的各种演绎方式。请大家仅仅把这一部分看成是"某种尝试"，不要当成综合指南。作为最古老的艺术形式之一，讲故事是一个非常大的主题，有着丰富的文化内涵。我曾为澳洲南十字星大学开设了一门讲故事课程，学时达150小时，但即使是这样，也不足以把这个话题讲透。

第二十七章

讲故事和读故事

讲故事

讲故事和读故事有什么不同呢？我过去曾在一个假期日托班工作，每天都尽可能为孩子们安排一个讲故事环节。有个 7 岁大的男孩显然非常享受这样的时刻，他跟我说："苏珊，你知道吗？我认为'讲的故事'比'书上的故事'要好得多。"

还有一个孩子在听我讲完故事之后问我："你是从别的王国来的吗？"那是他有生以来第一次听到故事被"讲"出来。孩子们可以觉察到讲故事与读故事的不同，尽管由于年纪小，他们说不出这种差别，甚至不能完全理解这种差别。讲故事和读故事是截然不同的。在讲故事的过程中，故事的分享带有更鲜明的讲述者的特色——讲述者通过眼神、手势、声音以及近距离接触，与听众作更直接的交流。由于不受书本文字所限，讲述者可以根据故事的梗概，用自己的语言自由发挥，并配上相应的动作和手势，使得故事在讲述中变得更加亲切。

讲故事可以赋予孩子更多的想象空间。与图画书直接用画面描绘故事中的形象不同，讲故事的人需要用自己的语言，激发听者在脑海里形成一幅幅故事的画面。讲述者的表情、声音、身体语言和他们的个性都能起到表达感情和传递信息的作用。参加我的讲故事课程的很多学生都说，听一个故事"讲"出来有一种痛快淋漓的感觉，因为它摆脱了书本的局限。

莫林·沃森（Maureen Watson）是澳洲当地一个故事讲述者，她说讲出来的故事才能"触碰"到听众。对此我有多次亲身体验——通过眼神、声音还有手势，讲述者仿佛从身体里抛出许多看不见的细线，"触碰"到听众，并且自始至终把他们"抓"在手中。事实上，讲故事的人也常常用这种办法来让好动的孩子安静下来。他无须离开位置，也无须偏离故事的情节，只需凭借一个短暂的眼神，或者改变一下声音或手势，就能让孩子接收到信息。这种"顺势疗法"很适合年幼的孩子，如果是大一些的孩子，那么加大"剂量"就好。

故事能"抓住"孩子们的心，从而培养和增强孩子的专注力。现在很多"电视儿童"习惯于被动地坐在屏幕前打发时间，这种能力往往是他们所欠缺的。在我的幼儿园里有个为期一年的讲故事计划，其间我多次观察到孩子们的专注能力有显著改进。第一学期时，有些5岁的孩子连安静地坐两分钟都坚持不了，但到一学年结束时，他们能持续15～20分钟全神贯注地听一个故事。渐渐地，在做其他事情时，他们也具有了同样的专注能力。在上学读书之前，学会专注是最重要的准备之一。

鉴于故事在教育中的作用，在学校里讲故事是非常重要的。在学前及幼儿园阶段，反复讲同一个故事非常重要（前面几章说过，重复可以滋养这个阶段的孩子）；对于小学阶段的孩子，随着故事长度的增加，老师可以尝试一天只讲故事的一部分，第二天让孩子复述这一部分，然后再继续讲故事的下一部分或下一章节。这种练习也可以增强孩子的注意力和记忆力。

读故事

虽然用"讲述"的方式来分享故事无疑更鲜活,更亲切,但"读"和"讲"都是传递或呈现故事的重要方式。在养育孩子的过程中,这两种方式都会用到。在各种屏幕充斥孩子生活的今天,能听到故事,不论是读还是讲,对于孩子来说都是一大幸事。有时候,特别在一对一的情况下,当我们与孩子肩并肩坐在一起——或者把更小的孩子搂在怀里——给他们读故事的时候,书本可以起到桥梁的作用,带来亲密的感觉。

读图画故事时,插图可以帮助孩子理解和欣赏故事。在读故事的时候,偶尔与孩子交换眼神可以建立良好的沟通。如果对故事比较熟悉的话,有些地方可以用自己的话即兴发挥,或者借助一幅幅的图片来讲述故事。如果逐字逐句地读,那么应该想办法确保听的人能看清楚图画,可以在讲完每一页的文字内容之后举起那幅图画,也可以让书保持在孩子们的视野范围之内,让听众席中的每个孩子都能看见图画。对于老师而言,事先多读几遍,做好充分的准备是很有益的。

市面上有很多漂亮的绘本,分享这些绘本对大人和小孩而言都是一种享受。本书前面的章节讨论了什么样的故事适合什么样的年龄,这同样适用于书的选择。一条黄金法则就是避免给年纪较小的孩子挑选画面过于刺激或恐怖的书。同样,一定要挑选那些结尾"幸福而充满希望"的故事,这样的故事可以滋养成长中的孩子。

孩子长大以后,图画书渐渐看得少了,通常可以独立阅读了。这时候,老师和家长如果继续保持着与孩子一起读书的习惯——不论是经典诗集还是著名小说——会是一件非常好的事情。这些经历会使孩子终生难忘。到现在,我睡觉之前还喜欢听我先生读些什么，他的声音可以帮助我安然入睡。

> 讲故事源自于口述的传统。
> 读故事则依赖于书面文字。
> 两者都是分享故事的重要手段。

自己去体会讲故事和读故事的区别是很重要的。如果你周围就有一个讲故事的小组，或者当地学校或图书馆里有老师或专家开设了讲故事的课程或讲座，那就去听吧。也可以和朋友一起体验——让他们先读一段故事给你听，然后再讲给你听。他们甚至可以把每日新闻或者一些"八卦"作为故事题材——既要读出来也要讲出来。说到底，我们经常在不经意中给彼此讲故事呢！

讲故事的技巧和仪式

为了学会讲故事，最好的办法就是去"讲"！在练习讲故事的过程中，你会有许多惊喜的体验。讲故事是一门非常个性化、个人化的艺术。每一个讲故事的人以及每一个听故事的人都是不同的。同一个故事的每一次讲述都是全新的、截然不同的历程。

不过，尽管讲故事是一门个性化的艺术，还是有一些很有用的窍门和技巧值得读一读和试一试。以下几页是我的总结。

讲故事——一种"分享"

当你开始讲故事的时候，要不断提醒自己，讲故事的过程是一个"分享"的过程，而不是"表演"的过程，这是我能给你的最好建议。第一次讲故事时，你可能会感到紧张，但这种"分享"的感觉会舒缓你的紧张感。无论对于你还是对于听故事的人，这都应该是一种享受。事实上，如果你自己很享受，听故事的人就会更享受。

我的另外一个建议是，把自己想象成"世界故事网"的一部分，在这个网络中，每个人把自己发现的那些特别的故事讲给别人听，使那些故事永远保持鲜活。这种想象会让你感觉到，并不是只有你在讲故事，全世界数百万人都在相互分享着故事。

讲故事前做好充分的准备工作也可以帮助你放松下来。除非你天生具备讲故事的天赋，不然你的准备工作可能会很艰难、很辛苦。不过一旦你真的"懂得"了一个故事，它就会永远存在于你的资源宝库中。

讲故事前的准备工作

准备和记住故事有很多不同的方法：

/ 逐字逐句记忆。
/ 按照事情发生的顺序或构建一幅幅的图景来记忆——也就是说，根据故事的情节，在脑海里构想出一幅幅的场景。如果你觉得有用的话，可以在纸上写下摘要或画出草图。
/ 即兴创作——掌握基本的顺序，有可能的话把故事的开头和结尾练习好，剩下的就临场发挥吧。

无论你觉得哪种方法最好用，在练习的时候你一定要开口说一遍，而不要只是在脑子里"想"一遍，这是最重要的一点。对于一个讲述者来说，故事"落实"的过程（从脑子里想的变成口中说出的）是非常重要的一个准备环节。

创立讲故事的仪式

创立一些简单的讲故事的仪式，有助于营造氛围，帮助听众从一开始就进入状态。讲故事的仪式可以帮助讲述者和听众跨过"一座桥"，从繁忙的日常生活进入故事王国。仪式可以很简单，例如在讲故事之前弹奏几个音符。在很多文化中，故事都是晚上围坐在篝火旁讲的，这个仪式或传统可以建立起时空之间的连接。

在家庭里，讲故事的仪式可以很简单：上床睡觉时点上蜡烛，故事结束时唱一首摇篮曲；或者在晚餐结束时讲个短故事或好笑的故事；又或者在远足途中或开车旅行的途中养成分享故事的习惯。

治疗师或咨询师等专业人士可以准备一个"故事袋"或"故事盒"，里面装着道具和木偶，或者准备一个装着动物和小人的沙盘。每次孩子来访时，故事可以从这些东西开始。

我当老师时，讲故事的仪式会随着场所或听众的变化而改变，但一定包括以下部分或所有步骤：

/ 弹奏音乐（故事开始和结束时）
/ 点上蜡烛或灯笼
/ 坐在特别的"故事椅"或"故事凳"上
/ 安排一个专门用来讲故事的角落或桌子，道具和木偶都放在那里
/ 在每天的生活节奏中安排一个固定的故事时间

/ 讲故事前玩手指游戏,让孩子进入听故事的状态

/ 唱一首"故事"歌,把孩子带进房间

当孩子长大一些,进入小学阶段后,通常可以更直接地进入故事环节,不需要有太多的形式。老师或者讲故事的人通常需要站在——而不是坐在——全班同学面前讲故事。

给大一些的孩子讲故事时,之所以要站着,是因为这样可以讲得更戏剧化一些——这个年龄段的孩子,以及神话、传奇故事还有其他一些故事的内容,都需要这样一种戏剧化的讲述方式。但也有些时候,为了安抚某个兴奋的班级,让大家平静下来,或是为了配合特定的故事氛围,老师可以选择坐下来讲故事,采用更为朴实、不那么夸张的风格,这种风格更适合小一些的孩子(另请参考第三十一章)。

不管听众年龄的大小,在故事开始时弹奏某种乐器(吉他,小竖琴,鼓)总是可以很好地带领大家进入故事氛围。

在一些集会和节日中,我曾经吹着竖笛,跳着舞,像故事中的吹笛手一样,在人群中穿梭,去召集听众。我也曾经搭起一座印第安式的圆锥形帐篷,并沿路放一串魔法踏脚石,一直通往帐篷的入口——事实证明那真是一个讲故事的好地方。还有一次,我坐在一棵大树下,吹着大大的泡泡来吸引孩子们的注意,那天我讲的是一个关于泡泡的故事。

> **一首故事歌**
>
> (在东非的幼儿园里,老师唱着这首歌把孩子们带入讲故事的房间,开始讲故事)
>
> Come with me to a fairytale land,　　跟我来到童话的王国,
> To a land where stories unfold,　　　来到故事开始的地方,
> Follow the rainbow over the bridge,　跟随彩虹,跨过小桥,
> Into the garden of gold.　　　　　　 进入金色的花园。

第二十八章
关注多元文化

对不同的文化保持敏感

讲故事和写故事时,我们需要对其他文化保持敏感。我第一次有这个意识,是在开普顿和当地的科萨族老师们一起工作的时候。当时我就一个治疗故事提出了一些设想,其中提到了猴子。整个小组一下子沉默下来,然后有个老师说:"如果故事里有猴子,人们会认为很倒霉的。"她不想详细解释,所以我也不好多问。我把猴子从故事中剔除出来,经过一番建议和讨论,最终以一只兔子取代了猴子。

这次经历告诉我,讲故事的时候,如果涉及其他国家或来自其他文化的人们,一定要做详尽的调查。有时候这其实很简单,只要在休息时间和某位土生土长的同事聊一聊,也可以上网或去图书馆查一查。对于老师来说,如果班上的孩子来自各个不同的文化,那么孩子的父母可以是很好的第一手信息来源。

来自不同文化的故事所具有的治疗作用

民间故事和童话是文化的一部分,体现了文化的某些特质。讲述来自不同文化背景的民间故事,可以帮助孩子建立全球意识,而不是局限在本土意识之中。一个美洲印第安的讲述者曾经告诉我,她相信一个民族的故事的"音色"传递了他们的内在品质。

如果希望孩子们具有多元文化意识,一定要给他们讲大量的民间传说。在当今时代,这些故事无异于一剂良药。事实证明,它们不仅可以滋养所有的孩子,尤其是可以照亮听到这些故事的本民族孩子的心灵。这种对孩子文化背景的认同能够给孩子带来安慰和力量。

在讲当地的故事之前,要研究一下故事背后的历史和含义(可参考"附录一"中"网站"部分),这体现了对文化的尊重。在讲这类故事之前,询问一下对于非当地人这样做是否合适,这也体现了一种尊重。我发现大部分文化团体都很开放、热情——大家都热爱讲故事,这个共同的爱好像一座桥梁,把大家连在了一起。但是要知道,请求讲述这个故事,和请求发表故事,是完全不同的两回事。

在格鲁姆(Groom)所著的《教本土孩子有效学习》(Teaching Aboriginal Studies Effectively)一书中,"梦里的故事"这一章对于那些希望分享澳洲本土故事的讲述者很有帮助。格鲁姆建议,任何"梦里的故事"的讲述者都需要了解这些故事背后的历史背景和目的——从讲述精神层面的现实到传递行为规范和价值观。这些故事是最本源的故事,澳洲当地著名的故事讲述者莫林·沃森(Maureen Watson)认为,这些故事不仅在过去与人们密切相关,到今天也依然如此。我曾经充满崇敬地讲述当地的"梦里的故事",但并没有把它们收入本书。那些故事的所有权不属于某一个人,而属于当地各个部落的长者,如果你不是当地人,却要求以书面形式把它们记录下来,这是很不恰当的。

不同的文化，不同的讲故事方式

如果你去调查不同文化的人们如何讲故事，你会发现他们以各种不同的方式开始或结束一个故事。除了"很久很久以前……"之外，故事的开头还有很多种：

故事的开头

- 有一天，就像今天一样，在不远的地方……
- 故事，故事，让它来，让它走！……（西非）
- 讲述者：故事，故事！听众：故事来了！（东非）
- 那是发生在很久很久以前的事……（澳洲本土——用来讲"梦里的故事"）
- 妈妈有件宝贝，给孩子的宝贝——你们知道那是什么宝贝吗？那宝贝就是一个故事！……（南非）
- 曾经是这样的，曾经又不是这样……
- 从前，有可能发生在这儿，有可能发生在那儿，有可能发生在任何地方……

故事的结尾

- 故事，故事，让它来，让它走！……（西非）
- 故事，故事，给所有孩子们的奶汁！（东非）
- 妈妈有件宝贝，给孩子的宝贝——你们知道那是什么宝贝吗？那宝贝就是一个故事！……（南非）
- 故事结束了。（传统的科萨族结束语）
- 现在你可以吃晚餐，祷告，然后上床睡觉……早上比晚上更聪明。（俄罗斯）

你不妨尝试一下以上的一些方法，或者你甚至可以自己想一些。你可以把这些方法用在自己讲述的故事中，只要适合你自己的文化背景，适合你正在讲的故事的文化背景，适合你班上或听众席上的孩子们的文化背景（当然，先要向听故事的孩子的家长做个调查）。但是，要保持小心和敏感——这其中有些方法可能并不适合于你、你的个人背景以及你生活的地方。或者你可能并不喜欢它们。

第二十九章
针对不同听众和场合讲故事

不同"极"的故事

针对不同的听众和场合准备故事时,如果能意识到故事的不同类别,会非常有帮助。大部分故事都能在以下的某几个向度中找到自己的位置:

/ 从短到长
/ 从有趣到严肃
/ 从本土到全球
/ 从简单到复杂
/ 从一般到具体
/ 从真实到虚构

这个列表还可以继续——从强烈而具有戏剧性的故事到简单轻快的故事;从需要听众参与的故事到不需要听众参与的故事;从有许多韵律诗和歌曲的故事到……

环境故事《光之花园》(见 146 页)是虚构的,中等偏长,严肃,有点儿复杂,而且全世界通用。《羚羊、蝴蝶和变色龙》(见 273 页)是虚构的民间传说，但也包含真实的元素。故事很有趣，但内容是关于如何面对恐惧的，所以有点儿严肃。

如果你觉得有点儿糊涂了，不要担心。这或许是因为故事本身就很难清晰定位和分类。但是，为什么要了解故事这些可能的向度，一个很好的理由就是，这样你可以有意识地去讲各种不同的故事。老师在一周或一年的故事计划中，故事讲述者在自己的节目中，父母在家里讲故事的时候，都需要注意这一点。

如果你发现自己总在讲或读同一类型的故事（例如总是搞笑的，总是真实的，或者总是很伤感的），那可能是因为你的个性主导了你的选择，这时不妨试着稍微拓展一下自己的喜好，眼光稍微放远一点儿，选择一些新的，不同"极"的故事。我很喜爱非洲，也喜欢讲非洲的故事，因此我就必须不断提醒自己要去了解和讲述来自其他文化的故事。

听众和场所

作为故事讲述者，你会发现自己要看过很多故事才能找到吸引你的那一个——幸好故事之井是取之不竭的！我的建议是，你选出来讲述的故事，一定要是自己热爱或至少是喜欢的，或者你一定要感觉到自己与这个故事的联系。然而同样重要的是，挑选故事时要把听众也考虑在内。听众是来自某一个相同的文化，还是来自许多不同的文化？都是男孩，都是女孩，还是既有男孩也有女孩？听众是已经专注地学习了很久，还是刚刚到校？听众之前有没有听过"讲"故事（而不是"读"故事）？

如果是在集会上或在节日里讲故事，周围会不会很吵？会不会干扰你的听众？在嘈杂的环境下，最好选择那些富有变化，带有许多活动，需要听众参与的故事，而不要准备又长又严肃，需要听众的注意力高度集中的故事。

如本书前面章节所述，孩子的年龄也是一个关键的因素，这时你可以根据常识作出正确的判断。我曾读到，一位很有名的演员兴致勃勃地与懵懂的小孩子分享《哈姆雷特》中的段落，却惊讶地发现，孩子们压根不感兴趣。其实如果他真的很想分享莎士比亚的话，对小孩子来说，《仲夏夜之梦》里小精灵迫克的那些好玩的段落或许是更好的选择，但即便那样，孩子们的注意力也很难持续很久。同样，如果给11岁的孩子讲《姜饼人》也不合适，除非你打算让他们演童话剧给小一些的孩子看。

混龄听众

讲故事的人不像老师那样，只需面向某个特定的班级，有时候，听故事的孩子大大小小的都有，比如他需要在图书管里给4～9岁的孩子讲故事，或者在一所小学校里给所有低年级的孩子讲故事。

这时候，最好的办法就是选择一些大家都喜欢的，适合各个年龄的故事——实际上，一个真正的好故事通常是适合所有人的。这样的故事需要考虑到小孩子的需要，因此得有一个"幸福"的结尾，同时又要能吸引大一些的孩子，因此篇幅可以长一些，情节可以复杂一些，同时带点儿幽默。我发现如果大一些的孩子深受故事的吸引，那么小一些的孩子专注的时间似乎也能更长一点儿——他们似乎在模仿大孩子的专注力。

如果听故事的大部分是小孩子，但也有几个大孩子，一个好办法就是讲一些适合小孩子的故事，但在开始讲之前，可以对大孩子们说："今天你们有机会学一个故事，下次照看弟弟妹妹的时候，就可以用上这个故事哦！"这么一来，大孩子就不会由于觉得自己像个"小宝宝"而产生对立情绪了。也可以让他们做小助手，帮忙拿着毡布贴板或者敲敲鼓什么的。

即兴发挥讲故事

讲故事并不总是按计划进行的。你会发现，你越是喜欢分享故事，就越会有一些机会冒出来，让你去讲故事，不管是帮朋友照看孩子，还是在附近餐厅跟朋友聚会的时候。

老师带领孩子远足的时候，可能需要打发在站牌下等车的那十分钟，或者某个低年级班级的老师需要接个电话，你得帮忙照看一下他们——为了应付这种突发事件，你需要有很多的故事储备。

作为家长，需要即兴讲故事的时候就更多了——在车里，在睡前，走远路的时候，在桌旁画画或涂鸦的时候，在厨房里做饼干或揉面团的时候。（这时是不是可以把《姜饼人》的故事改编为《饼干人》或《面团人》？）此外，很多时候还可以利用故事来活跃气氛，这时孩子们往往有一些很好的点子。家里有最肥沃的土壤，可以播下故事的种子，呵护它生根发芽。

治疗师、咨询师等专业人士往往需要在新孩子来访的时候即兴讲故事。有那些装着道具和玩偶的"故事袋"或"故事盒"，以及放着动物和小人的沙盘，故事往往已经有一半是现成的了。但是，你也许需要根据每个孩子的具体情况去讲故事，这时就得即兴发挥了。

第三十章
道具及表演方法

为什么要用道具

利用道具或其他一些辅助物来展示故事，可以把故事讲得更为生动多彩，对于年幼的孩子来说尤其如此。可以发挥的空间是无止境的，但简单些的道具往往更好，原因有二：

1. 道具越简单，留给孩子自由驰骋的想象空间就越大。

2. 道具越简单，讲述者需要做的准备工作就越少（对于忙碌的老师，治疗师或家长，这一点很重要）。

在《魔法鱼》中，可以用掰开的豆荚做小船；在《三只小猪》中，可以用三个橡果做小猪，用一个松果做大灰狼或鬣狗；在《好热的河马》中，可以用一块光滑的大石头做河马；几条打结的手帕可以做王子和公主。孩子的想象力可以轻松接受这些。

你不妨尝试一些简单的方法，你会惊讶地发现，它们如此简单却如此有效。其他文化中各种讲故事的方法也许可以给你一些灵感。例如：

/ 使用"画布"（印度）

/ 使用"画卷"（欧洲某些地方）

/ 使用故事板（巴布亚新几内亚）

/ 使用纸折小人（日本）

/ 使用翻绳（亚洲、非洲以及太平洋某些地区）

/ 在讲故事时使用沙画（澳洲本土）

/ 使用歌曲、舞蹈和乐器（许多文化中）

很多年前，在当地一次亲子游戏课上，当我第一次"放下书本"，试着去讲《金发女郎和三只小熊》的故事时，我简直是紧张极了！正是道具帮我度过了这种煎熬。我在地板上摆好一张小桌子，桌上放了三只小碗，桌边放好三把椅子（用积木充当），此外还放了三张小床（小纸盒）。我从教室的玩具箱里找出一个娃娃和三只不同大小的熊，根据情节的需要，手握着它们去表演。这些道具就放在我面前，帮助我抓住故事的线索，按照正确的顺序讲述一幕幕的情景。终于讲完了！孩子们完全没有发现我的紧张，他们坐在那里，眼睛瞪得圆圆的，要我再讲一个故事！

很多年过去了，我再也不需要用道具来壮胆，可是有些时候，我依然有意地使用道具。在一些特别的情况下，我甚至会在给青少年或成人讲故事的时候用到它们。我使用道具是因为它们可以……

/ 激发好奇心

/ 帮助孩子倾听以及集中注意力

/ 帮助讲述者记住情节顺序

/ 帮助新手建立信心

/ 为故事增添艺术氛围

/ 让故事以不同的方式呈现

道具的魔力

有些故事特别适合使用道具——特别是讲给小孩子听的，在重复中推进的短小故事，例如《巨大的郁金香和魔法鱼》。而在另一些故事中，一个简单的道具就可以达到奇妙的效果，例如在讲《星星苹果》这个故事（见 115 页）时，把苹果从中间切开，露出里面的星星，一下子就打开了故事的空间。在讲美洲印第安童话《隐形的猎人》时，敲击一架小鼓会让那首不断重复的歌曲更具力量。另外，由于那个故事比较长，鼓声伴奏的歌曲可以保持听众的注意力。

道具更适于在给年幼孩子讲故事时使用，但我们不要因此而小看了它对其他年龄听众的价值。最近，在一个成人故事晚会上，我从屋子角落里找了一把扫帚来做道具——它带来了一些必不可少的幽默。

道具要易于操作

篇幅较长、情节曲折而复杂的故事通常不适合使用道具，这样的故事需要的道具太多，几乎涉及木偶剧或是戏剧的领域。更简单的做法是让这样的故事在听者的想象之中展开。道具反而会造成干扰，打破在讲故事的过程中形成的专注氛围。

你也需要衡量一下打算在道具上花费多少时间。无论你打算制作或使用何种道具，它们都必须"易于操作"，例如你要确保它们不会掉下来，或者不会多到两只手忙不过来。你还需要在正式"表演"之前练习几次。一定的"舞台设计"和"舞台感"也是必要的——例如不要把木偶或娃娃背向观众；要考虑如何让某个角色走出房子，如何穿过整个场景；如果角色是一个人，还要考虑如何让他像人一样走路，而不是像袋鼠那样一跳一跳的（如果角色是袋鼠则相反）。

一段时间之后，通过尝试和犯错，慢慢地，你会有一种"感觉"，知道哪些故事需要道具，哪些故事不用道具效果反而更好，或更强烈。讲故事的时候，你也会知道什么时候需要道具，什么时候最好不用。

我的建议是，开始学习讲故事的时候可以使用道具，尤其是如果你缺乏自信心的话。

同一个故事，不同的演绎方式

有些故事不但适合用道具来帮助呈现，而且还可以用不同的方式来演绎，当然，不必一次使用所有方法。在演绎挪威故事《三只山羊》时，我坐在椅子上，让一块蓝色的布从腿上一直垂到地上（当河流），上面放一块木头（当桥）。山羊用毛线编织的填充动物来代表，也可以用一束羊毛或者把树叶折一下当山羊，这更简单。用一团深棕色的羊毛打个结就是妖怪，或者也可以用一个松果来当妖怪。

这个故事也可以用偶戏的形式来演绎，在一张桌子或一个沙盘上，用一些天然物品做背景，用线织或泥捏的动物来当山羊和怪物。或者也可以用一块毡毛贴板来讲故事，把毡毛剪成动物的形状做道具。此外，还可以一只手套着指偶，另一只手当桥。

有时候，我也会让孩子们装扮成故事中的角色，用发带插上各种形状的羽毛来当山羊的角，"怪物"则身披一件带帽子的大斗篷（"怪物"通常就躲在我身边的篮子里，在情节需要的时候跳出来）。一条长板凳或一根长木头就是那些"羊"要穿过的桥。

此外，还可以使用乐器来演绎故事。讲《三只山羊》这个故事的时候，我把一些乐器发给听故事的孩子，不同的乐器代表不同的角色——三角铁或摇铃代表小羊，手鼓代表中等大小的羊，鼓代表大羊。当然，孩子们必须学习听指挥，留心我的手什么时候抬起（开始演奏），什么时候放下（停止演奏）。

除了上述建议，使用道具的方法还有很多很多，几乎不可胜数。很多故事都可以试着用这些方法来表现。无论对于讲故事的大人还是听故事的孩子，使用道具都是一件充满创意，让人享受，又非常好玩的事！

第三十一章
讲故事的评估标准

在正式的讲故事课程中，我曾使用下面的表格来评估讲述者的技能。你可以把它打印出来，根据这些标准来评估一下自己或他人——这样做可能会对你有所帮助，但千万不要被这个表格所束缚！故事怎么讲是因人而异的。很多天生的讲述者从来不需要接受这样的练习。

我附上这个表格，是为了帮助讲述者明确讲故事过程中所需要的各种"能力要素"。老师可能比家长更需要它的帮助。

不过，我要提醒大家：给年幼的孩子讲故事的时候，一定不能夸大人物，不要以过分戏剧化的方式来讲故事，尤其是讲童话或民间故事的时候。这是一个普遍存在的问题。我们的目的不是要去吓唬或刺激孩子，而是要通过故事的内容来滋养孩子，给他们以力量。信任故事中的图景的力量吧，它们可以很好地传达出故事。对于小孩子，我们要做的，只是把故事传递给他们。其余的工作，就交给他们那丰富的想象力去完成吧——讲述者加入过多的个人色彩反而会对他们有害。

讲故事的评估准则		
能力要素	操作标准	备注
1 讲故事的环境准备	/ 准备好听故事的场地,听众要能听见和看见讲述者 / 准备讲故事的地方(椅子) / 如果必要的话,准备并布置好道具,把它们放在方便拿取的地方	
2 故事的开场	/ 运用技巧吸引听众的注意力(例如唱歌或弹奏音乐) / 故事的开端要有吸引力	
3 讲故事	/ 使用恰当的身体语言和手势 / 口齿清晰 / 讲述流畅 / 根据故事内容及孩子的年龄,采用合适的讲述风格(对年纪小的孩子,不要太强烈) / 合理使用节奏和停顿(不要太快或太慢) / 如果为不同角色配不同声音(不是必须),要确保声音符合那个角色,不然听众会搞糊涂 / 不要(过分)夸大角色(尤其对年纪小的孩子) / 不要过多使用描述性的语言	
4 故事的结尾	运用技巧来结束故事(例如唱歌、弹奏音乐或游戏)	
5 总评	/ 准备充分 / 对故事的了解很透彻 / 听者从故事中获得了满足感——例如故事的长度正好,没有让听者觉得缺乏细节等 / "抓住"了听众——展示出故事的魔力	

评估:合格 _____ 不合格 _____

备注:

第三十二章

总结——每天一个故事

每天一个故事，医生远离我

如果这本书达到了它的目标，那么你一定已经体会到了"每天一个故事"的治疗作用。尽管已经讲了三十多年的故事，我依然常常惊叹于故事的治疗力量。老故事不断以新的方式呈现出生命力，而新故事也为我的工作和生活带来新的光芒。

最近，我跟大儿子基伦以及基伦的儿子托什一起开车出去。当时托什非常伤心——他的妈妈上班去了，他很想跟妈妈一起去。他坐在汽车椅里，边哭边扭动着身体，看上去谁也安慰不了。我儿子看到自己的孩子那么伤心，也很沮丧。我坐在前排，想着我可以说些什么或者做点儿什么。这时车转了个弯，后备厢里基伦的那些冲浪板彼此撞击，发出嘎吱嘎吱的声音。我突然想起《吱嘎吱嘎响的床》的故事（见114页），决定把它讲出来。其实我心里也没谱，因为托什还很小，那周刚满3岁，并且当时他真的很吵——开始的时候，我的声音几乎被淹没了。突然间，很神奇的，车里安静下来。五分钟之后，故事讲完了，一个很小的声音说："可不可以再讲一个啊？"就这样，到达目的地时，我们三个唱着歌，笑着，心情完全不同了。

故事，以一种最简单且未经计划的方式，解决了困境。

最近，加拿大的一位同行山德拉——现在她在澳洲居住和工作——写了一个新故事，这个故事深深打动了我。山德拉曾参加我的工作坊，几周之后，她联系我，告诉我她需要完成一个很突然的任务——帮助筹划一个小女孩的葬礼。那个小女孩是她们幼儿园的孩子，还差几个月就到 4 岁生日了，和家人在雨林露营时被蛇咬伤而去世。

山德拉听取了女孩父母的想法，考虑了雨林以及女孩喜爱的其他事物，结合当天的自然现象（孩子过世那天有彗星划过天空），再加上自己对女孩的了解，设计了一个非常感人的仪式，还写了一个故事在葬礼上分享。

女孩名叫莎乐，许多认识她的人都说她是"最有灵气的小女孩——像蝴蝶一样飞来飞去，想象力丰富，而且精力旺盛"。莎乐和外公很亲，觉得外公像只大大的考拉熊。莎乐喜欢躲猫猫，喜欢大自然，喜欢蓝色，喜欢蝴蝶、昆虫和园丁鸟（澳洲的一种鸟，喜欢在灌木里筑巢，并用蓝色的东西装饰自己的巢）。莎乐死后的第二天早上，一只园丁鸟把一对蓝色的塑料天使翅膀放在了她家的帐篷外。

根据莎乐妈妈的建议，山德拉在故事中选择了蓝色的蝴蝶来隐喻女孩以及她的人生旅程。故事的名字叫《闪翼》（见 295 页），其中涉及大自然以及生命的轮回，在尘世和天堂之间建立起某种连接。讲故事的时候，山德拉邀请所有的孩子和成人坐在她面前，讲到特定情节时，请他们模仿雨林里的各种声音，这样整个气氛可以轻松一些。最后，每个家庭都带回一根铃兰花藤，种在自己的院子里——在故事里，铃兰花是"闪翼"最好的朋友。

山德拉把故事的创作和讲述结合起来，用这个美丽的故事来纪念一个幼小生命的不幸离去，非常值得我们学习。莎乐的父母说，莎乐死后，莎乐的哥哥身上似乎充满了一种从未有过的勇敢精神，就好像妹妹那勇敢的灵魂进入了他的内心。莎乐最好的朋友贝瑟尼在莎乐死后特别喜爱一只玩具独角兽。贝瑟尼的妈妈说，在葬礼上，她的女儿听故事听得那么专心。

在葬礼上，大家还分享了莎乐生前的点点滴滴。莎乐的父母非常感谢山德拉所做的一切，他们感慨说，难怪莎乐把山德拉当做她的"仙女教母"，难怪她那么喜欢上山德拉的幼儿园。之前莎乐也上过好多个幼儿园，但都不太能待得住，她妈妈只好不断地寻找，直到莎乐和山德拉彼此相遇。

//

在从事治疗故事的工作过程中，参加我的工作坊的人们渐渐形成一个越来越大的网络，他们还把自己的想法、问题和故事创意发给我，这是最令我开心的一件事情。大多数人通过邮件与我联系，但也有人——尤其是非洲的那些同事——会用手机给我发送越洋短信。

苏珊，帮我想想怎么给一个6岁男孩写个故事，他经常推人，对班上其他孩子非常粗鲁。

回复这样的短信很有意思，但有时也会给我带来小小的烦恼，因为我得写好多文字：

要不讲一只疣猪的故事吧，它必须学习用它的长牙做些有建设性的事情，例如挖食物吃，挖洞穴居住。开始的时候，疣猪因为自己有力的长牙总是伤害到大家，所以失去了很多朋友，后来有个小动物碰到了一些困难——也许陷入了泥潭——疣猪用它的长牙把它从困境中救了出来，还跟它成了好朋友。你觉得这个故事怎样？

幸运的是，我最近掌握了"智能输入法"。更令人高兴的是，我的一些非洲同事现在有电脑了，我们可以来回发送很长的电子邮件。偶尔我也打电话给他们，虽然信号总是不太好。

不久前的一天晚上，我打开"收件箱"，看到下面这封邮件，是澳大利亚一个幼儿园的老师发给我的：

我曾参加过几次您的工作坊，最近一次是在今年4月份，您提到可以写信给您。我现在办了一家华德福理念的家庭式幼儿园，看护3到5岁的孩子。

附件中是一个故事——《猴子树》，是我为园里一个4岁的孩子写的。这个孩子的父母去年离婚了，她很难适应这种新的、共同监护的方式。她有三个十几岁的哥哥姐姐，家里总是吵吵闹闹的，有点儿混乱，因此我选择了猴子作为故事的主题。

我非常期待您的意见和反馈。希望我在朝着正确的方向努力。我在您的工作坊中学到了很多，甚至可以自己写治疗故事啦！

我打开了附件，很荣幸地读到了这个美丽的故事——故事简单，有精彩的重复和童谣，很适合4岁大的孩子，恰到好处地运用了"隐喻、情节和解决方案"这个框架去处理有挑战性的状况。

在回信中，我毫不吝惜地给出了正面的回馈，然后提出了下面这些问题。在评估任何治疗故事时，这些问题都是至关重要的：

自从讲这个故事以来，你有没有看到孩子及其家人的行为发生变化？
这个故事你在幼儿园里讲了多少次？
你有没有把这个故事分享给孩子的父母／祖父母／其他看护人，让他们给孩子讲这个故事？如果有，你得到反馈意见了吗？

第二天，她的回信很翔实地回答了上面的这些问题：

"Z"是 2006 年 2 月来我们幼儿园的，去年她父母离了婚，开始的时候，"Z"明显很沮丧并且缺乏自信。渐渐地，她的情绪稳定下来，虽然我可以看出，与其他孩子相处时，她还是信心不足。今年她的父母开始对她实行新的监护方案，她又出现反复，变得非常焦虑，父母离开时她会哭、会很沮丧，有时候会非常伤心。

就是在这样的情况下，我决定写这个故事。我把故事交给孩子的母亲，让她在家里读给她听，效果立竿见影，她在园里的状况立刻有了改变。我了解到，和爸爸在一起的时候，她还是常常要回家找妈妈，但是她在幼儿园里的情绪非常稳定，比这一年半以来的任何时候都要自信和开心。她的母亲告诉我，她给孩子读过几次故事，"Z"经常把"猴子树"挂在嘴边，看得出她记住了那个故事。她妈妈还提到，"Z"现在不再像以前那么黏人，那么难以满足，事实上她现在是四个孩子中情感最独立的那个。最近我寄给那位母亲一张照片，她笑得那么自然而真实，我已经很久没有见过她如此开心的笑容了。

经作者吉利的允许，我把《猴子树》的故事（见 304 页）收入了本书，对此我感到十分荣幸。

最近，我的电子邮件网络似乎在奇迹般扩大，给我写信的人，有的是我素不相识的，有的来自我从未去过的地方。今天早上，我收到一封来自阿拉斯加边境怀特霍斯城的邮件，我非常珍惜这样的际遇。

我购买了一些您的治疗故事集，那是新西兰一位幼儿园老师推荐给我的。我来自加拿大育空省，靠近阿拉斯加，我经常在幼儿工作中给孩子们讲你的那些故事。对我来说，它们非常有价值，常常以一种特别的方式打动着孩子们。

我非常想参加您的工作坊，很想知道您什么时候会在北美开工作坊，具体在什么地方？

由于这封邮件，我们计划明年去育空省拜访，这位新"网友"邀请我和我先生住在他们家。我们打算分享故事，并开几次提供食宿的故事工作坊。后来我得知，她先生开了一个有机烘焙坊，这么说，"每天一个故事"也许就意味着我们可能会吃得太多，需要"每天一次远足"！

每天一次远足有助于带来新的故事灵感。在育空漫步河谷，听着山间的风声，会听到什么样的故事呢？

//

我想用一个故事来作为这本书的结尾。

故事的名字叫《林德尔温之歌》，是我多年以前写的，讲的是一个"神奇的南瓜"。1997年我在南非开故事课的事情，曾把它作为礼物送给参加课程的所有妇女。故事的灵感来自我的一个非洲朋友诺曼吉斯·木扎姆（Nomangesi Mzam）所说的一句话，故事中的隐喻、情节和解决方案都由此而来。这句话是这样的：

在种族隔离的荆棘中，我们只有高声歌唱，才能披荆斩棘，找到出路。

这个故事披荆斩棘，进入了开普敦有色人种居住区的许多教育机构和学校。有个叫纳姆布罗·美婕西（Nombuelo Majesi）的朋友曾形容这是为新南非而写的治疗故事。

我一度认为，这个故事的主要对象和作用是在非洲。不管是在开普敦还是在肯尼亚，我在工作中以及其他场合下遇到的孩子和大人们都反复地要我讲这个故事——有些孩子还给我起了个外号叫"南瓜小姐"。

然而，我早就应该知道，一个故事不会只局限于一个"地方"，只有一种"作用"。今年我去澳洲出席一个两年一次的全国性幼儿教育会议——"Vital Years"（人生关键期）。令我惊讶的是，在会议上，这个故事被改编成了一出偶戏。有个朋友打电话和我聊起这件事，并告诉我说，她回家后——她住在澳洲东北部的亚热带海岸——准备在学校开放日那天表演一次类似的偶戏。表演之后，她给我写了一封电子邮件：

苏珊你好！
只是想告诉你，《林德尔温》深受欢迎，从祖父母到刚走路的小孩都喜欢它。当时的气氛是那么令人着迷，奇妙无比。你使用的隐喻在所有人身上都奏效,不管他们来自哪个国家。这个星期四我们会为十二年级的学生们再表演一次,紧接着还要为老师们表演……再次感谢你。

祝好

卡罗

2007 年 4 月 8 日

林德尔温之歌

很久以前,有一个村庄,村庄的旁边有一块田地,田地中间有一颗小小的南瓜籽,它刚刚开始发芽。这小小的幼芽长啊,长啊,最后绿色的南瓜藤渐渐铺满了地面,南瓜藤的深处,长出了一个又大又漂亮的金色的南瓜——村上的人一辈子都没有见过这么大,这么漂亮的南瓜。

不过,这个南瓜可不是普通的南瓜,这块田地也不是普通的田地。随着南瓜渐渐长大,田地周围也长出一道刺篱笆,把田地紧紧包围起来。篱笆里的荆棘长得那么密,那么厚,等到南瓜成熟了,可以摘的时候,却没有人可以穿过篱笆去摘它。

大家开了一个会,讨论该怎么办。一位老爷爷说:"我有一把锋利的斧头——我看看能不能把荆棘砍倒。"于是他拿起斧头,想从篱笆中间砍出一条路来。可是旧的刺枝刚砍下,新的刺枝马上就从原来的位置上长出来。他从早砍到晚,最后只好放弃了。

一位大婶说:"我有一把结实的铲子——我看看能不能挖断荆棘的根。"于是她拿起铲子往地里挖。可是荆棘的根是那么硬,而且密密麻麻地缠在一起。她从早挖到晚,最后只好放弃了。

一个小伙子说:"我是爬树高手——我看看能不能爬过这道刺篱笆。"于是他攀住刺枝往上爬，可是那些刺那么长，那么尖，就像针一样，戳破了他的衣服，扎进了他的肉。他从早爬到晚，最后还是放弃了。

第二天，一个叫林德尔温的小女孩路过村庄——人们都说她有世上最美的歌喉。她路过的时候，听见了大家的烦恼，于是走到刺篱笆旁边，在一块石头上坐下，开始放声歌唱：

Ithanga elikulu, Ithanga elikulu; lishleli ebobeni, lishleli ebobeni

林德尔温的歌声是那么动听，附近田野里的小动物们都来到她的身旁，静静地听着。（重复歌声）

林德尔温的歌声是那么动听，天空中的鸟儿都飞下来，落在树枝上，静静地听着。（重复歌声）

林德尔温的歌声是那么动听，蚯蚓和虫子都爬出地面，停在她的脚边，静静地听着。（重复歌声）

林德尔温的歌声是那么动听，甚至天上的云也降落下来，靠近地面，静静地听着。（重复歌声）

一朵小云不知不觉降得越来越低，正好落在林德尔温的面前。林德尔温停止歌唱，微笑着看了看围观的村民，然后踏上那朵小云。小云朵载着她慢慢升起，飞过刺篱笆，降落在南瓜地的中间。

林德尔温伸手摘下那个漂亮的大南瓜，把它放在云朵上。小云朵又一次带着她升起来，飞过刺篱笆，飞到村子中央降落下来。

那天晚上，村民们把南瓜煮熟，开了一个盛大的南瓜宴，一起欢庆这奇妙的一天——这一天，林德尔温用她那动人的歌声，找到了一条路，越过了魔法刺篱笆，摘到了世界上最奇妙、最美丽的金色大南瓜。

附录一
推荐书目和网站

推荐书目

Barfield, O. (1977), *Matter, Imagination and Spirit-The Rediscovery of Meaning and Other Essays,* Wesleyan University Press: Middletown, CT.

Baldwin Dancy, Rahima (2006), *You Are Your Child's First Teacher,* Hawthorn Press, Stroud.

Barton, B. (1991), *Tell Me Another,* Rigby Heinemann, Victoria.

Bettelheim, B. (1976), *The Uses of Enchantment,* Penguin Books, Middlesex, England.

Blaxland-de Lange, S.(2006), *Owen Barfield: A Biograph,* Temple Lodge: U.K.

Cassady, M. (1990), *Storytelling Step By Step,* Resource Publ., California.

Dodd, S. (1994), *Managing Problem Behaviours,* MacLennan & Petty Pty Ltd, NSW.

Edmunds, L. Francis (2004), *Introduction to Steiner Education: The Waldorf School,* Rudolf Steiner Press, Sussex.

Egan, K. (1988), *Teaching as Storytelling,* Routledge, London.

Estes, C.P. (1992), *Women Who Run With the Wolves,* Rider, London.

Gersie, A. (1991), *Storymaking in Bereavement,* Jessica Kingsley Publishers, London.

Greer, C. & Kohl, H.(1995), *A Call to Character: A Family Treasury of Stories, Poems, Plays, Proverbs and Fables,* Harper Collins, N.Y.

Groome, H. (1994), *Teaching Aboriginal Studies Effectively,* Social Science Press, Sydney.

Johnston, A. (1996), *Eating in the Light of the Moon,* Birch Lane Press, N.J.

Kilpatrick, W. & Wolfe, G. (1994), *Books That Build Character-A Guide to Teaching Your Child Moral Values through Storytelling,* Touchstone, N.Y.

Mani, G.(1996), *Storyteller, Storyteacher: Discovering the Power of Story Telling for Teaching and Living,* Stenhouse, York.

McDonald, M. R. (1993), *The Storytellers' Start-up Book,* August House, Little Rock, Arkansas.

McKay, H. & Dudley, B. (1996), *About Storytelling: A Practical Guide,* Hale & Iremonger, Sydney.

Mellon, N.(1992), *Storytelling and the Art of Imagination,* Element, Dorset.

Mellon, N.(2000), *Storytelling with Children,* Hawthorn Press, Stroud.

Meyer, R. (1981), *The Wisdom of Fairy Tales,* Floris Books, Edinburgh.

Milne, A.A. (1973), *When We Were Very Young and Now We Are Six,* Methuen: London.

Okri, B. (1996), *Birds of Heaven,* Phoenix, London.

Pearmain, E.D. (2006), *Once Upon a Time: Storytelling to Teach Character and Prevent Bullying,* Marco Products, PA.

Pellowski, A.(1990), *The World of Storytelling,* H.W. Wilson Company, N.Y.

Porter, L. (1999), *Young Children's Behaviour: Practical Approaches for Caregivers and Teachers,* MacLennan & Petty Pry Ltd, NSW.

Steiner, R. (2001), *Nature Spirits - Selected Lectures,* Translated by M. Barton, Rudolf Steiner Press, London.

Steiner, R. (1989), *The Poetry and Meaning of Fairy Tales,* Mercury Press, N.Y.

Van der Post, L. (1972), *A Story Like The Wind,* Penguin Books, London.

Watson, M. (1986), *'To Spear a Hotdog-Storytelling for Today's Children',* in *Coming Out!* Nelson, Vic.

Wyatt, I. (1975), *The Seven-Year-Old Wonder Book,* Dawn-Leigh Publications, CA.

网站

治疗故事联盟
http://www.healingstory.org/

旨在通过分享讲故事的经验和技巧，探索和推广讲故事的艺术。

讲故事的世界学习之旅
http://courses.unt.edu/efiga/STORYTELLING/WorldWideList.htm

来自世界各地的讲故事培训信息。

苏珊·佩罗（Susan Perrow）
http://healingthroughstories.com/

鼓励治疗故事作者相互沟通的网站，同时推广苏珊·佩罗的故事书。

讲故事课程　　南十字星大学
http://www.scu.edu.au/schools/edu/

课程编号：ENG00355

南希·梅隆（Nancy Mellon）的网站
http://www.healingstory.com/

此处有世界各地的讲故事活动信息，及南希的故事治疗学校的信息。

艾丽莎·佩梅（Elisa Pearmain）
http://wisdomtales.com/character

从前，有一个充满爱心的教室：通过讲故事帮助从幼儿园至八年级阶段的孩子养成良好性格，防止恃强凌弱行为的发生。

原住民文学
http://www.indigenouspeople.net/

全世界原住民文学的中心站点——这里提供很多链接，丰富多彩的故事和文化都包罗其中。

讲故事的艺术
http://www.storyarts.org

包括在课堂上讲故事的理念，教学大纲中讲故事的课程计划和活动，以及希瑟·福里斯特（Heather Forest）音乐故事的音频样本。

一年四季的故事
http://www.h-net.org/~nilas/seasons/

提供有关季节、大自然的故事（适合5～12岁的孩子），还有大量动植物故事方面的书目。

故事讲述与艺术授权

http://www.artslynx.org/heal/stories.htm

这个网站提供的资源，允许你去探索故事艺术是如何被用于建造强大的个人和社区的。

卡伦·翠丝（Karen Chase）

http://www.storybug.net/links.htm

http://www.storybug.net/pdf/stories_a_to_z.pdf

这个网站的资源很丰富——从世界各地的民间传说、吉卜林故事全集、偶戏场景到互动的故事资源——百读不厌！

不可思议的故事

http://www.darsie.net/talesofwonder/

这是一个民间故事和童话档案。这里收集的故事只是呈现出丰富故事遗产的一角，世界各地的故事在这里都可以找到。

爱故事人的网站

http://www.story-lovers.com/index.html

这里有世界上最为人津津乐道的故事和童谣，还有包罗万有的资料库，你可以在此寻找故事、资源，还可以从专业的讲故事人那里得到建议。

格林童话集

http://www.cs.cmu.edu/~spok/grimmtmp/

玛格丽特·亨特（Margaret Hunt）翻译的《格林兄弟家庭故事集》全文，包括209个故事。

非凡的家庭学校
http://www.wonderhs.com

给在家办学的父母们准备的故事和其他资源——对老师来说这里的主意也很棒哦！

"富有想象力的教育"研究小组
http://www.ierg.net/

这个网站的主人是一群研究者、老师、研究生、家长以及其他想让教育更有效的人们。他们把他们的新方式称为"富有想象力的教育"（Imaginative Education, 简称 IE），让学生在学习时运用想象，让老师在教学时带着想象，这样才能让大纲里的知识变得生动，对学生而言才有意义。IERG（Imaginative Education Research Group）由加拿大不列颠哥伦比亚省的西蒙菲沙大学的教育工作者于 2001 年组建。

树精灵网
http://www.spiritoftrees.org/

这个网站提供丰富的资源给治疗师、教育者、环境保护者、讲故事的人和爱树的人。你可以在这里找到与树有关的多种文化背景的民间故事和神话。

澳大利亚梦中时光故事网
http://www.dreamtime.net.au/

这是讲故事人和老师的宝库。你可以在这里找到很多澳大利亚的故事、文化和历史背景资料，帮助你对澳大利亚的本土文化进行探索。这里有梦的故事、教师适用的资源和给学生看的内容。

花之树和其他印度故事
http://ark.cdlib.org/ark:/13030/ft067n99wt/

A.K 雅玛弩健（A.K Ramanujan） 口述的故事集。

故事藤
http://www.drawandtell.com/hastoryvine.html

一个"绘画与讲述"沙故事的在线故事集，有为了方便讲述、写作以及让孩子进行语言学习而创作的各种故事。

阿兰西的故事
http://www.robinsononeil.com/anansi_folk_tales.htm

加勒比海和非洲阿兰西的在线故事集。

孩子们的讲故事俱乐部
http://www.storycraft.com

这里有帮助孩子们变成讲故事人的资源，还提供了新颖的创意，告诉我们如何使用辅助手段来讲故事以及故事中的表达技巧等等。

口口相传的传统之旅
http://journal.oraltradition.org/

"口口相传的传统"组织是一个国际性、跨学科的论坛，旨在讨论全世界的口授传统及其相关的形式。

开展一次在线的旅程吧：http://journal.oraltradition.org 免费提供给所有读者哦！

金 - 约翰·佩尼，教育学硕士（Kim-John Payne, M.Ed）
http://www.thechildtoday.com/

金·佩尼（Kim Payne）是一位顾问、研究者和教育者，他致力于孩子社交问题的研究，比如兄弟姐妹间或同学间的相处困难，孩子在家庭中、学校里的注意力缺失和行为问题，以及诸如挑衅、攻击性、成瘾、自负等情绪问题。

童年联盟
http://www.allianceforchildhood.org/

这是一个世界性的组织，推广能帮助儿童健康发展、热爱学习、快乐生活的理念与做法。他们在许多国家开展公众教育运动，让民众了解童年所蕴含的希望以及童年的脆弱。他们的行动是为了给孩子们争取一个更公平、民主和为生态负责的未来。这里有很多链接、资源和新的出版物。

特殊需要儿童的资源有限责任公司
http://www.rucsn.org.au/

成立于1987年，主要任务是让西澳大利亚的儿童设施能照顾到有特殊需要的儿童。这个网站为各种行为异常和挑战行为提供了极好的资源和数据资料。

澳大利亚幼儿的童年
http://www.earlychildhoodaustralia.org.au/

提供各种与儿童发展和大部分童年早期议题相关的资源、新闻、数据资料等。

新南威尔士政府
　　社区服务部门育儿网站
http://www.community.nsw.gov.au/html/parenting/parenting.htm

提供关于育儿的资源、新闻、数据等。

家长购物资源

http://www.parentshop.com.au/

提供简单易行而又高效的养育（和教育）资源，帮助家长提高自身能力。

简尼·卡吉（Jenni Cargill）
  讲故事的澳大利亚人（也是故事树公司的董事）

http://www.thestorytreecompany.com.au

这家公司本部位于澳大利亚新南威尔士的拜伦湾，这里提供了大量讲故事的培训、表演和资源。

我的魔幻故事之旅

http://www.storyspeaks.com.au/

这个澳大利亚的网站和相关书籍是一个工具，来帮助人们创作儿童治疗故事，丰富成人的想象力——这是一座老师、家长、亲人、朋友和保育员的宝藏。

附录二

故事表格参考答案

以下是第五章（第74～75页）表1和表2的参考答案。

表1：分析治疗性故事		针对各种常见行为的故事	
故事	隐喻	情节	解决方案
德贝的靴子 （见134页）	/小红靴 /在一起的好朋友	描述一双靴子一天的冒险经历（使用大量重复）	休息时脱下靴子，仔细放在一起，而不是胡乱扔在那里
老奶奶和驴子 （见141页）	/自然孩子 /祖母 /驴子 /种子（花） /街上的垃圾 /与自然失去连接	/从乡下搬到城里 /周围的环境从美到丑，再恢复美丽	孩子们帮助清理垃圾，种植花园
小扫帚 （见267页）	/小人（可以用偶戏表现） /不同颜色的帽子 /情节的重复和歌谣	/三个小人轮流使用扫帚 /一个胡乱敷衍，一个匆忙完成，还有一个认真仔细地打扫	/金帽儿小人示范如何把面包屑扫到一起 /扫帚很好地完成了任务，非常开心
乱跑乱跳没个停的小红马 （见241页）	/乱踢乱跳的小马 /农夫 /刷子 /歌曲	小马学会了停止乱踢乱跳，安静下来，享受被人抚摸和刷毛	/朋友们一起分享 /安静下来、被人呵护的正面体验 /轻轻抚摸而不是乱踢乱跳
抱怨的鲸鱼 （见111页）	/鲸鱼群 /抱怨歌 /鲸鱼的歌声 /环礁湖 /浅水	小鲸鱼忙着抱怨，以至与鲸鱼群失散，困在环礁湖的浅水中；他唱起鲸鱼的歌，因而获救	/最初的抱怨代之以有建设性地使用声音 /归属感 /歌唱的快乐

着急的斑马 （见172页）	/ 棕色条纹 / 黑色条纹 / 阴影（阳光） / 倒影	小斑马闷闷不乐，他想拥有大斑马的黑斑纹，想尽办法让自己的棕斑纹变黑	/ 成长需要时间 / 有时等待很重要 / 我们要慢慢长大 / 吃和玩可以帮助我们长大

表2：分析治疗性故事——针对特定情况的故事

故事	隐喻	情节	解决方案
树熊宝宝 （见308页）	/ 树（世界） / 不断长大，老在喊饿的宝宝 / 疲惫的妈妈 / 汁水丰富的叶子 / 更高的树枝	/ 妈妈和宝宝在树上 / 妈妈睡着了，宝宝饿了，自己爬上去够到了好吃的叶子	树熊宝宝变得强壮又勇敢，可以离开妈妈，独自去闯荡世界了
张牙舞爪的小螃蟹 （见189页）	/ 钳子 / 恼火的海滩朋友 / 智慧的乌龟 / 编织手套	小螃蟹总用大钳子掐人，很不讨人喜欢——乌龟为小螃蟹织了一副手套，他的钳子变得温暖而舒适，再也不伤害别人了	/ 学会用钳子（手）去做一些不伤害别人的事情 / 用包容的方式去解决攻击行为
折叠小刀和城堡 （见135页）	/ 唱歌的折叠小刀 / 城堡 / 梦 / 银色月光	小男孩不断用小刀进行破坏并造成了相应的后果，后来他做了一个梦，雕刻出木头城堡	/ 小男孩体会到创造美丽事物的快乐 / 使用手和工具来创造而不是破坏
生而为王 （见282页）	/ 王子 / 摔断的骨头 / 城堡的高墙 / 有智慧的奶奶 / 奶奶的镜子 / 阳光 / 黑暗的房间 / 用王冠做道具	/ 意外事故以及缓慢的疗愈过程 / 从光明到黑暗，又从暗到光明 / 从外到内，又从内到外	/ 王子需要自己走出城堡，走进阳光 / 自信和内心力量的建立
云朵男孩的故事 （见27页）	/ 住在云朵上的男孩 / 用娃娃做道具	"云朵男孩"离开天空，来到地球	/ 小男孩与新娃娃建立情感联系，喜欢上了娃娃 / 消除了同龄人以及商业玩具的影响
毛巾的故事 （见231页）	/ 老爷爷毛巾 / 新毛巾 / 擦身歌	学习如何做毛巾，学习擦身歌	/ 新毛巾很开心有机会成为真正的毛巾 / 孩子发现安静地站着，被毛巾擦干身体是一件很舒服的事情

附录三
本书所收录故事的作者及出版情况

以下故事由苏珊·佩罗所写,以前没有出版过。

云朵男孩	美丽的女王
无所事事的狒狒	吵闹小矮人的故事
抱怨的鲸鱼	鸟的花园
复活节的秘密	杰米和魔法棒
不诚实的野狗	光之公主
樱桃红	蜗牛和南瓜
德贝的靴子	新的世界
爱花的小女孩	正好大婶
贪心小负鼠	小贝壳
鸡蛋花女	上帝的花园
胡闹小鹈鹕	张牙舞爪的小螃蟹
着急的斑马	魔法棒
织布鸟三兄弟	水孩子
兔子妈妈和大火	收拾小熊

以下故事由苏珊·佩罗所写，由"Immortal Books"出版社出版，收入"Gifts from the Sea"（《大海的礼物》）故事集中。

小男孩去航海
星星草人

以下故事由苏珊·佩罗所写，由"Immortal Books"出版社出版，收入"Garden of Light"（《光之花园》）故事集中。

小扫帚	最小的水泡
乱跑乱跳没个停的小红马	老奶奶和驴子
生而为王	光之花园
给秀雅的娃娃	折叠小刀和城堡
树熊宝宝	林德尔温之歌

以下故事由苏珊·佩罗所写，由"Immortal Books"出版社出版，收入"Gifts from the Sea"（《大海的礼物》）故事集中。

小佳和仙蛋
害羞小草莓和野生小树莓
南瓜小小

以下故事由苏珊·佩罗记录或改写。

星星苹果	隐形的猎人
老奶奶和蚂蚁	杜鹃的故事
魔法鱼	一袋钉子
三只山羊	精灵和鞋匠
很长很长的指甲	阿兰西和鸟
小溪,沙漠,风	鸽子和猎人
鸽子和鬣狗	吱嘎吱嘎响的床
嘉嘉和大萝卜	泥娃娃
阿兰西和雕像	青蛙和一桶奶油
阿金巴与魔法牛	阿兰西和倒影
贪心到头的阿兰西	

以下故事由其他作者所写。

毛线球的诗——简·朵拉亨蒂（Jane Dolahenty）

毛巾的故事——艾米丽·司徒博（Emily Stubbs）

渔夫的故事——伊丽莎白·奥柯（Elizabeth Aoko）

湖中的羽毛——凯瑟琳·卡如（Catherine Karu）

羚羊、蝴蝶和变色龙——露西·玖贵娜（Lucy Njuguna）

天空的蓝斗篷——苏珊·哈里斯（Susan Haris）

月亮妈妈——埃里森·伯柯（Alison Brooking）

吃不饱——山德拉·弗雷恩（Sandra Frain）

闪翼——山德拉·弗雷恩（Sandra Frain）
猴子树——吉利·诺日士（Jilly Norris）

以下故事作者不详，由苏珊·佩罗写出了故事梗概。

小棕仙的故事
红卡车的故事
变色龙的故事
翱翔吧，老鹰

图书在版编目（CIP）数据

故事知道怎么办 / （澳）佩罗著；重本，童乐译
. -- 天津：天津教育出版社，2011.8
ISBN 978-7-5309-6530-6

Ⅰ. ①故… Ⅱ. ①佩… ②重… ③童… Ⅲ. ①家庭教育—通俗读物 Ⅳ. ①G78-49

中国版本图书馆CIP数据核字(2011)第158127号

故事知道怎么办：如何让孩子有令人惊喜的改变

出 版 人	胡振泰
作　　者	苏珊·佩罗
责任编辑	孙丽业
装帧设计	成　劼「北京大诚艺术设计机构」
出版发行	天津教育出版社
	天津市和平区西康路35号
邮政编码	300051
经　　销	新华书店
印　　刷	三河市华晨印务有限公司
版　　次	2011年8月第1版
印　　次	2012年1月第3次印刷
规　　格	16开（787×1092毫米）
字　　数	180千字
印　　张	24.5
书　　号	ISBN 978-7-5309-6530-6
定　　价	45.00元